第 20 卷

刑事法判解

北京大学刑事法治研究中心 主办

主编◎陈兴良　执行主编◎车浩

人民法院出版社

图书在版编目（CIP）数据

刑事法判解．第20卷/陈兴良主编；北京大学刑事法治研究中心主办．——北京：人民法院出版社，2019.12
ISBN 978-7-5109-2605-1

Ⅰ.①刑… Ⅱ.①陈… ②北… Ⅲ.①刑法-判例-研究-中国 Ⅳ.①D924.05

中国版本图书馆CIP数据核字（2019）第185086号

刑事法判解（第20卷）
陈兴良　主编

责任编辑	张　奎
出版发行	人民法院出版社
地　　址	北京市东城区东交民巷27号（100745）
电　　话	（010）67550673（责任编辑）　67550558（发行部查询）
	65223677（读者服务部）
网　　址	http://www.courtbook.com.cn
E - mail	courtpress@sohu.com
印　　刷	河北鸿祥信彩印刷有限公司
经　　销	新华书店
开　　本	787毫米×1092毫米　1/16
字　　数	255千字
印　　张	15.5
版　　次	2019年12月第1版　2019年12月第1次印刷
书　　号	ISBN 978-7-5109-2605-1
定　　价	38.00元

版权所有　侵权必究

本卷撰稿作者（以撰稿先后为序）

李世阳　　浙江大学光华法学院
白　森　　黑龙江省人民检察院法律政策研究部
李文英　　北京德恒律师事务所
姚培培　　日本京都大学法学研究科
雷　续　　中国人民大学法学院
蔡　荣　　南昌大学法学院
韩　光　　成都市人民检察院
靳国忠　　北京市人民检察院
钟　政　　北京市人民检察院
王　钢　　清华大学法学院

【卷首语】

>>> 车　浩

　　本卷是《刑事法判解》第 20 卷。自第 19 卷起，编辑部调整了刊物的文章分布和栏目设置，使其信息来源更加多元化，增强文章内容的时代气息。本卷也将继续延续这一改革思路。

　　本卷【专题研讨】以共同犯罪作为主题，囊括了 5 篇文章。李世阳的《论共同犯罪的共同性——以章浩等绑架案为素材》，从一起真实案例入手，探讨共同犯罪中的"共同性"问题及其在实务中的展开。在刑法理论上，关于共同犯罪之共同性，向来存在犯罪共同说、行为共同说、部分犯罪共同说等诸说的争论。采取不同的理论，在章浩绑架案中会得出是否成立共同犯罪的不同结论。作者以个案为平台，对此展示了不同理论的适用。更进一步，作者对章浩绑架案中涉及的共谋的射程范围、间接正犯和承继共犯的成立等问题一一进行了分析。应当说，这是一次共同犯罪之"共同性"落地于个案的理论演练。这样的文章越多，才能让实务界体会到刑法理论对于具体办案的影响。

　　身份共犯问题是共同犯罪中的三级标题下的领域，核心问题在于解决特殊身份者与无身份者共同犯罪的定罪量刑问题。在《共犯与身份问题研究》一文中，白森对此问题从理论上展开了详尽探讨。作者对"构成身份与加减身份""定罪身份与量刑身份"以及"真正身份犯与不真正身份犯"等诸多区分观点逐一进行了批评。在此基础上,作者主张,应当区分违法身份与责任身份,实质性地判断身份犯中的"身份"属于违法要素还是责任要素。坚持共犯限制从属性和行为共同说,结合有身份者与无身份者在共同犯罪中的作用与地位,在个案中解决相关问题。文章较为全面地勾勒了这一领域中的争议图景,对实务界迅速把握该主题有导引作用。

实行过限是指在共同犯罪过程中,部分实行犯故意或者过失地实施了超出共同故意范围的犯罪行为,这也是一个在司法实务中经常出现的共同犯罪问题。李文英的《共同犯罪实行过限的认定》一文,在逐一评析几种认定实行过限的判断标准的基础上,引入了日本刑法理论中的"共犯错误理论",阐释了共同实行犯、组织犯、教唆犯、帮助犯等不同共犯类型中的实行过限,以及转化犯、结果加重犯、想象竞合犯等特殊犯罪形态下实行过限的具体认定标准。根据理论标准和行为类型,文章对王海滨等故意杀人案、陈辉凡等故意杀人案、莫洪德故意杀人案以及黄照华等抢劫案等判例展开论述。文章结构比较清晰,收集了诸多典型判例,分析细致,值得一读。

尽管我国刑法第269条对事后抢劫作了明确规定,但是事后抢劫的共犯,即在他人已经实施了盗窃、诈骗、抢夺犯罪行为之后,后行为人在与前行为人进行意思联络后,参与前行为人出于特定目的实施暴力、胁迫行为的情形应如何处理,则是一个需要在理论上详细讨论的问题。姚培培的《论事后抢劫罪的共犯》一文,对此问题给出了一个颇有新意的解决方案。作者不赞同通说认为事后抢劫罪是财产犯罪的观点,而是借鉴美国刑法理论,提出了事后抢劫罪旨在保护被害人人身安全的主张。在此基础上,作者从身份犯的角度来解释事后抢劫罪,即作为前罪的盗窃、诈骗、抢夺行为并不是事后抢劫罪的实行行为之一部分,而是表明实施暴力、胁迫侵害被害人人身安全的行为人身份。由此,就应当以共犯与身份为理论根据解决事后抢劫罪的共犯问题。文章观点明确,思路清晰,读来颇有启发。

与前面几篇文章不同,雷续的《论"帮助信息网络犯罪活动罪"的性质——以单一制为视角》一文,明确针对个罪中的共犯问题展开论述。帮助信息网络犯罪活动罪是《刑法修正案(九)》增设的新罪名。作者归纳了当前学界对本罪性质的理解,主要是帮助犯量刑规则、帮助犯正犯化和从犯主犯化等三种观点。文章在对这些观点提出质疑和批评的基础上，主张在单一制犯罪参与体系下解释帮助信息网络犯罪活动罪的性质，认为本罪与其帮助的其他犯罪之间是法条竞合关系。作者的观点是否妥当还值得探讨，应当肯定的是将个罪分析与总则理论相结合的研究进路。

本卷【判例研究】栏目刊发了蔡荣的《"恶意好评"致网店降权案的性质界定研究——以张某、王某网店纠纷案为视角》。这篇文章从张某、王某网店纠纷案切入，对"恶意好评"致网店被搜索降权的刑法定性展开了讨论。作者认为，网店进行"恶意好评"的行为符合破坏生产经营罪的犯罪构成，通过恶意好评行为妨害他人生产经营活动，并造成重大经济损失，可以评价为破坏生产经营的行为。具体到张某、王某网店纠纷案，行为人利用互联网致使甲公司网店被搜索降权，导致其商业信誉遭受重大损失，因此，本案属于破坏生产经营罪与损害商业信誉罪的想象竞合犯，应当从一重论处，以破坏生产经营罪论处。文章中提到的行为目前在网络交易中较为常见，客观上的确给商户造成了不利影响，问题在于将这种行为认定为破坏生产经营罪，在刑法解释和适用上是否违反罪刑法定原则，对此见仁见智，本文亦是值得一读的一家之言。

本卷【法律适用】刊发了两篇文章。韩光的《刑法追诉时效的法律适用问题研析——以樊某抢劫杀人案为例》一文，以樊某抢劫杀人案为例，引出了关于刑法追诉时效适用的不同意见，并由此展开了理论探讨。文章指出，刑法追诉时效规定是程序性规定，不涉及犯罪与刑罚实体内容，应遵从程序从新原则，不受从旧兼从轻原则的限制。追诉时效终止时间是公安、司法机关立案之日，即日起犯罪嫌疑人享有的因超过追诉时效而不受追诉的特殊"奖励"消灭，国家开始启动追诉程序。新刑法追诉时效的规定具有溯及力，只要案件在新刑法实施前未过追诉时效，时效持续至新刑法实施之后，则需要按照新刑法确定追诉时效期限。该文层次清晰，结合判例，对刑法追诉时效的分析展露出个人见解。

靳国忠、钟政的《从胡某某故意杀人案谈无罪改判死缓的抗诉经验》一文，全面地介绍了检察机关对一起故意杀人案的抗诉经验。原一审判决认为公诉机关指控被告人胡某某犯故意杀人罪的证据不足，指控的犯罪不能成立，判决被告人胡某某无罪。检察院提出抗诉。二审承办检察官从排除矛盾证据、补充收集DNA关联性证据、固定视听资料证据、查证口供可采性证据、论证无法查清的其他证据、验证可能出错的疑点性证据、法庭综合运用证据等七个方面展开工作，最终判决认定该案已经符合排除合理怀疑的证据裁判要求，足以认定本案被害人之死是胡某某所为。历经刑诉7年，该案由原审无罪改判死缓。这篇文章由个案入手，系统地总结了检察官在抗诉过程中处理证据问题的经验，对理论研究也是颇有助益。

【刑辩讲堂】是从第19卷起设置的新栏目，专门刊登过去几年中北大法学院与北京市律协合作开办的《刑事辩护实务》的课程菁华内容。本卷选取了两次课的综述。一次题为"共同杀人：主从认定与死刑适用"，讨论的是一起故意杀人案。案件材料由刘卫东律师提供，他是这门新课的发起人之一，也是本次课程的主讲人。课程分为三个阶段，第一个阶段由各小组代表发言；第二个阶段由刘卫东律师结合办案经历讲授辩护经验；第三个阶段邀请了林维教授进行分析总结。课堂内容丰富，围绕着故意杀人案中的主犯和从犯的认定，以及死刑适用问题展开多角度讨论。课堂气氛热烈，正如综述中所说："趣味性与知识性相结合，教室里不时响起掌声和笑声。"

另一次综述题为"共同诈骗：冒领青苗补偿的刑法定性"，围绕着一起骗取青苗补偿的案件展开。案件材料由谭淼律师提供并主讲，王新教授参与了授课。作为控辩方代表上台演示和辩论的同学，如今已经毕业，有的去了检察院，有的做了刑辩律师，也许有一天他们会在真正的庭审现场成为对手，一念及此，令人感慨，也显示出这类实务课程的意义。

2017年11月23日，以天津赵春华案引出的枪支犯罪为主题，北大冠衡刑事法治沙龙第三期成功举办。与会嘉宾包括陈兴良、梁根林、劳东燕、江溯、李世阳、刘卫东等，既有刑法学者又有刑辩律师。大家各抒己见，观点也有相互碰撞之处，展开了热烈讨论。现场座无虚席，很多校外人士、新闻媒体甚至一些涉案案件的当事人家属都来旁听。本卷【沙龙实录】栏目就收录了这场沙龙的全部文字内容。这类讲座以后还会继续举办下去，这也是北大法学院应当承担的使命，关注影响力案件，为刑事法治进步贡献智识力量。本卷【活动撷英】收录了两次讲座沙龙活动的综述。一篇是北大刑法跨学科沙龙讲座第三期综述，由冯象教授主讲，主题是"你们当中谁没有罪：谈谈罪的几种宗教观及政治神学传统"。另一篇是北大冠衡刑事法治沙龙第四期的综述，主题是"从鸿茅药酒案谈损害商誉罪"。这些沙龙活动的概况内容都体现在综述中，未能到场的读者可以由此了解现场的盛况。

本卷【域外传译】栏目收录了王钢对一起德国联邦最高法院1963年对一起"相约自杀"案的判决（BGHSt 19，135）的评析。这起案件涉及自杀与他杀的界分。这个判例首次在德国司法实务中明确了导致死亡之情势的支配性认定，是判断被害人是否构成自杀的基本原则，由此极大推动了自杀认定标准的确立。我国刑法仅仅是笼统地规定了故意杀人罪，并没有对得同意杀人以及帮助自杀等行为作出罪或非罪的明确规定，以往刑法理论对此也研究不多，司法实践中往往判决不一，较为混乱。德国的判决和刑法理论正好可以为此提供借镜。

转眼已是2019年底，《刑事法判解》也到了第20卷这样一个值得珍惜的时点。用第20卷来迎接2020年，是一个令人振奋的礼物。这一卷收录的文章，不少作者的背景是刑法专业的研究生，现在司法机关或者律所工作。从判解面向实务的办刊定位来看，他们是作者群体的重要来源。希望《刑事法判解》能够继续得到作者们的支持，坚持不懈，行稳致远，走向下一个20卷。

2019年11月于北大陈明楼

目 录

【专题研讨】 共同犯罪

1 论共同犯罪的共同性
——以章浩等绑架案为素材

/李世阳 浙江大学光华法学院

内容摘要：共同犯罪被视为刑法学上的"黑暗之章"，从共同犯罪之"共同性"的认定出发，在理论上产生了各种分歧，包括正犯性的认定、共犯对于正犯之从属性的有无及其程度、共同正犯的责任归属、共犯的处罚根据等，各种理论针锋相对、争论不休。而在司法实践中，对于共犯现象而言则主要解决两个问题，即是否成立共同犯罪以及对于各个共同犯罪的参与人如何量刑，前者主要取决于是否存在共谋，后者则取决于各个参与人在共同犯罪中的作用大小。本文以一则真实案例为素材，以"共同性"的认定为出发点，分析共犯理论在司法实务中的适用，与此同时，探讨分析涉及共犯的案件的逻辑思维。
关键词：共同性 共同正犯 间接正犯 承继的共同正犯

15 共犯与身份问题研究

/白 森 黑龙江省人民检察院法律政策研究部

内容摘要：身份共犯是身份犯和共犯相结合的问题，其核心问题在于解决特殊身份者与无身份者共同犯罪的定罪量刑问题。在无身份者加功有身份者、有身份者利用有故意的无身份者实现犯罪的，以及不同身份者共同实行犯罪行为的情况，存在诸多的争论。对刑法中身份犯区分的类型，无论是"构成身份与加减身份""定罪身份与量刑身份"，还是"真正身份犯与不真正身份犯"的分类，都不能在理论上妥当解决身份共犯的问题。对身份共犯，应提倡违法身份与责任身份的区分方式，在坚持犯罪的本质是法益侵害的基础上，以法益侵害为标准，在犯罪的实体是违法与责任的框架内，实质性地判断身份犯中的"身份"属于违法要素还是责任要素，从而确定违法的身份还是责任的身份。对具体问题的处理，要在区分违法身份和责任身份的前提下，坚持共犯限制从属性等共犯的基本原理，采取行为共同说，以违法是连带的、责任是个别的为原则，结合有身份者与无身份者在共同犯罪中的作用与地位，解决相关问题。

关键词： 身份　共犯　违法身份　责任身份

42　共同犯罪实行过限的认定

/李文英　北京德恒律师事务所

内容摘要： 两人以上共同故意犯罪，是共同犯罪。在共同犯罪过程中，部分实行犯故意或者过失地实施了超出共同故意范围的犯罪行为，属于共同犯罪实行过限。由于实行过限行为发生在共同犯罪的过程中，实行过限行为是否属于共同犯罪行为，往往模糊不清，在对犯罪人的犯罪行为进行定性与刑事责任的认定分配时，容易产生分歧意见。本文借鉴日本刑法学中的"共犯错误理论"，研究探讨共犯实行过限的刑法理论，在理论研究的基础上，引用典型的实务案例，分析、总结出我国司法实务对共犯实行过限的认定规则。文中详细阐释了共同实行犯、组织犯、教唆犯、帮助犯等不同共犯类型中的实行过限，以及转化犯、结果加重犯、想象竞合犯等特殊犯罪形态下实行过限的具体认定标准，以期对司法实践中解决具体案件提供可参考性建议。

关键词： 共同犯罪　实行过限　认定规则

71　论事后抢劫罪的共犯

/姚培培　日本京都大学法学研究科

内容摘要： 事后抢劫罪的共犯要解决的问题是在他人已经实施了盗窃、诈骗、抢夺犯罪行为之后，后行为人在与前行为人进行意思联络后，参与前行为人出于特定目的实施暴力、胁迫行为的情况。讨论事后抢劫罪的共犯问题，前提性问题是要对事后抢劫罪的处罚根据进行释明。通说将事后抢劫罪理解为针对财产犯罪，但是这一理解在解释事后抢劫罪的构成要件时显得捉襟见肘。本文考察了关于事后抢劫罪性质的学说，在借鉴美国刑法理论与司法实践对抢劫罪保护目的演变的基础上，提出了事后抢劫罪旨在保护被害人人身安全的观点。基于本文对事后抢劫罪犯罪性质的理解，本文主张应当在身份犯的意义上理解事后抢劫罪，即作为前罪的盗窃、诈骗、抢夺行为并不是事后抢劫罪的实行行为之一部分,而是表明实施暴力、胁迫侵害被害人人身安全的行为人身份。因此,应当以共犯与身份为理论根据解决事后抢劫罪的共犯问题。根据因果共犯论,由于无身份者也可以通过参与有身份者的行为对身份犯的保护法益产生侵害,因此非盗窃、诈骗、抢劫罪的犯人通过对事后抢劫罪暴力、胁迫行为的参与也可以构成事后抢劫罪的共犯,而且根据其参与形态及程度可以分别构成帮助犯、教唆犯甚至共同正犯。

关键词: 事后抢劫罪 人身犯罪 共犯与身份

100 论"帮助信息网络犯罪活动罪"的性质
—— 以单一制为视角

/雷 续 中国人民大学法学院

内容摘要: 由于对帮助信息网络犯罪活动的性质认识不一致,当前司法实践中对该罪的适用并不统一。当前学界对该罪性质的解读主要有三种。认为该罪属于帮助犯量刑规则的观点,无法解决网络犯罪所面临的现实问题,导致处罚漏洞;认为该罪属于帮助犯正犯化的观点无法为正犯化提供充足的理由,也与其区分制的共同犯罪理论根基相抵触;认为该罪属于从犯主犯化的观点与其单一制的理论基础相矛盾。在单一制犯罪参与体系下解释该罪性质,可以在确保处罚合理性的同时契合从严打击网络犯罪帮助行为的刑事政策需要,具有优越性。帮助信息网络犯罪活动罪与其帮助的其他犯罪之间是法条竞合关系,无论能否构成他罪共同犯罪或单独犯罪,只要网络帮助行为符合情节严重的标准,都可以构成本罪。

关键词: 帮助信息网络犯罪活动罪 帮助犯的量刑规则 帮助犯正犯化 从犯主犯化 单一制

【判例研究】

117 "恶意好评"致网店降权案的性质界定研究
—— 以张某、王某网店纠纷案为视角

/蔡 荣 南昌大学法学院

内容摘要: 面对传统犯罪网络异化的全新挑战,为了解决文本规范与犯罪行为方式转变所带来的司法适用上的疑难问题,刑法上必然需要做出积极回应。网店进行"恶意好评"行为符合破坏生产经营罪的犯罪构成,通过恶意好评行为妨害他人生产经营活动,并造成重大经济损失,可以评价为破坏生产经营的行为;本案同时触犯了损害商业信誉罪,因为行为人利用互联网致使甲公司网店被搜索降权,导致其商业信誉遭受重大损失。因此,本案属于破坏生产经营罪与损害商业信誉罪的想象竞合犯,应当从一重论处,以破坏生产经营罪论处。

关键词:破坏生产经营罪 损害商业信誉罪 传统犯罪 网络异化 刑法应对

【法律适用】

135 刑法追诉时效的法律适用问题研析
——以樊某抢劫杀人案为例

/韩 光 成都市人民检察院

内容摘要:刑法追诉时效规定是程序性规定,不涉及犯罪与刑罚实体内容,应遵从程序从新原则,不受从旧兼从轻原则的限制。追诉时效终止时间是公安司法机关立案之日,即日起犯罪嫌疑人享有的因超过追诉时效而不受追诉的特殊"奖励"消灭,国家开始启动追诉程序。新刑法追诉时效的规定具有溯及力,只要案件在新刑法实施前未过追诉时效,时效持续至新刑法实施之后,则需要按照新刑法确定追诉时效期限。

关键词:追诉时效 终止日期 溯及力 程序从新原则

146 从胡某某故意杀人案谈无罪改判死缓的抗诉经验

/靳国忠 北京市人民检察院
/钟 政 北京市人民检察院

内容摘要:刑事抗诉是法律赋予检察机关的重要职权。通过刑事抗诉纠正确有错误的裁判,是检察机关履行法律监督职能的重要体现。司法实践中,面对在案证据存在部分矛盾且缺乏关联性的情形,检察机关应重点做好排除矛盾证据、补充收集DNA等关联性证据、固定视听资料证据、查证口供等可采性证据、论证无法查清的其他证据、验证可能出错的疑点性证据等工作。庭审中,公诉人应综合运用证据,实现由庭前承办检察官内心确信向庭上法官内心确信的转移,力图解决争议、揭示真相、证明事实,实现司法正义。

关键词:刑事抗诉 证据矛盾 证据审查

目录

【刑辩讲堂】

158 《刑事辩护实务》暨《北大刑辩讲堂》简介

159 共同杀人：主从认定与死刑适用
——《刑事辩护实务》暨《北大刑辩讲堂》第一期第八次课程

/刘卫东 /林 维 /车 浩 /黎 玥

165 共同诈骗：冒领青苗补偿的刑法定性
——《刑事辩护实务》暨《北大刑辩讲堂》第一期第十一次课程

/谭 淼 /王 新 /孙明经 /付明燕

【沙龙实录】

169 从气枪案谈非法持枪罪
——北大冠衡刑事法治沙龙之三

/陈兴良 /梁根林 /劳东燕 /江 溯 /李世阳 /刘卫东 /车 浩

【活动撷英】

208 你们当中谁没有罪：谈谈罪的几种宗教观及政治神学传统
——北大刑法跨学科沙龙系列讲座之三

/综述人：徐 成

212 从鸿茅药酒案谈损害商誉罪
——北大冠衡刑事法治沙龙之四

/综述人：徐 成

【域外传译】

自杀与他杀的区分

/王 钢 清华大学法学院

内容摘要： 对于自杀与他杀的界分，应当从主客观两个方面进行。在主观方面，认定自杀以被害人自愿选择死亡为前提。被害人不仅要认识到自身的死亡后果，其还必须是在具有充分的认知能力、能够理解死亡的意义的基础上，出于自身的意愿自主地选择死亡。在客观方面，只有当被害人亲自支配了直接导致死亡结果的杀害行为时，才能认定其实施了自杀。德国联邦最高法院1963年的判决（BGHSt 19, 135）首次在德国司法实务中明确了应当基于对导致死亡之情势的支配性认定被害人是否构成自杀的基本原则，从而极大地推动了自杀认定标准的确立。但是，该判决也存在着过于重视行为计划等不足。自杀并非违法行为，故自杀参与也不构成犯罪。同理，当被害人构成自杀时，亦不能以行为人违反了救助义务或注意义务为由，认定行为人构成不作为犯或过失犯。

关键词： 自杀 他杀 自主决定 行为支配

【专题研讨】共同犯罪

论共同犯罪的共同性
——以章浩等绑架案为素材

李世阳[*]

关键词

共同性　共同正犯　间接正犯　承继的共同正犯

内容摘要：共同犯罪被视为刑法学上的"黑暗之章",从共同犯罪之"共同性"的认定出发,在理论上产生了各种分歧,包括正犯性的认定、共犯对于正犯之从属性的有无及其程度、共同正犯的责任归属、共犯的处罚根据等,各种理论针锋相对、争论不休。而在司法实践中,对于共犯现象而言则主要解决两个问题,即是否成立共同犯罪以及对于各个共同犯罪的参与人如何量刑,前者主要取决于是否存在共谋,后者则取决于各个参与人在共同犯罪中的作用大小。本文以一则真实案例为素材,以"共同性"的认定为出发点,分析共犯理论在司法实务中的适用,与此同时,探讨分析涉及共犯的案件的逻辑思维。

---

[*] 作者单位：浙江大学光华法学院。

一、问题的提出

刑法分则的规定一般以单独的既遂犯为基本模型,但在司法实务中,犯罪当然可能停留于未遂形态,也可能有两个以上的行为人共同完成。我国刑法第 25 条规定:"共同犯罪是指二人以上共同故意犯罪。"于是,共同性的有无成为认定是否成立共同犯罪的出发点。围绕共同犯罪之共同性,存在着犯罪共同说与行为共同说的对立。犯罪共同说将共犯理解为数人共同完成特定的犯罪,即被客观规定的特定构成要件(例如抢劫罪等),并认为当数人共同实施该犯罪时就构成共犯。易言之,犯罪共同说从构成要件论的立场出发强调构成要件的定型性,将共犯理解为由数人实行一个特定的"犯罪",即数人一罪。与此相对,行为共同说将共犯理解为通过数人的共同行为,遂行了各自所企图的犯罪,在近代学派的观点中被采用。但是,在把犯罪理解为犯罪者的社会危险性之表征的近代学派立场中,本来就必须认为是离开了构成要件的自然行为本身的共同,因此,也可以将共同关系视为在共同者的共同目的范围内,跨越数个构成要件(例如杀人罪与伤害罪)而存在。① 此外,在这两种学说的基础上,还存在一种折中的观点,即部分犯罪共同说。该学说认为,即使各个行为人所实施的行为各自所满足的构成要件并不相同,但只要在构成要件之间存在重合的部分,在该限度内就可以肯定共同犯罪的成立。不管采用哪种学说,都离不开对于构成要件之范围的确定。

此外,当某个行为人已经着手实行了某一犯罪的构成要件行为,在该犯罪达到既遂之前,如果有其他行为人参与进来,共同导致构成要件结果的发生,后行行为人是否对于先行行为人已经实施的行为及其所产生的结果承担责任,也与如何理解共同犯罪的共同性以及共同正犯的归属原理紧密关联,这就是承继的共同正犯的认定问题。

本文试着以一个真实案例为素材,对以上问题进行探讨。

---

① [日]团藤重光编:《注释刑法总则(3)》,有斐阁 1969 年版,第 711、712 页。

二、案情简介及问题提炼

（一）案情简介

被告人章浩承租泗阳县中亚一店大酒店，因经营不善而严重亏损，遂产生了绑架勒索财物的犯意。经考察，章浩选定了泗阳县摄影个体户吴某某之子吴小某（本案被害人，7岁）为绑架对象，并对吴小某的活动规律进行了跟踪了解。2000年1月14日上午，章浩向在自己承包的大酒店做服务员工作的被告人王敏提出：有人欠债不还，去把其子带来，逼其还债。王敏表示同意。当日13时10分左右，章浩骑摩托车载着王敏至泗阳县实验小学附近，将去学校上学的被害人吴小某指认给王敏，王敏即跟随吴小某至教室，将吴小某骗出。章浩骑摩托车与王敏一起将吴小某带至泗阳县中亚一店大酒店，用胶带将吴小某反绑置于酒店贮藏室内关押。16时许，章浩电话寻呼被告人章娟（系章浩外甥女），告诉章娟自己绑架了一个小孩，要求章娟帮助自己打电话给被害人家勒索财物，并告知章娟被害人家的电话号码以及勒索50万元人民币和一部手机等条件。章娟表示同意。当日16时至17时许，章娟共3次打电话给被害人家，提出了勒索50万元人民币和一部手机等条件。次日，章浩赶到沭阳县城，再次要求章娟继续向被害人家打电话勒索，章娟予以拒绝。因被害人家属报案，1月17日凌晨，被告人章娟、章浩、王敏先后被公安机关抓获，被害人吴小某同时被解救。被害人吴小某被绑架长达63小时之久，送医院治疗5天，诊断为双腕软组织挫伤，轻度脱水。吴小某父母吴某某、马某为吴小某治疗共花去医疗费总计人民币2214.31元。[①]

（二）问题所在

从以上案情出发，可以归结出以下问题点：
1. 如何评价被告人王敏将被害人吴小某从教室骗出的行为，被告人章浩与被告人王敏是否构成共同犯罪？
2. 如何评价被告人张娟打电话给被害人家属进行勒索的行为，被告人张

---

① 该案件即为"章浩等绑架案"，载《刑事审判参考》2002年第1辑（总第24辑），第105页。

娟与被告人章浩是否成立共同犯罪?

3. 本案中被告人的行为所成立的犯罪是否达到既遂?

就第一个问题而言,涉及共同犯罪中"共同性"的认定。在这一问题的延长线上,将被告人王敏与被告人章浩认定为非法拘禁罪的共同正犯,还是将被告人王敏的行为视为对绑架行为的片面帮助犯,抑或是以被告人王敏不知被告人章浩后续将实施的绑架行为为由,将章浩的行为视为利用有故意无目的的间接正犯,值得探讨。也就是说,在这一问题中,涉及共同性的认定、共谋的射程范围、共同正犯的本质、片面帮助犯的成立与否及其处罚根据、间接正犯的正犯性等问题点。

在第二个问题中,被告人张娟是在明确认识到被害人吴小某已经处于被告人章浩的实力控制之下这一点的前提下,进而对被害人家属实施勒索行为的,是典型的承继的共同正犯。那么,被告人章浩是单独对于自己所实施的敲诈勒索行为承担刑事责任,还是对于被告人章浩先行实施的绑架行为也承担责任,进而以绑架罪定罪处罚,不无疑问,而这一问题与共同正犯的相互归属原理以及绑架罪的罪质紧密关联。

最后,由于被告人实际上并未取得赎金,因此犯罪是否达到既遂成为问题,这一问题与如何理解绑架罪所侵犯的法益相关。

以下,笔者将围绕这些问题点逐一展开论述。

三、问题点分析

(一) 共同犯罪的共同性

如前所述,在共同犯罪的共同性这一问题上,存在犯罪共同说、行为共同说、部分犯罪共同说的争论。

犯罪共同说要求行为人之间在主观上有共同的意思联络,形成一个共同的行为计划,客观上存在将该共同行为计划付诸实践的共同实行行为。因此,只有在同一故意犯罪的范围内,行为人之间才可能成立共同犯罪。如果将该学说严格适用于本案,那么只能得出被告人章浩与被告人王敏并不构成共同犯罪的结论。这是因为,在本案中,被告人章浩是怀着绑架的故意将被害人吴小某置于自己实力控制之下的,其行为可以评价为绑架罪的实行行为;与此相对,被告人王敏误认为将被害人吴小某诱拐至酒店只是索取债务的手段,主观上并不具有绑架的故意或勒索赎金的目的,根据我国刑法第238条第3款的规定,为索取债务非法扣押、拘禁他人的,依照非法拘禁罪处罚,因此应当将被告人王敏的行为认定为非法拘禁罪的实行行为。由于两被告人的主观故意内容并不一致,根据完全的犯罪共同说,难以认定这两名被告人成立共同犯罪。

行为共同说认为,共犯只不过是指犯罪遂行的一种方法类型,在这个立场中,犯罪参与人相互之间的罪名同一性与共通的犯罪意思之存在等并非共犯成立的绝对要件。这是因为,如果根据行为共同说,共犯只是指,为了实现自己的犯罪而通过利用他人,从而扩张自己行为的因果影响力。① 根据该学说,尽管本案中的被告人章浩与王敏不具有完全相同的主观故意,但却共同实施了将被害人吴小某置于自己实力控制之下的行为,在这个意义上,不妨认定两名被告人成立共同犯罪。

如前所述,部分犯罪共同说认为,当各个行为人所实施的行为所满足的构成要件存在重合部分时,在重合的限度内就可以肯定共同犯罪的成立。根据该观点,本案中被告人章浩的行为是绑架罪的实行行为,而被告人王敏的行为是非法拘禁罪的实行行为,只要这两个犯罪的构成要件之间存在重合的部分,即可肯定共同犯罪的成立。那么,绑架罪与非法拘禁罪是一种怎样的关系,其构成要件是否存在重合部分,就成为关键问题。我国刑法第238条规定了非法拘禁罪,其构成要件是"非法拘禁他人或者以其他方法非法剥夺他人人身自由";第239条规定了绑架罪,其构成要件是"以勒索财物为目的绑架他人,或者绑架他人作为人质"。很显然,非法拘禁罪所侵犯的法益是人身自由,而绑架罪所侵犯的法益虽然有所争议,② 但如前所述,绑架者的实行行为是指让被害人脱离之前的生活环境,将其置于自己或第三人的实力控制之下,这就必然伴随着对于人身自由的侵害。于是,可以将绑架罪的构造理解为"以勒索财物为目的的非法拘禁",在这个意义上,绑架罪与非法拘禁罪

---

① [日]西田典之:《共犯理论的展开》成文堂2010年日文版,第6页以下。
② 关于绑架罪所侵犯的法益,存在以下四种学说的争论:第一种观点认为是被绑架者的自由;第二种观点认为是对被绑架者的监护权;第三种观点认为原则上是被绑架者的自由,但在例外的情况下也包括监护人对于被绑架者的监护权;第四种观点认为是被绑架者的人身自由以及身体安全。参见张明楷:《刑法学》,法律出版社2011年版,第793页。

在非法拘禁的限度内就存在重合部分。① 而在该重合部分的限度内，就可以肯定共同正犯的成立。具体而言，被告人章浩与被告人王敏在非法拘禁的限度内成立共同正犯，但章浩单独对绑架罪承担刑事责任。

（二）共谋的射程范围

共谋是指"两个以上的行为人为了实行特定的犯罪，在共同意思之下形成一个整体，进而形成以相互利用他人的行为、将各自的意思付诸实行的谋议"。② 因此，一旦能够肯定行为人参加了处于以上关系的共谋这一事实，即使是没有参与直接实行行为之实施的行为人，在将他人的行为作为自己的手段来实行犯罪这一意义上，也应当认为其刑事责任与直接实行人是一样的。也就是说，在共谋这一关系中，是否直接参与了实行行为，其分担或角色如何并不能左右共犯之刑事责任的成立。③

共同正犯的法效果是"部分实行全部责任"。例如，甲乙二人共谋抢劫，在甲将被害人打成重伤后，由乙劫取被害人的财物。如果单独分开来看，甲构成故意伤害罪，乙构成盗窃罪。但是，基于抢劫的共谋，甲与乙相互地对于对方的行为及其所产生的结果也承担责任，因此，甲与乙成立抢劫罪的共同正犯，在这一点上，无论理论界还是实务界都没有任何异议。在这一意义上，虽然共同正犯兼具共犯性与正犯性，④ 但应该说只有将共同正犯的本质理解为"共犯性"，才能说明当两个以上正犯结合在一起时，为什么也要对他人行为的结果负责，换言之，才能合理说明"部分实行全部责任"这一法理。具体而言，以共犯性为前提来考察共同正犯的结构的话，将他人的行为或结果作为自己的行为进而被作为"共同正犯"来处罚的根据，就不仅仅在于自己的行为与整体犯罪结果之间具有因果关系这一点上（因果的结果归属论），而且在于"基于共谋并通过相互利用、相互补充的行为归属"这一点上（相

---

① 关于绑架罪与非法拘禁罪之间关系的分析，参见陈兴良：《共同正犯：承继性与重合性——高海明绑架、郭永杭非法拘禁案的法理分析》，载陈兴良主编：《刑法评论》第21卷，第34页以下。
② 参见［日］高桥则夫：《刑法总论（第二版）》，成文堂2013年日文版，第438页。
③ 参见［日］西田典之、山口厚、佐伯仁志编：《刑法判例百选Ⅰ（第六版）》，有斐阁2008年日文版，第152页。
④ 关于共同正犯的性质是共犯性还是正犯性的争论，参见［日］川端博、西田典之、日高义博：《鼎谈——共同正犯论的课题与展望》，载《现代刑事法》2001年第28号，第26页。

互的行为归属论）。①

而为这种相互的行为归属的可能性提供基础的，就是行为人之间存在"共谋"。这是因为，从规范论的角度而言，刑法规范是由行为规范与制裁规范组成的，例如，我国刑法第232条规定了故意杀人罪，其背后所蕴含的行为规范即"禁止杀人"对于单独正犯或共犯而言都是共通的，但其制裁规范即触犯了行为规范之后的法效果却只适用于单独正犯，当出现共同犯罪的情形时，必须结合我国刑法第25条以下关于共同犯罪的规定，因此，第232条的制裁规范与刑法总则中关于共同犯罪的规定形成了共同故意杀人罪的完整的制裁规范。在这个意义上，可以将我国刑法第25条以下的规定称为制裁媒介规范。也就是说，将第232条的行为规范违反及其相应的制裁规范与刑法第25条以下的制裁媒介规范相结合，共同犯罪的行为规范就是为了发动刑法第25条以下的制裁媒介规范而准备的，而不是为了直接发动刑法第232条的制裁规范而准备的。② 于是，从这种制裁媒介规范出发派生出了结果归属，而共同正犯中的相互的行为归属则是从行为规范派生出来的。由于行为规范是与一般人的行动预期紧密相关的，因此属于事前判断的范畴，而具有这种功能的只能是"共谋"。具体而言，通过共谋，行为人之间就能够理解此后将要实施的行为之意义以及预期从该行为所可能产生的结果，正因为如此，各个行为人就能够在整体行为中了解自己的地位和作用，因此当然能够肯定"部分实行全部责任"的法效果。③

当然，行为人客观上所实施的实行行为必须在共谋的射程范围之内，一旦超出了共谋的射程，就成为实行过限，也就丧失了行为相互归属的基础，"部分实行全部责任"当然也就无从所依。那么，如何判断行为人之间是否形成共谋，共谋的边界又在哪里呢？鉴于共谋在认定是否成立共同正犯的重要性，本文认为，不能将共谋理解为纯粹的主观心理状态，而应将其理解为客观外在的行为，即具体意思的形成。既然如此，是否在共谋的射程范围之内

---

① 关于这一点的详细论述，参见［日］高桥则夫：《共同正犯的归属原理》，载《西原春夫先生古稀祝贺论文集（第二卷）》，成文堂1998年日文版，第341页以下。
② 关于刑法中行为规范与制裁规范的对置，参见［日］高桥则夫：《规范论和刑法解释论》，成文堂2007年日文版，第7页以下。
③ 关于这一点的详细说明，参见［日］高桥则夫：《关于承继的共同正犯》，载《川端博先生古稀祝贺论文集》，成文堂2015年日文版，第575页。

就取决于所发生的构成要件结果是否能够归属于共谋行为,也即共谋行为与结果惹起之间是否具有因果关系。此外,如前所述,由于共谋是形成行为人之间相互利用、相互补充之关系的基础,因此当行为人之间并不存在相互利用或相互补充的关系时,也难以认定共同正犯的成立。① 例如,甲与乙共谋诈骗,甲单独对被害人丙实施诈骗,乙单独对被害人丁实施诈骗,之后甲乙汇合,所得诈骗钱款归各自所有。在该案例中,由于甲与乙之间缺乏相互利用、相互补充的关系,因此其各自所实施的诈骗行为及其所产生的结果不能相互归属,从因果共犯论的立场出发,不妨将其作为单独犯处罚。

本案中,被告人章浩怀着勒索财物的目的,被告人王敏怀着索债的目的,共同将被害人吴小某从学校这个被害人所熟悉的生活场所移置到酒店这个由被告人所支配的场所内。如前所述,如果将绑架罪的构造理解为"以勒索财物为目的的非法拘禁",那么非法剥夺了被告人吴小某的人身自由这一法益侵害结果并未超越被告人之间事前所形成的"有人欠债不还,去把其子带来,逼其还债"这一共谋的射程范围。

(三)间接正犯的成立与否

依据以上的分析,暂时得出了被告人章浩与被告人王敏在非法拘禁的限度内成立共同正犯。然而,根据案情,被告人章浩一开始就向被告人王敏隐瞒了勒索财物的目的,使被告人王敏陷入了"绑人只是为了索债"这一认识错误之中,如果专注于这一点,似乎也可以认为被告人之间根本不存在共同谋议的行为,被告人王敏成为被告人章浩的有故意无目的的工具,即被告人章浩成立间接正犯,被告人王敏单独对自己的行为承担责任。这样的话,被告人章浩与被告人王敏就不成立共同犯罪,那么,这一结论是否具有成立可能性?

---

① 日本学者十河太郎将共谋的射程理解为相互利用、相互补充关系所及的范围,并将共谋射程的具体基准分为客观因素与主观因素。客观因素主要有:对于之前的共犯行为的贡献度、影响力,当初的共谋行为与实行行为内容的共通性(被害人的同一性、行为样态的类似性、侵害法益的同质性与伴随性等),基于当初共谋的行为与引起过剩结果的行为之间的关联性(机会的同一性、时空的接近性等),对引起过剩结果之行为的参与程度等。主观因素主要有:犯意的单一性、继续性、动机与目的的共通性、对于过剩结果的预测可能性程度等。具体参见[日]十河太郎:《关于共谋的射程》,载山口厚、川端博、井田良、浅田和茂编:《理论刑法学的探究③》,成文堂2010年日文版,第98页以下。

所谓的间接正犯,是指将他人作为工具利用进而实现犯罪的情形。一般认为,间接正犯是为了填补坚持责任共犯论以及极端从属性说的处罚空隙而出现的救济概念。但在因果共犯论以及限制从属性说已经占据主导地位的今天,间接正犯这一概念依然存在,因为间接正犯所指称的对象范围已经远远超出了利用无刑事责任能力者完成犯罪这种情形,进而包括利用他人缺乏构成要件该当性的行为(例如缺乏身份、特定目的等构成要件要素)、缺乏违法性的行为(例如利用他人的正当防卫或紧急避险行为)以及利用被害人的行为等情形。

当在A所实施的行为之后,通过介入B的行为而导致结果发生时,在怎样的情形中,A对于该结果可以被作为单独正犯处罚?这个问题之前一直都是被放在因果关系中他人行为的介入与相当因果关系或者被放在间接正犯的成立要件这一项下来讨论的。具体而言,A被作为单独正犯处罚的具体要件体现如下:(1)在故意作为犯中,当探讨介入了他人的行为之后,背后者A的罪责时,不管是被作为间接正犯的问题来讨论,还是被作为相当因果关系或者客观归属的问题来讨论,进而在介入了被害人自身因素的情形中,被作为同意的有效性问题来讨论,其判断资料都应该是同样的;(2)当A直接实现了结果时,A就成为单独正犯;(3)即使存在B的行为,当假设不存在该行为,可以说由A的行为也大概可以产生该具体结果时,就成立单独正犯;(4)但在不可以这样说的情形中,B是否自律性地决定引起现实产生的结果就必须被作为核心问题。具体而言,当B是在理解了结果的意义与射程的基础上,在不被强制的状态下引起该结果时,那么A就不成立该结果的单独正犯,于是,(包含共同正犯在内的)广义共犯的成立与否就成为问题。在该情形中,由于可以说结果是在B的支配领域内产生的,因此如果要处罚A,只能限定于一种情形,即满足了能够肯定对于他人的支配领域内所产生的事象进行归责的特别规定(即共犯规定)所需要具备的成立要件。①

在本案中,由于被告人王敏缺乏勒索财物的主观目的,从表面上看,似乎成为被告人章浩的有故意无目的的工具,但由于在本案中并不是由被告人王敏单独完成将被害人吴小某从学校带到酒店的行为,因此,被害人吴小某

---

① 参见[日]岛田聪一郎:《间接正犯与共同正犯》,载《神山敏雄古稀祝贺论文集》,成文堂2006年日文版,第445页以下。

的人身自由被侵犯这一法益侵害结果是由两名被告人共同协作完成的,不宜将被告人章浩视为间接正犯。

(四)承继的共犯的成立与否

如前所述,承继的共犯是指,先行者着手实行了某个犯罪,在该实行行为终了之前,即在某个犯罪的既遂之前或者犯罪的终了之前,后行者在与先行者相互意思疏通的基础之上分担或援助了实行行为(共同正犯或帮助犯),后行者在怎样的范围内承继先行者的行为及其结果。① 对于本案而言,由于被告人张娟是在认识到了被告人章浩已经控制了被害人吴小某的人身自由之后,才打电话向被害人家属实施勒索行为,因此,对于被告人章浩之前所实施的行为及其结果是否承担责任成为问题。关于这一问题,在学说上主要存在全面肯定说、全面否定说和中间说这三种观点,在中间说内部还存在利用说、效果因果说及二分说的争论。

全面肯定说认为,后行者对于其介入之前已经由先行者所完成的行为及其产生的结果也应当承担作为共犯的责任。支撑该学说的主要理由是,当后行者认识到了由先行者所实现的状况,在与先行者建立意思联络的基础上积极地利用该状况,与先行者共同完成剩下的实行行为时,对于全体行为,就存在共同的意思。② 从该理由中很容易找到犯罪共同说所主张的数人一罪的痕迹,即:由于单纯一罪是不可分的,因此即使是在实行行为之后才产生意思联络,对于整体也成立共同正犯。③

与此相对,全面否定说认为,由于后行者对于其介入之前的事象并未产生因果影响,因此后行者仅仅对于其加入之后的行为承担作为共犯的罪责。④ 由此可见,因果共犯论成为否定说的主要理论基础。此外,从行为共同说出发,也可以得出先行者对于全体犯罪承担责任,但后行者只对于自己加入的时点之后所实施的犯罪承担责任的结论,即承认数人数罪。

在因果共犯论占据主导地位的今天,全面肯定说逐渐丧失了说服力,但全面否定说也未免过于绝对化。于是,有观点主张原则上应当否定后行者对

---

① 参见[日]山中敬一:《刑法总论(第三版)》,成文堂2015年日文版,第908页。
② 参见[日]福田平:《全订刑法总论(第四版)》,有斐阁2004年日文版,第269页。
③ 参见[日]松植正:《刑法概论Ⅰ总论》(再订版),有斐阁1974年日文版,第354页。
④ 参见[日]山口厚:《刑法总论(第二版)》,有斐阁2007年日文版,第350页以下。

于先行者的行为及其结果承担责任,但立足于不同犯罪只构成要件的构造,也存在以下例外。例如,当后行者积极地利用了先行者的行为所产生的效果时,在该限度内成立共犯(利用说);① 或者,当先行者的行为之效果处于持续状态时,在此限度内就能肯定其对于后行者之行为的因果性贡献(效果因果说);② 或者,也有观点认为对于共同正犯应全面否定承继性,但对于帮助犯则在一定的限度内肯定承继性(二分说)。③

肯定承继共同正犯的理由主要有以下三点:第一,所犯的罪是单纯的一罪,也就是说,不管犯罪的构造如何,先行者所实施的行为以及与后行者一起所实施的行为一般只满足于一个犯罪的构成要件,例如具体为故意杀人罪、故意伤害罪、盗窃罪等;第二,后行者事后认识或容忍了先行者所实施的行为及其引起的结果;第三,通过肯定承继的共同正犯进而适用"部分实行全部责任"的法理,从而救济在因果关系证明上的困难性。

但是,这三点理由容易遭到以下针锋相对的反驳:第一,即使从刑法条文的规定来看是一个犯罪,该犯罪也可能是由多个独立的行为构成的,例如,可以将抢劫罪的构造分解为"暴力或胁迫行为+取财行为",可以将诈骗罪的构造分解为"欺诈行为+认识错误+处分财产+财产损失",在这种具有"结合犯"之结构的犯罪中,当后行者仅参与后一个行为(取财行为)的实施时,难以说明其为何要对前一个行为(伤害行为)也承担责任。第二,从责任主义出发,在刑法上一般要求故意与实行行为同时存在,同样地,共谋必须存在于实行行为的实施之前,才能发挥如前所述的事前预测功能,当后行者只是事后认识或容忍了先行者所实施的行为及其引起的结果时,还是无法肯定后行者与先行者对已经实施的行为及其引起的结果形成了共谋。第三,即使出现因果关系不明确的情形,即最后的结果是由先行者的行为直接导致的,还是由后行者加入之后的共同行为导致的并不明确,由于先行者参与了整个犯罪过程,因此至少可以将最后造成的构成要件结果归属于先行者的行为。从这个意义上说,因果关系不明并不会对责任归属造成影响。

综上所述,先行者所实施的行为及其所造成的结果并不能直接归属于后

---

① 参见[日]藤木英雄:《刑法讲义总论》,东京大学出版会1975年日文版,第291页。
② 参见[日]西田典之:《刑法总论(第二版)》,弘文堂2010年日文版,第344页以下。
③ 参见[日]井田良:《讲义刑法学总论》,成文堂2008年日文版,第473页以下。

行者,也就是不能肯定承继的共同正犯这一概念。然而,在承继的限度内可以肯定后行者的行为对于先行者的整个犯罪行为的帮助性质,也即可以肯定承继的共犯(帮助犯)。这是因为,共同正犯与狭义共犯(教唆犯与帮助犯)的责任归属原理不同。如前所述,承认共同正犯的基础在于行为人之间形成了共谋,在共谋的射程范围之内,行为人之间的行为能够相互归属,对于所造成的构成要件结果也共同承担责任,即"部分实行全部责任"。与此相对,根据目前通说的观点,共犯的处罚根据在于对于间接地造成法益侵害,即所谓的因果共犯论。例如,甲意图实施抢劫,在对被害人丙施加了暴力并致使丙身负重伤之后,乙参加进来,与甲一起实施了取财行为。根据上述观点,乙与甲首先成立盗窃罪的共同正犯,与此同时,由于可以肯定乙对于甲的抢劫行为也具有因果性贡献,因此也成立抢劫罪的帮助犯,两者形成想象竞合的关系,择一重罪处罚。①

　　在本案中,被告人张娟是在被告人章浩已经将被害人吴小某置于自己的实力控制之下之后才参与犯罪的实施,单纯从其实施的打电话勒索赎金这一行为来看,构成了敲诈勒索罪,但与此同时,其行为对于被告人章浩所实施的绑架犯罪显然具有因果贡献力,因此也成立绑架罪的帮助犯。于是,似乎可以得出以下结论:被告人张娟的行为构成敲诈勒索罪与绑架罪(帮助犯)的想象竞合,由于绑架罪的法定刑比敲诈勒索罪重,因此以绑架罪定罪处罚。然而,这一结论忽视了对于绑架罪的罪质分析,即绑架罪是继续犯还是状态犯。如果认为绑架罪是一种状态犯,虽然在犯罪终了之后,法益侵害的状态还处于持续状态中,但由于在发生法益侵害的同时犯罪也就终了,因此在犯罪终了之后加入进来的犯罪,只能是基于新的共谋而形成新的共同犯罪。据此上述结论就能够成立;与此相对,如果将绑架罪认定为继续犯,由于在法益侵害持续的期间,犯罪也处于正在进行的状态,因此后行者在实行行为持续期间的任何一个时间点加入犯罪中,都会与先行者构成共同正犯。据此,被告人张娟就与被告人章浩构成绑架罪的共同正犯。

　　那么,绑架罪到底是继续犯还是状态犯?这一问题与如何理解绑架罪的保护法益紧密关联。具体而言,如果认为绑架罪的保护法益在于被绑架者的

---

① 参见〔日〕高桥则夫:《刑法总论(第二版)》,成文堂2013年日文版,第428页以下,第447页以下。

自由，那么，只要对于自由的侵害处于继续进行的期间，本罪就处于继续进行的状态，因此是继续犯；如果将绑架罪的法益理解为人身保护关系，那么在人身安全被侵害的瞬间，本罪也就达到了既遂，之后只不过是违法状态的继续，因此是一种状态犯。根据我国刑法第239条关于绑架罪的规定，绑架罪主要分为以下三种情况：第一，以勒索财物为目的的绑架行为；第二，以达到政治等目的的绑架行为；第三，以勒索财物为目的的偷盗婴幼儿。这样的话，将本罪的保护法益理解为被绑架人的行动自由以及身体安全是妥当的。从侵害被绑架人的行动自由出发将绑架罪理解为继续犯是必然的结论，问题是对于身体安全部分的侵害是否也可以理解为继续犯。关于这一点，日本学者西田典之认为，如果把重点放在被绑架者的身体安全上，那么在将被绑架者置于自己或第三人的实力支配之下这一时点上犯罪已经终了，之后只是违法状态的持续，因此是状态犯。① 对此，日本学者大谷实提出有力的反驳，即：即使是对于被绑架者的安全的侵犯，如果保护状态被不良变更，在此期间的生活安全也处于被持续侵害的状态，因此可以把绑架者理解为继续犯。② 如前所述，可以把绑架者的构造理解为"以勒索财物为目的的非法拘禁行为"。在这一意义上，可以说绑架罪是一种所谓的"短缩的二行为犯"，即：以实施第二个行为为目的的犯罪，但只有第一个行为是构成要件行为，第二个行为不是构成要件行为。③ 在短缩的二行为犯中，如果前行为人所实施的短缩的二行为犯仍处于持续过程中，后行为人知道真情却实施第二个行为的，应认定为短缩的二行为犯的共犯。④ 因此，在本案中，被告人张娟与被告人章浩构成绑架罪的共同正犯。

四、结语

共同犯罪被称为刑法上的"黑暗之章"，各种理论扑朔迷离，而在司法实务中，是否成立共同犯罪以及对于共同犯罪如何量刑，似乎并未如此复杂。具体而言，行为人之间是否存在共同犯罪故意（共谋）是认定共犯成立的主

---

① ［日］西田典之：《刑法各论（第六版）》，弘文堂2012年日文版，第76页以下。
② ［日］大谷实：《刑法讲义各论（新版第四版补订版）》，成文堂2015年日文版，第93页以下。
③ 参见张明楷：《论短缩的二行为犯》，载《中国法学》2004年第3期。
④ 参见张明楷：《论短缩的二行为犯》，载《中国法学》2004年第3期。

要标准；各个行为人在共同犯罪中所起的作用大小是对各个参与人进行量刑的主要依据。既然如此，共犯理论就不能脱离司法实务渐行渐远，而应在罪刑法定的范围内去解释司法实务的逻辑，探寻共犯的实然规律。具体而言，（即使没有达到共谋的程度）行为人之间是否具有共同的行为计划，是认定是否成立共同正犯的基础，当否定共同正犯的成立时，则考察是否具有成立间接正犯的可能性，如果得出否定结论，则考察是否可能成立教唆犯或帮助犯，即狭义的共犯关系。一旦认定共同犯罪的成立，各个参与人所承担的责任则取决于其在共同犯罪中所发挥的作用大小。

共犯与身份问题研究

白　森*

关键词

身份　共犯　违法身份　责任身份

　　内容摘要： 身份共犯是身份犯和共犯相结合的问题，其核心问题在于解决特殊身份者与无身份者共同犯罪的定罪量刑问题。在无身份者加功有身份者、有身份者利用有故意的无身份者实现犯罪的，以及不同身份者共同实行犯罪行为的情况，存在诸多的争论。对刑法中身份犯区分的类型，无论是"构成身份与加减身份""定罪身份与量刑身份"，还是"真正身份犯与不真正身份犯"的分类，都不能在理论上妥当解决身份共犯的问题。对身份共犯，应提倡违法身份与责任身份的区分方式，在坚持犯罪的本质是法益侵害的基础上，以法益侵害为标准，在犯罪的实体是违法与责任的框架内，实质性的判断身份犯中的"身份"属于违法要素还是责任要素，从而确定违法的身份还是责任的身份。对具体问题的处理，要在区分违法身份和责任身份的前提下，坚持共犯限制从属性等共犯的基本原理，采取行为共同说，以违法是连带的、责任是个别的为原则，结合有身份者与无身份者在共同犯罪中的作用与地位，解决相关问题。

---

　　* 作者单位：黑龙江省人民检察院法律政策研究部。

一、身份犯的处罚根据

对于身份犯的性质,向来有两种不同的观点,一种观点是从对特定义务的违反来解读身份犯的性质,而另一种则从法益侵害的角度出发对身份犯的性质进行理解。德国的罗克辛(Roxin)教授提出了义务犯的概念,从而将犯罪分为义务犯和支配犯两种,其中义务犯可理解为身份犯。罗克辛教授主张,因为对身份犯的共犯处理方式不同于普通的共犯,用支配犯的理论无法解决身份犯的问题,所以有必要建立不同于支配犯的义务犯体系。义务犯与支配犯在违法性的本质上,都是对法益的侵害,但处理方式不同,义务犯是负有"特别义务"的人,这种义务是来自于刑法之外的义务,而且只有负有义务者才能实施违反特别义务的行为,其他人没有这种义务,也就无法实施该行为。现行《德国刑法典》第28条第1款规定:"如果参与者(教唆者或者帮助者)缺乏确定行为人的可罚性的特别的个人要素(第14条第1款),那么,必须根据第49条第1款予以轻处。"该条第2款规定:"如果法律规定特别的个人要素使刑罚重处、轻处或者排除,那么,它只对具备这些特别的个人要素的参与者(正犯或共犯)适用。"① 在罗克辛看来,在共犯关系中,作为正犯的义务犯,其处罚根据不仅在于对法益的侵害以及刑法规范的违反上,还在于对特殊义务的违反,而无身份的共犯并没有特殊的义务,所以共犯与正犯在违法性上存在着本质的不同,其以此来解释《德国刑法典》第28条对无身份的共犯减轻处罚的规定。② 德国的雅科布斯(Jakobs)教授从规范论的角度出发,认为违法的本质是对规范的违反而不是法益的侵害,并发展了义务犯理论,③ 主张具有义务的人承担"一次责任",不具有义务的共犯则承担"二次责任"。④ 德国的许迺曼(Schünemann)教授则认为在支配犯的场合,可能存

---

① 参见陈山:《共犯与身份》,科学出版社2012年,第129页。
② 参见[德]克劳斯·罗克辛:《德国刑法学总论》第2卷,王世洲等译,法律出版社2013年版,第190、191页。
③ 参见许玉秀:《当代刑法思潮》,中国民主法制出版社2005年版,第591~593页。
④ 参见余振华:《"共犯与身份"之比较法考察——以德国、日本及我国刑法为中心》,载甘添贵等编:《共犯与身份》,台湾地区学林文化事业有限公司2001年版,第64页。

在共犯，而义务犯都是正犯，无身份者的共犯是不可罚，① 因而不可能有义务犯的共犯存在。上述观点得到了部分学者的支持，如日本的木村龟二教授、② 野村稔教授，③ 以及我国台湾地区的部分学者。④ 陈兴良教授、周光权教授也持类似的观点。⑤

　　与义务犯论的观点相对的是从法益侵害的角度对身份犯的本质进行解读。平野龙一教授认为，违法性的实质是法益侵害，身份是构成身份犯罪的原因，没有特定身份的人，现实上是不能够侵犯法益的。⑥ 西田典之教授继承了平野龙一教授的观点。张明楷教授认为，刑法之所以将一些身份规定为构成要件要素，原因在于：有些犯罪只能由特殊身份的人来实施，有些行为只有特殊身份的人实施，其法益侵害性才能达到科处刑罚的程度，再有就是为了保护特定法益，将特殊身份作为某种犯罪作为加重类型。⑦

　　在本文看来，对身份犯本质的不同看法，出于对违法性本质的认识不同，这种不同源自不同的基本立场。持义务犯观点的学者中，雅科布斯教授彻底否认违法的本质是法益侵害，而主张规范的违反，⑧ 其更趋向于一元的行为无价值论。罗克辛教授、木村龟二教授、川端博教授、野村稔教授及周光权教授均是行为无价值二元论的支持者，均主张违法的本质在于法益侵害和规范违反。而以法益侵害的角度理解身份犯本质的学者，则认为身份犯本质在于身份与法益侵害相关联，都主张违法性的实质是法益侵害，这正是结果无价值论对违法性实质的认识。不可否认，以规范的违反和法益侵害的双重角度看待身份犯，确实比较容易理解刑法中对身份犯罪的特别规定，从这一点上说，似乎契合行为无价值论的特别义务违反说更能说明身份犯的本质，因为只有负有特定义务的人才能够因违反规范而成立犯罪，身份是专属于负有特

---

　　① 参见［日］西田典之：《新版共犯与身份》，成文堂2003年版，第193页。转引自周啸天：《论身份犯的共犯》，清华大学2012年博士学位论文。
　　② 参见［日］木村龟二：《刑法学词典》，顾肖荣等译，上海翻译公司1991年版，第130～132页。
　　③ 参见［日］野村稔：《刑法总论》，全理其、何力译，法律出版社2001年版，第94页。
　　④ 参见陈朴生、洪福增：《刑法总则》，台湾地区五南图书出版公司1982年版，第270页。
　　⑤ 参见陈兴良：《身份犯之共犯：以比较法为视角的考察》，载《法律科学》2013年第4期。
　　⑥ 参见［日］平野龙一：《刑法总论Ⅱ》，有斐阁1975年版，第367、368页。转引自转引自周啸天：《身份犯的共犯》，清华大学2012年博士学位论文。
　　⑦ 参见张明楷：《刑法原理》，商务印书馆2011年版，第124页。
　　⑧ 参见张明楷：《也论刑法教义学立场——与冯军教授商榷》，载《中外法学》2014年第2期。

定义务者一身的违法要素，这正是罗克辛与雅科布斯教授认为的义务犯与支配犯不同的原因所在。

本文认为，将身份犯等同于义务犯看待，在我国并不适合，原因如下：

第一，罗克辛教授以身份犯具有刑法规范之外的"特别义务"，无身份的犯罪参与者因不具有这种"特别义务"，从而与有身份犯者的违法性不同，从而解读《德国刑法典》第28条对无身份者减轻处罚的规定，这是从立法论意义上而言的解读。无论罗克辛教授教授的这种解读是否得当，在德国真正身份犯和不真正身份犯的共犯，无身份者均可依据第28条减轻处罚，这意味着德国从立法上并未彻底贯彻身份连带的原则，而将义务作为身份的本质，身份具有一定意义的独立属性，契合了《德国刑法典》第28条对共犯的减轻规定。而我国刑法中没有与《德国刑法典》第28条相类似的条文，不存在义务犯讨论的空间。

第二，主张特定义务违反为身份犯本质的观点，认为义务来自刑法之外其他领域的法律规定，但这种义务来源并不明确。一方面，刑法才是能够成立犯罪的裁判规范，将是否成立犯罪苛求于刑法之外的规范，如何理解刑法是作为守护法益的"最后闸门"？即便站在行为无价值的角度上，也应将规范违反理解为违反刑法规范而不是刑法以外的规范，为何违反了其他法规范的义务却被视为违反了刑法规范？这恐怕是义务犯论者难以明确说明的。

第三，义务犯论者本身对义务犯的理解也存在较大的争议，雅科布斯教授认为义务犯的规范本质就是对义务的违反，① 认为义务犯并不是因为侵害了法益而受惩罚，对义务犯的处罚在于确保规范的有效性。罗克辛教授则认为"没有法益侵害而承担可罚性，是不可能的"② 应当说否认犯罪的本质与法益侵害有关，而只将对规范的违反视为犯罪的本质，极易滑向主观主义刑法。但主张身份犯兼具法益侵害与义务（规范）违反的本质，③ 这虽符合二元行为无价值论的普遍观点，但这样一来，孰轻孰重？对身份犯义务的注重，便会造成对法益侵害的忽视，导致身份独立作用于正犯，不能连带作用于共犯，

---

① 参见[德]雅科布斯：《刑法保护什么：法益还是规范适用？》，王世洲译，载《比较法研究》2004年第1期。

② 参见[德]克劳斯·罗克辛：《刑法的任务不是保护法益吗？》，樊文译，载陈兴良：《刑事法律评论》第19卷，北京大学出版社2006年版，第164页。

③ 参见陈山：《共犯与身份》，科学出版社2012年版，第63页。

使得身份共犯问题更加难以处理，甚至如德国许迺曼教授那般，得出作为共犯的无身份者即使侵犯到了法益，也未违反义务，所以不可罚的不被一般人接受的结论。

第四，无论是真正身份犯还是不真正身份犯，身份都是影响行为人定罪量刑的重要因素。影响定罪量刑的要么是构成要件要素，要么是责任要素，不管是将构成要件看作是违法类型还是违法有责类型，身份要素都与其他构成要件要素结合才能充足身份犯罪的构成要件，身份要素都是彰显身份犯罪的违法性或者有责性。正如日本学者十河太朗所言，无身份的共犯如何处理，在于他实现了何种违法与责任，因此，确定身份要素能否连带于无身份者，是违法与责任的类型，而不是行为规范。①

因此，本文认为，身份犯的处罚根据并不在于对特定规范的违反，而是在于对特定法益的保护。易言之，"特定身份"的有无，是特定法益相关联的、侵犯这种特定法益的实施前提，而并非特定义务。

二、身份犯的分类及判断

（一）身份的类型

我国刑法传统理论从不同的角度将身份犯分为自然身份与法定身份、积极身份与消极身份等，但这些分类方式对处理身份共犯的问题并没有直接的意义；德国、日本及我国台湾地区，则根据对刑法条文规定的身份对定性及量刑的作用不同，将身份分为构成的身份与加减的身份、定罪的身份与量刑的身份。这种身份的区分来自法条形式上的规定，根据刑法条文的规定，只有特定身份主体才能实施的犯罪是构成的身份或定罪的身份，具备这种身份的犯罪人为真正身份犯；而是否具有特定身份并不影响成立犯罪，却影响量刑的轻重的，是加减的身份或者量刑的身份，这种身份的犯罪人为不真正身份犯。这种从刑法条文用语中即可得出的分类方式，称为形式区分说。形式区分说对身份共犯的处理具有积极的意义，但我国刑法中并没有类似德国、

---

① 参见［日］十河太朗：《身份犯の共犯》，成文堂2009年版，第249页。转引自转引自周啸天：《身份犯的共犯》，清华大学2012年博士学位论文。

日本刑法以及台湾地区"刑法"中处理共犯问题的相关条文规定，且分则中也并没有如日本刑法那样以详细的规定将多数身份犯类型化，如日本的赌博罪与常习赌博罪，故意杀人罪与以前的杀害尊亲属罪等，而我国则多作为法定刑升格的条件进行处理，这就导致了我国真正身份犯、不真正身份犯的语境含义大不相同，不真正身份犯的存在意义被弱化。除此之外，定罪的身份与量刑的身份也并不是绝对的，尤其是在定罪身份的情况下，身份的有无不仅直接影响犯罪的构成与否，而且也影响刑罚的轻重。因此，定罪的身份与量刑的身份只是根据身份的主要作用进行区分而已。① 且形式区分说存在逻辑上的矛盾：如果说在加减身份犯罪中，无身份者作为单独犯具有可罚性，那么在构成的身份犯罪中，无身份者因不具有可罚性，在共犯处理时，作为构成身份犯罪共犯的无身份者，似乎比作为加减身份犯罪的共犯更应该得到宽大处理。我国台湾地区学者黄荣坚教授甚至认为，学说上区分所谓的真正身份犯与不真正身份犯，只是在配合称呼法律规定的形式而已，在理论上并没有意义。② 在形式区分说越来越多地受到质疑的情况下，根据"违法是连带的，责任是个别的"这种共犯限制从属性原则，将身份区分为违法的身份和责任的身份这种实质化的区分方式，受到越来越多的关注。

（二）实质区分说的提倡

本文赞同违法、有责的身份这种实质化的分类方式。理由如下：第一，以违法与责任的区别作为理论基础的犯罪论体系的重要意义在于，指导刑法解释论对构成犯罪的各个要素根据其性质进行分类、整理，并赋予其相应的效果。作为这种犯罪论的解释指导机能的具体化，在方法论上，应支持实质的区分说。③ 第二，违法与责任的身份分类由于强调"违法是连带的，责任是个别的"的原理，贯彻了共犯从属性理论中的限制从属性原理，使得身份无论发挥连带作用，还是个别作用，都具有实质性依据，相对于形式区分说，

---

① 参见江溯：《共犯与身份》，载陈兴良主编：《刑事法评论》第15卷，北京大学出版社2004年版，第225页。
② 参见黄荣坚：《共犯与身份》，载翁岳生主编：《刑事思潮之奔腾》，台湾地区财团法人韩忠谟教授法学基金会2000年版，第210页。
③ 参见[日]松原芳博：《刑法总论重要问题》，王昭武译，中国政法大学出版社2015年版，第337页。

具有很强的说理性。第三，实质区分说认为违法身份与法益侵害紧密相连，是法益侵害的前提，①而责任身份彰显非难可能程度，责任具有个别性，不能连带于共犯。正犯通过其违法身份侵害法益，共犯通过正犯间接引起法益侵害，对于分则规定的违法构成要件要素，共犯都可以通过其他人的关系进行实现，作为共犯的无身份者的身份违法要素则和其他构成要件要素一样，可以透过正犯间接实现，②这与共犯处罚根据的理论相契合。第四，加减身份并非与构成要件要素无关。犯罪的实体是违法与责任，在身份的有无导致刑罚轻重的场合，有必要进一步探讨加重或减轻的刑罚的根源，必须从法益侵害性与非难程度上考虑身份要素的影响，而不是从法条的表述中就理所当然地认为是所谓的加减身份。因此，传统理论中的部分加减身份是值得质疑的，张明楷教授就主张身份犯中绝大多数身份都是违法身份。③第五，将不法与责任作为构建犯罪论体系的支柱，是刑法理论最为重要的进步，具有充分根据与内在的合理性。④将身份实质性地与违法和责任相挂钩，区分违法身份、责任身份，以违法身份起连带作用、责任身份起个别作用的原理来解决身份共犯的问题，不仅符合我国的刑法立法现状，也符合共犯的理论。德国齐默尔率先提出违法身份与责任身份以来，该理论已经被瑞士、奥地利等国刑法所采纳。⑤

（三）违法身份与责任身份的判断

主张身份类型实质区分说的学者中，在违法身份与责任身份的区分上，存在着明显差异，西田典之教授认为，违法的身份中包含了使违法性加重、减轻的身份要素。故法条中对特定身份加重减轻量刑的，不能简单地看作是"加减的身份"认为成立传统的不真正身份犯，而是需要具体分析该身份要素

---

① 参见[日]松原芳博：《刑法总论重要问题》，王昭武译，中国政法大学出版社2015年版，第337页。
② 参见黄荣坚：《共犯与身份》，载翁岳生主编：《刑事思潮之奔腾》，台湾地区财团法人韩忠谟教授法学基金会2000年版，第209页。
③ 参见张明楷：《刑法的私塾》北京大学出版社2014年版，第175、176页。
④ 参见张明楷：《犯罪构成体系与构成要件要素》，北京大学出版社2010年，第50页。
⑤ 参见周啸天：《德日身份犯的立法梳理及其启示》，载《中国刑事法杂志》2013年第7期。

是否对"违法性提供依据"。① 与西田典之教授观点相类似,黄荣坚教授认为,违法身份所组成的犯罪包括构成的身份与加减的身份,无论何者,无身份者均可透过有身份者的行为间接实现犯罪,责任的身份也可以有构成的身份和加减的身份,无论何者,无身份者均无法透过有身份者的行为予以间接实现犯罪。② 而台湾地区学者许玉秀教授认为所有的违法身份,也同样是责任身份,但责任身份却不一定也是违法身份。③ 可见,部分学者认为违法身份不仅包括构成的身份,也包括加减的身份。也有学者认为违法身份也同样是责任身份,即所谓的双重身份,而责任身份却不一定是违法身份。

在本文看来,在实质区分说中出现上述不同看法的根本原因在于论者对构成要件的理解。德国学者迈耶(M. E. Mayer)论述了构成要件和违法性的关系,指出构成要件是违法性的根据,到梅茨格尔(Edmund Mezger)提出了构成要件的违法类型说,构成要件推定违法,④ 显然是对法益侵害行为违法性的客观推断,即符合构成要件的行为,被推定为违法行为。构成要件理论从德国传到日本,被日本学者进行了发展。小野清一郎在德国构成要件理论的基础上,提出了违法、有责类型说,认为构成要件是违法有责行为的类型,又是其法律的定型,它既是不法行为类型,又是犯罪类型,并且不是单纯地将违法性类型化,而是同时也将道义责任类型化。⑤ 小野清一郎的这种观点后来被团藤重光的定型性说所继承,在日本产生了重大影响,不仅行为无价值论者如佐伯千仞、大塚仁、町野朔等持此观点,甚至如前田雅英、西田典之等结果无价值论者也主张违法有责类型说。正是这种违法有责类型说,将符合构成要件的行为不仅推定为违法,也同样推定为有责。既然将构成要件理解为违法有责类型,就会自然得出作为组成构成要件的诸要素,除了具有违法性之外,还具有责任性。这也就不难理解许玉秀教授认为的违法身份同时

---

① 参见[日]西田典之:《日本刑法总论(第二版)》,王昭武、刘明祥译,法律出版社2013年版,364、365页。
② 参见黄荣坚:《共犯与身份》,载翁岳生主编:《刑事思潮之奔腾》,台湾地区财团法人韩忠谟教授法学基金会2000年版,第210页。
③ 参见许玉秀:《从共犯与身份论不法与罪责的区分》,载许玉秀主编:《刑事法之基础与界限》,台湾学林文化事业有限公司2003年,第487页。
④ 参见郝守才:《近代西方刑法学派之争》,河南大学出版社2009年版,第103页。
⑤ 参见[日]小野清一郎:《犯罪构成要件理论》,王泰译,中国人民公安大学出版社2004年版,第8页。

也是责任身份的主张。与此对应,一般主张行为无价值论者将主观要素纳入构成要件之中,成为为主观的构成要件要素,行为一旦符合构成要件,就可以完成定型的作用,在责任阶层只需考虑责任年龄、责任能力、违法认识可能性及期待可能性等要素。行为无价值一般主张构成要件是违法有责类型,会在违法层面(不法阶层)融入了价值性判断,得出法益侵害不仅是一个结果,还有程度的判断。如此一来,作为违法的身份要素,则不仅包含构成的身份,也会包括对彰显法益侵害程度的加减身份。黄荣坚教授对违法身份所持的观点,盖缘于此。与行为无价值论不同,结果无价值一般认为违法是客观的,即主张"物的违法论",不仅将主观要素放在责任阶层考量,还认为违法阶层尽可能去对事实描述,责任阶层倾向价值评价,一般主张构成要件是违法类型。结果无价值论者一般会要求构成要件要素的记述性,尽量避免规范的构成要件要素。故站在结果无价值立场而言,构成要件是违法行为类型,法益被侵害是一个客观事实,对法益侵害的程度则是价值性判断,认为违法身份包括了加减的身份,法理依据在于加减身份的有无,对法益侵害虽然不具备决定作用,但影响了法益侵害的程度。本文难以赞同这种观点。一种法益被客观侵害,要么与身份有关,即只有具备特殊身份者才可能侵犯到这种法益,要么与身份无关,有无身份者均可以实施侵害。具体的法益是客观确定的,违法与否的体现客观上只与是否被现实侵害(或受到具体的威胁)相关,而与侵害的程度无关,如果说与侵害程度有关,那又怎样进行量化?这恐怕是难以回答的。在有无特定身份均可实现法益侵害的场合,行为人不可能因是否具备特殊身份就增加或降低了对法益的侵害性。易言之,如果身份的有无决定了法益侵害,导致的是违法的有无与违法的程度无关。违法程度是对违法性的价值判断,对应的应是身份者的可谴责性,即非难可能性。如果身份要素影响的是违法性程度,它就不是违法的身份,而是责任的身份。这正如许玉秀教授所言,加减的身份对违法与责任的影响,与未遂犯与中止犯违法性减少存在根本的不同,而与自首和自白(坦白)类似,[①] 即未遂与中止因为未完成对法益的全部侵害或使法益恢复从而减少了违法,有无加减的身份则不会导致能否对法益完成现实侵害,只会类似于自首与坦白,影响行

---

① 参见许玉秀:《从共犯与身份论不法与罪责的区分》,载许玉秀主编:《刑事法之基础与界限》,台湾地区学林文化事业有限公司2003年版,第487页。

为人的责任程度。

值得说明的是，行为无价值论将主观要素等纳入构成要件，一般主张构成要件具有定型性机能，满足构成要件的行为，即可确定相应的罪名。而结果无价值一般认为，构成要件仅是对侵害法益行为和结果的客观描述，犯罪的定型性是需要违法要素与责任要素共同完成的。所以，持行为无价值论者会认为违法的身份或构成的身份是定罪的身份，而责任身份则不是。本文从结果无价值立场出发，认为违法的身份是决定法益侵害的必要条件要素，不具备该身份，则无法使该种法益受到侵害（可能会侵犯其他法益），而责任的身份，决定了具备该身份者的非难可能程度，犯罪类型是由违法要素与责任要素共同确定的，所以违法的身份是定罪的身份，责任的身份也可能成为定罪的身份。

对于违法身份判断的原则是身份要素对特定身份犯罪法益侵害有无的影响，因为违法性的本质是对法益的侵害和危险，构成要件是对法益侵害的说明，因此，组成构成要件的诸要素均应与法益侵害具有紧密的关联性，缺少或增加任意一个要素，将导致保护的特定法益发生变化。在真正身份犯罪中，身份要素是单独直接正犯得以侵犯该具体身份犯罪法益的必要条件，缺少该条件，将导致侵犯的特定法益发生变化。简言之，缺少该身份要素，将无法成立该特定的身份犯罪，该身份即为违法的身份。需要指出的是，罪名的变化并非等同于法益的变化，不同的罪名可能会保护相同的法益，如故意杀人罪与过失致人死亡罪、诈骗罪与盗窃罪、滥用职权罪和玩忽职守罪等。

在排除了违法身份后，即可确认该身份为责任身份，责任身份要素既可彰显非难可能性的大小，也可以影响犯罪的类型化，即影响具体罪名的确定。如侵犯公民通信自由罪与私自开拆、隐匿、毁弃邮件、电报罪，两罪属于同一章节的犯罪，侵犯的都是公民通信自由的法益，该法益是否受到侵犯，并不因行为人是否为邮政工作人员而发生变化，显然，邮政工作人员的身份只是使行为人非难可能性的程度增大，同时邮政工作人员的身份作为责任要素，影响了行为的类型化，即导致罪名与无身份者实施该行为的出现不同。

此外，刑法中一些犯罪所保护的法益，具有多重性。如贪污罪，保护国有和公共财产的法益，也保护职务行为廉洁性的法益。一方面，对于职务行为廉洁性的法益侵害，显然与身份要素有关，不具备"国家工作人员"的身份，无法侵害，显然属于违法要素；但另一方面，对于国家财物或公共财物的财产法益，有无身份均可以造成法益侵害，是否具备身份要素没有影响，但具备职务身份者非难可能程度比无身份者更高，在此意义上，其又属于责任要素。故本文认为，应当承认在违法的身份与责任的身份之外，还存在违法与责任的双重身份。这样也能够合理解决一直存在争议的刑法第382条第3款"伙同贪污的，以共犯论处"的规定。我国刑法理论界一直对该款规定是注意规定还是拟制规定存在争议，在本文看来，贪污罪"国家工作人员"的身份与受贿罪不同，是违法与责任的双重身份，以违法的身份角度，该款属于注意规定，而以责任身份的角度，该款又属于拟制规定，即要求无身份者"伙同"犯罪的，与身份者的非难程度相同。而受贿罪与挪用公款罪中"国家工作人员"的身份只是违法身份，不要求"伙同"的无身份者承担与身份者相同程度的非难，故没有特别规定。

综上，对身份犯罪中身份类型的判断可分为如下步骤：应当首先根据身份与法益的关联性进行违法身份的判断，如得出否定的结论，则该身份属于责任身份；如得出肯定的结论，则应继续判断该身份与非难可能程度是否有关，若无关，则该身份是单纯的违法身份，若与非难可能性有关，则该身份属于违法与责任的双重身份。

三 共犯与身份问题的处理

（一）违法身份的共犯

违法身份类型的犯罪中，身份是实施该犯罪的前提，作为给违法性（行为的法益侵害性）提供根据的要素，是必要要素。其共犯问题处理如下：

1. 无身份者加功有身份者的情形

对无身份者加功有身份者，实施所谓真正身份犯罪时，对无身份者能否以身份犯的共犯论处的问题，虽然仍有对此持否定的观点，[①]认为在无立法特别规定的情况下，无身份者不能成立非身份犯的共犯。[②] 但是，尽管我国现行

[①] 参见［日］木村龟二：《刑法词典》，顾肖荣译，上海翻译出版社1991年版，第383页。
[②] 参见李振林：《无身份者构成身份犯共犯乃法律拟制》，载《南阳师范学院学报（社会科学版）》2012年第8期。

刑法总则并没有如德国、日本刑法对身份共犯问题有专属法条规定了无身份者可以成立身份犯的共犯，可若将身份要素区分为违法身份及责任身份的前提下，坚持共犯限制从属性原理，采用行为共同说，则属于违法构成要件要素的正犯的身份，可以连带适用于作为共犯的无身份者，这在理论上没有任何问题。在违法身份犯的场合下，无身份者教唆或帮助有身份者实施犯罪，无身份者成立违法身份犯的共犯，无须赘述。如非国家工作人员教唆或帮助国家工作人员实施受贿行为、滥用职权行为的，对非国家工作人员以受贿罪、滥用职权罪定罪量刑不存在问题。

2. 有身份者利用有故意的无身份者实现犯罪的情形

在无身份者加功有身份者的情形下，所要讨论的关键问题在于无身份者能否成立身份犯的共犯，而在有身份者利用有故意的无身份者实施身份犯罪的情形下，其关键问题在于无身份者能否成立身份犯罪，以及如何处理共犯关系的问题。与无身份者加功身份者的情况不同，有身份者对无身份者的利用，是指教唆或帮助无身份者实施违法身份犯罪的情况。大多数国家的刑事法典并没有专门规定，在刑法理论上称之为利用"有故意而无身份的工具"。对此，学说一般有以下几种观点：第一种观点主张有身份者成立间接正犯，如德国的李斯特（Franz von Liszt）与耶塞克、日本的大谷实与大塚仁、我国台湾地区的甘添贵等学者。[①] 对于无身份者的处理，则存在三个方向：其一认为无身份者不成立犯罪，其二是认为无身份者成立从犯（帮助犯），其三认为无身份者成立共同正犯。应当指出的是，承认有身份者为间接正犯的学者并非一律认为应无条件成立间接正犯，在无法认为是利用工具的情况下，应否认有身份者与无身份者成立犯罪，即"非身份者的行为不相当于所谓没有身份但有故意的工具时，应该认为身份者和非身份者都不可罚"。[②] 第二种观点主张有身份者与无身份者均不可罚，这种观点的出发点无外乎无身份者因欠缺身份这样的违法要素，不能成为真正身份犯的正犯，从共犯从属于正犯的立场上，得出实施教唆的身份者亦不成立教唆犯。[③] 第三种观点主张有身份者成立教唆犯，无身份者成立帮助犯。日本的西原春夫与中山研一等均主张此

---

① 参见陈山：《共犯与身份》，科学出版社2012年版，第156页。
② 参见[日]大塚仁：《刑法概说（总论）》，冯军译，中国人民大学出版社2003年版，第285页。
③ 参见陈山：《共犯与身份》，科学出版社2012年版，第157页。

观点。该说的主要出发点是以无身份者的角度,身份者实施了教唆行为,而以身份者的角度,无身份者实施了帮助行为,虽然无身份者因欠缺身份无法成立正犯,但其加功有身份者的行为使其成立共犯。① 第四种观点认为有身份者成立直接正犯,无身份者成立帮助犯。台湾地区学者柯耀程即持此学说,该说认为,身份是真正身份犯的必要组成,无身份者只是故意的道具,只能成为帮助犯,而有身份者利用身份支配无身份者的行为,即成立直接正犯。② 我国通说观点一般认为,有身份者教唆或帮助无身份者实施了真正身份犯罪,那么有身份者成立间接正犯,无身份者构成间接正犯的从犯(帮助犯)。③ 这与前述大陆法系刑法理论的第一种观点基本一致。

本文认为上述四种观点均存在问题。第一,有身份者成立间接正犯的观点不符合间接正犯的理论。有身份者利用有故意的工具,间接实现了犯罪,似乎有身份者成立间接正犯具有合理性,但其实存在诸多问题。首先,间接正犯本质上是进行支配,罗克辛教授将间接正犯归纳为三种情形,即幕后者胁迫、欺骗和利用组织权力操纵实施者,④ 在身份者所谓利用将无身份者作为"工具"进行支配,继而实现身份犯罪的情况下,身份者成立身份犯的间接正犯没有问题,但在身份者利用"有故意的工具"的情形下,有身份者成立间接正犯的观点存在问题,在这种情况下,被利用的无身份者一般是积极参与的,并不存在罗克辛教授所归纳的间接正犯的情况。如对债券上市具有审批权力的国家工作人员 A 教唆其弟 B(无业人员),让 B 去以 A 亲属的名义向已通过审批的债券发行企业索取贿赂,B 显然能够充分理解其行为的意义,很难说是 A 支配了 B(以下简称"审批债券受贿案")。间接正犯本质上是对被"利用的工具"的一种行为支配,日本的大谷实教授认为,一般情况下人在知道了实情且具有故意的情况下,可能产生停止其行为的反对动机,这种可能性叫作规范障碍。在存在规范障碍的情况下,不能说幕后者是单方面地利用了该行为,因此,原则上不能成立间接正犯。⑤ 易言之,间接正犯是使得被利用者无法形成反对动机,幕后者处于绝对支配的地位,完全掌控犯罪过

---

① 参见洪福增:《"刑法"之基本问题》,台湾地区洪福增自版1964年版,第252页。
② 参见陈山:《共犯与身份》,科学出版社2012年版,第158页。
③ 参见高铭暄、马克昌:《刑法学》,北京大学出版社2000年版,第322~326页。
④ 参见张明楷:《行为无价值与结果无价值论》,北京大学出版社2012年版,第234页。
⑤ 参见闫二鹏:《共犯与身份》,中国检察出版社2007年版,第206页。

程,其客观行为虽不能该当于构成要件而成立正犯,但与其利用工具得以实现构成要件该当的事实效果等同,在本质上与直接正犯具有等同性。显然,根据大谷实教授的见解,被利用者是否具有规范障碍是间接正犯成立的前提。但是,"有故意的工具"显然具有规范障碍,因此,无身份者不能成为被利用的工具,有身份者不可能形成对整个犯罪的支配性,不能成立间接正犯。正如罗克辛教授所言,当有身份者教唆、帮助无身份者实施纯正身份犯时,无身份者如果作为"有故意的工具",那么,他可以由故意而支配犯行全体,有身份者就无法支配作为犯行全体的事项,这个所谓的工具,除了身份,从对事项的支配这个侧面来看就是直接正犯。因此,无法承认将其作为工具加以利用;[①] 其次,《德国刑法典》中因有对间接正犯专门规定的法条,故不需要被利用者客观上充足构成要件的诸要素,而在日本和我国没有专门规定间接正犯法条的情况下,间接正犯的成立要求必须有人符合犯罪成立的客观条件,即间接正犯的成立必须是客观上实施了行为的被利用者的客观行为完全该当了客观的构成要件,即客观实行者充足了构成要件的诸要素。若没有任何人能够在客观上满足于构成要件的该当,即使有法益侵害也无法成立犯罪。在违法的身份犯罪中,不具有身份的被利用者,因不具备必要的违法身份要素,不能满足构成要件的该当性,利用者也不能成立该违法身份犯罪的间接正犯;最后,间接正犯的使命是在不成立狭义共犯的情况下填补处罚的空白的一种救济性措施,间接正犯只可能在不成立狭义共犯的情况下才可能出现,而第一种观点中对被利用的无身份者的三种处理方向也均不具备合理性,被利用者是"有故意的工具",对其不处罚违反了责任主义的要求,而一方面利用者成立间接正犯,另一方面又将被利用者以共同正犯或共犯处理,在理论上无法自圆其说,存在不可调和的矛盾,难言妥当。故上述第一种观点不能被接受。

第二,认为有身份者成立教唆犯,无身份者成立帮助犯的观点在理论上也面临无法解决的问题。若认为身份犯者成立教唆犯,则将身份者看成是对无身份者的加功而成立犯罪,显然是持共犯独立性说,共犯独立性说在共犯的处罚根据上存在不合理之处,在此不赘述,而根据从属性原则,教唆犯与帮助犯不能脱离正犯而独立存在,对此,我国台湾地区洪福增教授曾指出,

---

[①] 参见陈家林:《共同正犯研究》,武汉大学出版社2004年版,第22页。

主观主义的共犯论者一方面认为无身份者因欠缺构成要件要素的身份,而不成立真正身份犯,另一方面又认为其成立帮助犯,那么身份者教唆的是何人?帮助是正犯还是教唆犯?如果认为他帮助的是教唆犯,那岂不是成立教唆犯的从犯吗?而且,帮助者并没有正犯存在,显然也无从帮助。① 所以,前述第三种观点并不妥当。

第三,认为有身份者成立直接正犯而无身份者成立从犯的观点,从义务犯的角度看似乎具有一定的合理性,但正如前文所述,将身份犯视为义务犯,本身就存在疑问。从法益侵害的角度看,直接正犯与法益侵害结果具有直接的因果性,而有身份者的行为并没有直接体现这种直接因果性,故第四种观点也并非妥当。

第四,虽然无身份者客观上实现了违法身份犯罪的法益侵害,但无身份者因缺乏成立违法身份犯的身份要素,不能成立违法身份犯的正犯,根据共犯从属性原理,有身份者也不能处罚,这样的结论在理论上看似妥当,但这样一来无异于出现了惩罚漏洞,如前述"审批债券受贿案",A 与 B 的行为无疑侵犯了职务行为不可收买性的法益,对二者无罪化处理,显然放纵了犯罪,故第二种处理方法不能被接受。

本文认为,在违法身份犯的场合,有身份者利用有故意的无身份者实现犯罪的,不能将身份者对非身份者的利用行为简单地看成是加功行为。这里涉及对共犯理论中所谓"加功"应当如何理解的问题,有学者提出,加功既可能是个事实展现问题,也可能是个规范定位问题,站在事实展现的角度成立教唆的,可能站在规范定位的角度就成立帮助,所以加功既可能是一般意义的帮助,也可能是共同实施,没有必要加以一定化。② 但这样一来,"加功"一词在共犯理论中就丧失了存在的意义。按照这种观点,共犯加功正犯,正犯反过来也可以加功共犯,或者正犯和正犯互为加功,那么正犯与共犯的区别是什么呢?教唆与帮助又怎样来认定呢?故本文认为,加功仅仅是指引起或强化侵犯法益的行为,即对实行行为的教唆与帮助,并不包括共同实施。在真正身份犯(违法身份犯)的场合,不存在有身份者仅引起或强化无身份者的行为即可完成的犯罪,违法身份是真正身份犯必要的构成要件要素,其

---

① 参见洪福增:《"刑法"之基本问题》,台湾地区洪福增自版 1964 年版,第 253、254 页。
② 陈山:《共犯与身份》,科学出版社 2012 年版,第 161 页。

法益也与身份紧密关联,具有直接的因果性。不具有该身份要素者的参与,客观上不可能单独实现法益侵害,其侵犯法益的方式只有两种,即一是通过加功有身份者而间接实现,二是通过与有身份者相互配合共同实现构成要件的该当,易言之,在违法身份犯的场合,有身份者利用有故意的无身份者实现法益侵害的,是以其特殊身份参与了实行行为,有身份者与无身份者均系直接正犯,且系共同正犯。对于共同正犯是正犯还是共犯的问题,本文支持"两性说",即认为共同正犯既有正犯的属性,又有共犯的属性。在有身份者与无身份者共同实行的场合,因有身份者具有的身份要素是真正身份犯所保护法益的必要要素,无身份者只是以行为的方式共同实行,故有身份者是正犯,无身份者是共同正犯,因共同正犯既具有正犯性,同时又具有共犯性,可以适用共犯的限制从属性原则,二者均成立违法身份的共同犯罪。以前述"审批债券受贿案"为例,A虽然客观上没有索取、收受的行为,但其负有审批债券权力的国家工作人员身份,在该起犯罪中至关重要,若无该身份,B的索要行为不会得逞。所以,A既不是引起了B实施受贿犯罪,也不是帮助B实施了受贿犯罪,而是其与B共同实施了受贿犯罪。

需要特别讨论的是有身份者和无身份者能否成立共同正犯的问题。我国刑法规定有两种情形:其一,刑法只对身份犯作了规定,对无身份者的行为则未作专门规定。其二,刑法对身份犯与非身份犯各有规定。在第一种情形下会涉及无身份者是身份犯的共同正犯还是身份犯的共犯问题,例如,国家工作人员甲与非国家工作人员乙共同实施受贿行为,甲利用职务便利为请托人谋取利益,乙收受并保管贿赂。在这种情况下,甲当然是受贿罪的正犯,那么乙是与甲构成受贿罪的共同正犯还是受贿罪的共犯?强奸罪的正犯是男子,但是如果女子用暴力阻止被害人的反抗,使得强奸行为顺利进行,此时女子是与男子构成强奸罪的共同正犯还是强奸罪的共犯?易言之,无身份是否能成为有身份者的共同正犯?对于无身份者能否成为有身份者的共同正犯的问题,刑法理论上一直存在争议,形成了否定说、肯定说及区别对待说等不同的见解。

持否定说的论者主张,无身份者不能与有身份者构成真正身份犯罪的共同正犯。我国刑法学界有很多学者赞成这一学说。因为真正身份犯,是指以某种特定的身份为犯罪构成要件之一,必须是具有该种身份的行为人才能构成此罪。如果行为人不具备该种身份,即使实施了符合构成要件的行为也不能成立该罪。例如，贪污罪的主体限于国家工作人员，只有国家工作人员才能实施贪污行为，构成贪污罪。因此，一般人也不可能与国家工作人员一起构成贪污罪的共同实行犯。我国学者认为，没有特定的身份，就不可能完成该罪的实行行为，但可以成为这些犯罪的教唆犯或帮助犯。该学者指出，具有特定身份的人与没有特定身份的人之所以不能构成法律要求犯罪主体具有特定身份的犯罪的共同实行犯，就在于没有特定身份的人不可能实施法律要求犯罪主体具有特定身份的犯罪的实行行为。针对非国家工作人员可以实施受贿罪的实行行为的观点，该学者指出，这种见解只看到非国家工作人员的行为与国家工作人员的行为之间形式上的一致性，没有看到二者的本质差别，因而错误地将二者混为一谈。①

肯定说则认为无身份者能够成为有身份者的共同正犯。原因在于：某些真正身份犯的实行行为存在可替代性和可转让性，而无身份者能加功于其实行行为。持肯定说的学者认为，非国家工作人员能够成为某些国家工作人员犯罪的实行犯，是由于某些国家工作人员犯罪行为的可替代性和可转让性决定的。例如，国家工作人员甲某与非国家工作人员乙某共同实施受贿行为，甲某利用职务便利为请托人谋取利益，而乙某收受并保管贿赂。此时，由于受贿行为中的收受贿赂的行为存在可替代性和可转让性，即无需国家工作人员亲自实施，乙某虽然不具有国家工作人员的身份，但是由于他实际参与了由国家工作人员甲转让的部分受贿行为，因而应视为受贿罪的实行犯。②

主张区别对待说的论者认为，无身份者能否成为真正身份者的共同正犯，应根据特殊主体的具体实行行为的不同性质，区别对待，不能一概地肯定或一概地否定。马克昌教授认为，无身份者与有身份者能够构成真正身份犯的共同实行犯，应当根据具体情况，区别对待。凡无身份者能够参与真正身份犯的部分实行行为的，可以与有身份者构成共同实行犯；凡无身份者根本不能参与真正身份犯的实行行为的，即不能与有身份者构成共同实行犯。对无身份者可否与身份者构成共同实行犯的问题，不能一概否定或肯定。无论是否定说还是肯定说，都会出现理论的困境或社会实践与刑法理论的脱节。因

---

① 参见陈兴良：《共同犯罪论》，中国人民大学出版社2006年版，第318、319页。
② 参见谢望原：《国家工作人员犯罪认定中疑点难点问题》，中国方正出版社2000年版，第47页。

而，应当区分具体真正身份犯的实行行为的性质，并予以不同的对待。如果某些真正身份犯的实行行为，从其性质上看，只能由具备特定身份的行为人实施，不可能由不具有该种身份的行为人实施实行行为，此时，无身份者不可能加功于实行行为，也不能与身份者构成该罪的共同正犯。与之相反，如果某些真正身份犯的实行行为不仅是具备特定身份的行为人能实施，无身份者也可能加功于实行行为，那么此时无身份者就与身份者构成共同实行犯。①

对有身份者与无身份者能否成立真正身份犯（违法身份犯）的共同正犯的学说争论，关键在于真正身份犯的实行行为是否可以转移或代替，即真正身份犯的性质如何解释。义务犯论和法益侵害论在这个领域同样展开争论，如前所述，义务犯论主张身份犯的规范对象是有身份者，只有身份者才能违反，无身份者不能成为规范的对象。法益侵害论则主张无身份者通过参与到有身份者的法益侵害行为中，在事实上分担了实行行为，无身份者显然构成真正身份犯的共同正犯。② 本文之前对义务犯存在的问题已作出了相关的论述，并从结果无价值立场主张违法性的本质在于对法益的侵害和危险，对于违法的身份犯而言，其本质在于对特定法益的侵害。虽然无身份者不能单独侵犯违法身份犯才能侵犯的特定法益，但是，无身份者事实上对违法身份犯所保护的特定法益实施了比加功更为重要的实行，也即与真正身份犯共同完成了实行行为，而且这种共同实施的实行行为，对于无身份者同样是侵害了特定法益的违法行为，应当说无身份者构成真正身份犯的共同正犯。需要指出的是，这里仍涉及如何看待共同正犯是正犯还是共犯的问题。如前所述，本文主张共同正犯既有共犯属性又有正犯属性，也基于此，用无身份者不能单独成为身份犯的正犯来否定无身份者可以成立身份犯的共同正犯，是罔顾了共同正犯与单独正犯的不同构造，共同正犯除了具备正犯的性质外，更重要的是同时具备了共犯的性质，既然共犯通过正犯的介入可以间接地引起法益侵害，从而构成身份犯罪，那么就没有道理认为比共犯参与程度更直接的共同正犯不可以构成身份犯罪。因此，应当认为参与者身份的有无不是作为身份犯共同正犯的必备条件，也即：无身份者和有身份者，共同实施构成要

---

① 参见闫二鹏：《共犯与身份》，中国检察出版社2007年版，第193页。
② 参见江溯：《共犯与身份》，载陈兴良主编：《刑事法评论》第15卷，北京大学出版社2004年版，第228页。

【专题研讨】

件该当实施的情况下,二者成立身份犯的共同正犯。

(二)责任身份的共犯

1. 责任身份对具体定罪的影响

责任身份是彰显行为人非难可能程度的要素。责任身份是评价要素而非对法益侵害性的决定要素,即有无这种身份,对客观法益受到侵害并不产生影响。共犯是违法形态,违法是连带的,责任是个别的,根据限制从属性原理,责任身份是个别的要素,具备责任身份的正犯,身份要素不能从属连带于共犯。值得特别指出的是,本文站在结果无价值的立场,主张责任身份亦可能会成为影响具体定罪的要素,所以责任身份也可能会成为影响特定罪名的要素,但责任身份仅影响有身份者的定罪,而对非身份者的定罪则无影响,这与我国通说一贯的主张不同。我国通说主张特殊身份不影响定罪但影响量刑的是不真正身份犯,行为人不具有这种特殊身份,犯罪也成立,如果行为人具有这种身份,则科处的刑罚就比不具有这种身份的人要重或轻一些。显然,通说观点认为影响定罪的身份属于真正身份犯,而仅关乎量刑的身份则属于不真正身份犯。但如此一来,导致很多身份因素丧失了其应有的刑法意义,沦为纯粹的量刑因素,导致很难对分则中一些被认为不真正身份犯条款所规定的"利用职务""利用职权"等要素作出合理的解释。例如,诬告陷害罪与非法拘禁罪的"国家工作人员"身份,通说认为该身份是诬告陷害罪从重处罚的依据。但日本刑法理论与我国通说不同,如日本刑法在赌博罪之外规定了常习赌博罪,原来在杀人罪之外还规定了杀害尊亲属罪,在普通侵占罪之外有业务侵占罪,我国台湾地区"刑法"也有类似的规定,这说明,大陆法系在讨论责任身份时,不会囿于同一罪名的限制。

之所以出现这种差异,原因在于两方面,一方面,大陆法系刑法理论基本持行为共同说或部分犯罪共同说,而我国通说采用的是犯罪共同说,受限于同一罪名之内,很难突破罪名;另一方面原因则在于,受真正身份犯与不真正身份犯、定罪的身份与量刑的身份这种传统分类的影响,认为属于责任的身份要素,与定罪无关,只与量刑有关。本文的观点是,责任身份不仅与量刑有关,也可能会与定罪有关。如刑法第253条规定中的"邮政工作人员"就是责任身份,这种身份虽然对该罪法益侵害的有无并不具有决定作用,因为普通人员实施私自开拆、隐匿、毁弃邮件、电报的,一样侵犯该法益,但具备了"邮政工作人员"的身份却对定罪产生了影响,不具备该种身份,无法成立私自开拆、隐匿、毁弃邮件、电报罪。由此可见,责任身份不仅是影响量刑的因素,同样也可能会成为影响定罪的要素。

2. 责任身份的个别性

共犯是违法形态,对于违法身份,只要主张身份犯的本质是对法益的侵害,对违法身份的连带性问题就不会有太多的理论障碍,但责任身份的个别性的理解却并非这么简单。责任身份个别性的理论难题,主要体现在有身份者对无身份者加功的情形,在日本经常讨论的是常习赌博罪和杀害尊亲属罪(现杀害尊亲属罪已经取消)。这种讨论对我国处理类似私自开拆、隐匿、毁弃邮件、电报罪具有借鉴意义。按照共犯限制从属性原理,责任身份属于责任要素,具有个别性,不能通过成立共犯关系而连带,那么常习赌博之人、被害人的卑亲属教唆普通人实施实行行为的,分别成立常习赌博罪的教唆和杀害尊亲属罪的教唆,但这又与限制从属性原则不符。按照共犯的限制从属性原则,教唆犯的违法性从属于正犯,既然正犯实施的是赌博、普通杀人的犯罪,那么教唆犯与帮助犯,也只能成立赌博罪与普通杀人罪的共犯,如果既要坚持责任的个别性原则,又要符合限制从属性原则,似乎只能按照有违法身份之人利用有故意的无身份者实现侵犯法益的情形,将有身份者的教唆、帮助行为等同于实行行为看待,从而使之与无身份者成立共同正犯,但这种做法在理论上存在问题。在有身份者利用无身份者实现侵犯法益的情形下,责任身份与违法身份存在质的不同,这种不同体现在对法益的侵犯是否与身份相关联。易言之,在违法的身份犯罪中,对法益的侵害必然是透过特殊身份来实现的,因为违法性的实质就是法益侵害性,而且构成要件表征违法,[①]作为构成要件要素的违法身份,必然与法益侵害性相关联;而责任身份则只与非难可能性相关,与法益侵害性无关。正是缘于此,有身份者利用有故意的无身份者实现犯罪的,在有身份者的身份为违法身份的情形下,因其身份直接作用于法益,所以有身份者无论是教唆还是帮助,都应当视为共同正犯。而在身份者的身份为责任身份的情形下,因责任身份要素并非构成要件要素,其与法益的侵害无关,所以身份者的教唆和帮助行为,都不能视为正犯,而仅是对正犯的加功。换言之,在违法身份共犯中,有身份者不存在对无身

---

① 参见郝守才等:《近代西方刑法学派之争》,河南大学出版社2009年版,第109页。

者的加功,而在责任身份共犯中,则存在有身份者对责任身份的加功。

在日本,对于责任身份加功于无身份者,应当如何处理,理论上一直存在争议。同样是主张违法与责任身份区分标准的西田典之教授与山口厚教授的观点,就截然不同。西田典之教授认为,加重、减轻责任身份者加功无身份者的,按照加重、减轻责任身份之罪处断;而山口厚教授则认为此种情形应当按照普通犯罪论处。于是,在上述常习赌博者及卑亲属教唆无身份者的犯罪中,西田典之教授认为教唆的常习赌博者成立常习赌博罪、教唆的卑亲属成立杀害尊亲属罪,西田典之教授的理由是,《日本刑法》第65条第2款规定:"因身份而特别加重或减轻刑罚时,对于没有这种身份之人,判处通常之刑罚。"只是对责任个别化的理解,而对于教唆者,仅以身份为共犯的构成要件作为理由还不充分,共犯者要与其责任身份相对应,就必须将共犯对于正犯构成要件的从属切断,将《日本刑法》第65条第2款理解为"构成要件的个别化"才说得通。也即,《日本刑法》第65条第2款不仅规定了责任的个别化,而且也同时规定了责任的大小以身份的形态被类型化、构成要件化。① 西田典之教授的意思放在具体案件中应当理解为,被害人的儿子教唆无身份者实施了杀害其父的案件,作为无身份者的正犯成立普通杀人罪,儿子的身份根据《日本刑法》第65条第2款的规定,理解为责任个别化的适用于儿子,但儿子若要得到与其儿子身份相对应的刑法处罚,就必须将其从本来从属于普通杀人罪的构成要件切断,再将《日本刑法》第65条第2款理解为"构成要件的个别化",这样做到了构成要件与罪责的对应统一,对儿子以杀害尊亲属论处。山口厚教授与西田典之教授的结论截然不同,他认为在上述犯罪中,有身份的教唆者只能分别成立赌博罪与普通杀人罪。山口厚教授的理由在于,一方面,如果认为教唆的有身份者成立身份犯罪,则作为共犯成立的从属性被打破。② 另一方面,单独犯罪或者共同正犯在归责意义上是"一次责任",而共犯则是在正犯背后派生出来的"二次责任",只能在正犯所能

---

① 参见〔日〕西田典之:《新版共犯与身份》,成文堂2003年版,第207页。转引自周啸天:《论身份犯的共犯》,清华大学2012年博士学位论文。
② 参见〔日〕山口厚:《问题探究刑法总论》,有斐阁1998年版,第248页。转引自周啸天:《论身份犯的共犯》,清华大学2012年博士学位论文。

肯定的身份犯的构成要件的限度之内，成立犯罪。①

西田典之教授与山口厚教授都出自日本著名刑法学家平野龙一先生门下，都是日本刑法学界著名的结果无价值论者，西田典之教授和山口厚教授的理论观点有诸多相似之处，在身份共犯中也都主张违法与责任的身份区分。那么，为何两位教授在此处的观点存在明显差异？究其原因，本文认为在于两位教授对构成要件是违法类型还是违法、有责类型的不同观点。西田典之教授主张构成要件是违法、有责类型，意味着构成要件的成立，即推定违法也推定责任，对此，西田典之教授认为，构成要件必须是由违法构成要件和责任构成要件组成违法、有责行为类型。②如此，在西田典之教授看来，构成要件中包含了被类型化的责任要素。但西田典之教授这种切断从属性的观点，实难令人接受。而山口厚教授认为构成要件是违法行为类型，责任要素并不包含其中，由此责任的个别化不存在问题。那么问题来了，既然责任要素可以个别化，则有身份的教唆者应当独立承担该身份非难责任，按照行为共同说认定为杀害尊亲属罪。所以，在本文看来山口厚教授的结论也难言妥当。

本文认为，违法身份的连带和责任身份的个别原则，在我国适用并不会产生类似于日本刑法理论中这样复杂的问题，其原因在于：其一，我国没有类似于《日本刑法》第65条第2款的立法，也无关于身份犯的立法。日本的争论在于理论与立法规定有不协调之处，而在我国则完全没有这方面的障碍。其二，如前所述，共犯的本质应采用行为共同说，行为共同说并不囿于共犯必须在同一罪名下，这就为责任身份的个别适用提供了保障，且站在结果无价值的立场上，共犯是违法形态，违法是客观的判断，共犯的从属并不包括故意等主观要素的从属，易言之，共犯的成立并不要求正犯具有故意和过失，只要引起或强化了他人实施了符合构成要件的客观行为，即成立共犯，而作为非难可能性的责任要素，则必须个别判断。

3. 责任身份共犯关系的处理

对于责任身份的共犯，因身份属于责任要素，按照限制从属性原则，无论是无身份者加功有身份者，还是有身份者加功无身份者，抑或是二者共同

---

① 参见［日］山口厚：《日本刑法中的"共犯与身份"》，载马克昌、莫洪宪编：《中日共同犯罪比较研究》，武汉大学出版社2003年版，第336页。

② 参见［日］西田典之：《日本刑法总论》，王昭武、刘明祥译，法律出版社2013年版，第60页。

【专题研讨】

实行侵害法益行为的，身份的效果都仅限于身份者自身，不能连带于其他犯罪参与人。且应当根据行为共同说，对不同身份的犯罪参与人，分别认定各自罪名。如私自开拆邮件罪中，邮政工作人员的身份是责任身份，一般主体加功邮政工作人员私自开拆他人邮件的，或者邮政工作人员教唆帮助一般主体私自开拆他人邮件的，对邮政工作人员应当认定为私自开拆邮件罪，对一般主体则应当按照侵犯通信自由罪论处。需要强调的是，无论是上述两种情况的哪一种，都不意味着承认没有正犯的共犯，因为站在行为共同说的立场，共同犯罪并不局限于同一罪名，罪与罪的构成要件要素存在交叉包容关系，甲罪完全可以成为乙罪的狭义共犯，即便作为教唆、帮助的行为人的实行行为并不符合甲罪的构成要件，但也可以通过其与正犯成立乙罪的从属关系，将乙罪的违法诸要素连带看作是其实行行为，只要从属连带后该当于甲罪的构成要件，即可成立该罪。所以，对共犯人单独定罪，并不是承认了无正犯的共犯。一般主体伙同邮政工作人员共同实施私自开拆他人邮件的，属于共同正犯，亦应当按照行为共同说，分别认定为私自开拆邮件罪和侵犯通信自由罪。

（三）各自具有不同身份者共同实行的身份犯罪

前文论述了违法身份具有连带性和责任身份的个别性，无论作为违法身份犯的共犯还是共同正犯，违法身份均连带作用于参与犯罪的无身份者，而责任身份只能由具备该身份者个别承担，不及于无身份者。以此为原则可以基本解决身份共犯的处理问题。但在犯罪各参与人分别具有不同违法身份的场合，如被委派到国有控股企业中担任领导职务的国家工作人员与该企业不具有国家工作人员身份但具有保管财物职责的员工共同实施侵吞企业财物行为的（以下简称"共同侵吞案"），以及主管政法工作的党政领导指示司法人员放纵刑事被告人的（以下简称"放纵犯罪案"）案件中，由于违法身份需要连带作用于其他犯罪参与人，那么不同违法身份则相互连带作用，对行为性质的认定就需要进一步讨论。

1. 我国刑法理论的处理方式

我国刑法理论对于不同身份人共同实施的犯罪的情形也进行了比较深入的讨论，并形成了各种学说及处理办法。但值得注意的是，我国理论界对此的讨论，是将无身份者参与有身份者的犯罪与具有不同身份者共同实施的犯罪一并进行的讨论,对二者并没有进行区分。有学者对此指出,对这两个问题的学说处理几乎相同,原因在于二者都是对两个法条,不同罪名的处理,所以可将二者作为一个问题进行分析。① 本文难以认同这样的观点,确如该学者所言,在违法身份犯罪中,无身份者参与到有身份者的犯罪与不同身份者相互参与的犯罪都是对涉及不同法条、不同罪名犯罪的处理,然而二者还存在着质的不同。无身份者作为共犯参与到有身份者的犯罪中,根据共犯从属性原理,有身份者的身份要素连带作用于无身份者,无身份者成立违法身份犯罪的共犯或共同正犯。但在共同参与人具有不同的违法身份,且都具有实行行为,成立共同正犯按照本文所持观点,在共同实行违法身份犯罪的场合,共同正犯之身份要素应连带适用其他参与者,那么在分别具有不同的有违法身份,究竟应该如何处理?我国刑法理论以"共同侵吞案"为蓝本,形成了不同的处理模式。

传统的处理方式一般由两类:多数学说主张择其一种身份统一定罪处理的主要有主职权决定说、主犯决定说、职务利用说、实行行为决定说、核心角色说等。顾名思义,主职权决定说即以主要的职权身份者来确定罪名,对于分不清主次的职权,则以就低不就高的原则来处理。② 主犯决定说认为应当由主犯的犯罪性质来整体确定身份共犯者的罪名。③ 职务利用说主张以利用职务身份便利的一方来统一确定罪名。④ 实行行为决定说以实行犯的实行行为的性质对身份共犯整体性质定性,不以其他犯罪参与人作用的大小而转移。⑤ 不过也有主张该学说的学者认为在具有不同身份之人共同实行的身份犯罪中,应该以利用职务来决定义务违反的核心,将其他身份参与者的实行行为等同于无身份者,继而确定案件性质。⑥ 核心角色说提出实行行为与非实行行为的相对性,借鉴犯罪支配理论,以确定犯罪的核心角色并以其性质作为身份共

---

① 参见周啸天:《论身份犯的共犯》,清华大学 2012 年博士学位论文。
② 参见赵秉志:《共犯与身份问题研究——以职务犯罪为视角》,载《中国法学》2004 年第 1 期。
③ 参见樊凤林、宋涛:《职务犯罪的法律对策及治理》,中国人民公安大学出版社 1994 年版,第 245 页。
④ 参见李希慧:《贪污贿赂罪研究》,知识产权出版社 2004 年版,第 66 页。
⑤ 参见马克昌:《犯罪通论》,武汉大学出版社 2003 年版,第 583 页。
⑥ 参见林维:《真正身份犯之问题展开》,载《法学家》2013 年第 6 期。

犯的性质认定犯罪。①主张按不同身份分别定罪处理的是分别定罪说，该说基于利用的职务的不同，主张对不同职务的分别定罪。②

除了上述处理模式之外，近年来也有学者充分借鉴德国、日本刑法理论，提出了新的见解。陈兴良教授以分别定罪说为基础，站在部分犯罪共同说的立场上，认为不同身份者的实行行为构成其自身身份犯罪的正犯和其他身份犯罪的共犯，二者系想象竞合，由于正犯优于共犯，故应以正犯的性质对其定罪处罚，③对陈兴良教授的这种处理方式本文权且称之为"部分犯罪竞合说"。周光权教授在主张义务犯的基础上，提出了身份的竞合的概念，认为在具有不同身份者共同实行了利用其身份犯罪的场合，就犯罪参与人各自身份对应的身份罪名来说，每一个身份者都对应的是一项专属于其一身的特别义务，所以其认为各犯罪参与人并不应当是共同正犯，而是同时正犯。对于相对重要的义务而言，该义务承担者为正犯，其他义务次要之人成立重要义务的共犯，亦成立其本身次要义务的正犯，按照想象竞合进行处理。④周光权教授的这种处理方式称为"义务重要者正犯说"。⑤

2. 对各种处理方式的分析

本文认为上述见解均存在问题，主犯决定说是我国司法实务中所采用的普遍立场，但多数学者认为这种观点存在严重的缺陷，⑥其缺陷在于主从犯的认定，是以共同犯罪人在犯罪中的作用为依据的，其作用主要是量刑意义上的，不能以量刑主导定罪；另外，司法实务当中大量的共同犯罪案件中参与人作用相当，不分主从，以主从关系来确定身份共犯的罪名存在障碍。⑦再者，主犯决定说也为行为人避重就轻提供了方向。主职权决定说的问题与之类似，且就低不就高的处理方式与我国刑法第382条第3款存在矛盾，⑧不具有操作性。职务利用说的缺陷在于当不同身份者都利用了各自职务的如何处

---

① 参见张明楷：《刑法的基本立场》，中国法制出版社2002年版，第281页。
② 参见杨兴培：《贪污贿赂犯罪法律和司法解释应用问题解疑》，中国检察出版社2002年版，第71页。
③ 参见陈兴良：《身份犯之共犯：以比较法为视角的考察》，载《法律科学》2013年第4期。
④ 参见周光权：《论身份犯的竞合》，载《政法论坛》2012年第5期。
⑤ 参见陈洪兵：《共犯与身份的中国问题》，载《法律科学》2014年第6期。
⑥ 参见陈兴良：《身份犯之共犯：以比较法为视角的考察》，载《法律科学》2013年第4期。
⑦ 参见张明楷：《共同犯罪的认定方法》，载《法学研究》2014年第3期。
⑧ 参见王军明：《论身份犯与共同正犯的认定》，载《中国刑事法杂志》2011年第4期。

理，并没有明确的标准。实行行为决定说的缺陷不言而喻，在不同身份者共同实行的犯罪中，不同身份者均具有实行行为，究竟以何者的实行行为进行认定，难以确认。① 至于有持该学说的学者认为以职责义务为中心确认实行行为，将其他身份者等同于无身份者的观点，偏离了实行行为决定说的基础，导致该说与职务利用说或主职权决定说相混同，仍然难言妥当。核心角色说的问题在于确定的标准并不明确，而且完全存在两个核心角色的情况，且核心角色说以支配犯理论为基础，但支配犯理论是解决正犯与共犯区分的理论，用于共同正犯的场合并不妥当。对于主张按照不同身份分别定罪的分别定罪说，其观点完全割裂身份关系，与共同犯罪的理论相悖，仍不可取。

陈兴良教授的"部分犯罪竞合说"与周光权教授的"义务重要者正犯说"在理论上具有一定的合理性，陈兴良教授也是以义务犯来理解身份犯的，② 从这个角度说，两位教授的处理方式具有相同的理论基础，只是具体处理方式存在差别。但本文并不同意两位教授的处理方式，一方面，正如本文之前所述，义务犯论的观点存在诸多问题，并不妥当，故在本文看来，两位教授所持观点的理论基础就存在值得商榷之处。另一方面，陈兴良教授所谓的"想象竞合"处理，实际上是正犯优于共犯，而并非择一重处的一般原则，那么正犯优于共犯的依据又是什么呢？而即便同样是以义务犯论为基础，陈兴良教授也对周光权教授的处理方式提出质疑，认为有无义务是对性质的决定，而义务的轻重关乎的是义务的程度，按照义务的轻重决定是否构成其他参与人的共犯，本身就存在疑问。③ 在本文看来，这与主犯决定论的缺陷相类似。

3. 本文的观点

对不同身份者共同实行犯罪的定罪问题，关键在于不同违法身份对参与者相互作用的情况下，如何处理定性的问题。张明楷教授主张在承认正犯相对性的基础上，按照想象竞合与法条竞合的原则处理。④ 张明楷教授以"共同侵吞案"和"放纵犯罪案"为例进行说明，认为在国家工作人员和企业人员分别利用了各自的职务便利，则国家工作人员成立贪污罪的正犯，企业人员则成立贪污罪的从犯；同时，企业人员又成立职务侵占罪的正犯，国家工作

---

① 参见赵合理：《论共同犯罪中的身份》，载《法律科学》2009 年第 1 期。
② 参见陈兴良：《身份犯之共犯：以比较法为视角的考察》，载《法律科学》2013 年第 4 期。
③ 参见陈兴良：《身份犯之共犯：以比较法为视角的考察》，载《法律科学》2013 年第 4 期。
④ 参见张明楷：《共同犯罪的认定方法》，载《法学研究》2014 年第 3 期。

人员成立职务侵占罪的从犯,犯罪参与者都是触犯了两个罪名,由于每个人行为只有一个,所以应以想象竞合的原理择一重处。而在"放纵犯罪案"中,党政领导实施了滥用职权的正犯行为和徇私枉法的教唆行为,应择一重处;司法工作人员行使了滥用职权和徇私枉法的正犯行为,根据法条竞合原则,对司法工作人员应以徇私枉法追究责任。① 对于张明楷教授的这种处理方式,本文权且称之为"相对共犯竞合说",本文赞同这种处理方式。首先,如前所述,这种处理方式克服了统一定罪处理模式下的几种学说要么存在标准模糊、无从判断,要么便是标准在理论上无法自圆其说。而"相对共犯竞合说"则克服了上述问题,不仅提供了理论依据,而且判断标准清晰,操作性强。其次,"相对共犯竞合说"以共犯基本理论为出发点,充分考虑了违法身份的连带性,克服了分别定罪说与共犯理论相悖、割裂身份关系的漏洞,完全符合身份共犯的处理原则。再次,"相对共犯竞合说"是以身份犯违法的本质是法益侵害而非义务违法为出发点的,且以想象竞合或法条竞合的原则为处理方式,更易于被接受。最后,虽然"相对共犯竞合说"可能会导致对各个共同犯罪参与人认定罪名的不一致,陈兴良教授曾指出,不同身份者适用相同的罪名,在理论上被称为刑罚移用,而适用不同的罪名,在刑法理论上称为构成要件移用,构成要件移用受到的批判是共犯关系在不同罪名之间成立,而刑罚移用受到的批判则是认定此罪却以彼罪的刑罚处罚,导致罪刑相分离。陈兴良教授认为与构成要件移用相比较,刑罚移用导致罪刑分离的理论障碍要更大。② 本文认为,在当下我国刑法理论界,部分犯罪共同说已经被相当程度地接受,不同罪名成立共犯关系在理论上已不存在任何障碍,且本文对共犯性质所持的是行为共同说,以行为共同说来看,不同身份犯罪之间当然可以成立共犯关系。

---

① 参见张明楷:《共同犯罪的认定方法》,载《法学研究》2014年第3期。
② 参见陈兴良:《身份犯之共犯:以比较法为视角的考察》,载《法律科学》2013年第4期。

共同犯罪实行过限的认定

李文英[*]

关键词

共同犯罪　实行过限　认定规则

  内容摘要：两人以上共同故意犯罪，是共同犯罪。在共同犯罪过程中，部分实行犯故意或者过失地实施了超出共同故意范围的犯罪行为，属于共同犯罪实行过限。由于实行过限行为发生在共同犯罪的过程中，实行过限行为是否属于共同犯罪行为，往往模糊不清，在对犯罪人的犯罪行为进行定性与刑事责任的认定分配时，容易产生分歧意见。本文借鉴日本刑法学中的"共犯错误理论"，研究探讨共犯实行过限的刑法理论，在理论研究的基础上，引用典型的实务案例，分析、总结出我国司法实务对共犯实行过限的认定规则。文中详细阐释了共同实行犯、组织犯、教唆犯、帮助犯等不同共犯类型中的实行过限，以及转化犯、结果加重犯、想象竞合犯等特殊犯罪形态下实行过限的具体认定标准，以期对司法实践中解决具体案件提供可参考性建议。

---

[*] 作者单位：北京德恒律师事务所。

[专题研讨]

一、共同犯罪实行过限概述

（一）共同犯罪实行过限的概念与成立条件

共同犯罪实行过限，是指"在共同犯罪过程中，部分实行犯故意或者过失地实施了超出共同故意范围的一种犯罪形态"。[①]

理论界在研究共同犯罪实行过限时，常常将共同犯罪实行过限的认定标准与共同犯罪实行过限的成立条件相混淆。其实，理论界认定共同犯罪实行过限时所采用的"是否超出共同故意"这一判断标准，仅仅是共同犯罪实行过限的成立要件之一，除了主观条件之外，共同犯罪实行过限的成立条件还包括主体条件、客观条件这两个条件。当然，或许是主体条件与客观条件易于认定之故，专门强调主观条件"是否超出共同故意"也并无不可。但是，必须明确，共同犯罪实行过限的认定标准与共同犯罪实行过限的成立条件是不同的概念。在研究共同犯罪实行过限的认定之前，首先必须研究共同犯罪实行过限的成立条件。

1. 主体条件

过限行为的实施者必须是实行犯。首先，从实行过限的概念来看，过限行为是实行犯故意或者过失实施的超出共同故意范围的一种犯罪形态，只有实行犯才能成为过限行为的主体。其次，从对法益侵害的角度看，只有实行行为具有法益侵害的现实危险性，能够直接满足刑法分则规定的犯罪构成要件。而单独的帮助行为、组织行为、教唆行为等共犯行为并不具有法益侵害的现实危险性，必须与实行行为相结合。[②] 再次，在共同犯罪中，教唆犯所教唆的内容、帮助犯所帮助的内容能否实现，也都取决于实行行为，所以，只有实行行为才能够发生实行过限的情形，只有实行犯能够成为过限行为的主体。

2. 客观条件

共同犯罪实行过限的客观条件是，在共同犯罪过程中，部分实行犯实施

[①] 梁剑、叶良芳：《实行犯过限行为研究》，载《中共中央党校学报》2004年第1期。
[②] 参见叶良芳：《实行过限之构成及其判定标准》，载《法律科学》2008年第1期。

了超出共同故意范围的犯罪行为。具体包括三个方面：

第一，必须在共同犯罪的过程中。实行过限必须在共同犯罪过程中才能成立，包括犯罪预备阶段、犯罪实行阶段、犯罪完成阶段等。有观点认为，"过限犯必须在共同犯罪的过程中才能形成，这里的共同犯罪过程是指共同犯罪已经着手实施但尚未结束"。① 依此种观点，实行过限仅仅发生在共同犯罪的实行阶段，它限制了实行过限的成立范围，是片面的。本文认为，在共同犯罪的预备阶段以及实行行为终了之后的一定阶段内，仍然有成立实行过限的可能性。因为共同犯罪故意贯穿于共同犯罪始终，同样，超出共同犯罪故意的情形也可能发生于共同犯罪的各个阶段，而不仅限于实行阶段。在犯罪预备阶段，行为人在共同犯罪故意的支配下，为了实施共同犯罪而准备工具、制造条件时可能独立构成其他犯罪的情形下，完全有可能存在实行过限问题。例如，甲乙丙三人预谋共同盗窃一家工厂的仓库，甲负责运输赃物，乙丙二人负责踩点与实施盗窃，在实施盗窃之前，甲抢劫了一辆面包车作为运输赃物的工具，乙丙二人对此并不知情。那么，甲的行为就属于共同犯罪预备阶段的实行过限行为。同样，在共同犯罪实行阶段之后仍然有实行过限成立的余地。例如，甲乙二人共同盗窃一家商店，得手后在即将出门的时候被店主发现，于是，二人分头逃跑，店主紧追甲不放，甲为脱身将店主打成重伤。此案中，甲乙在盗窃罪的范围内构成共犯，甲对店主的伤害行为属于实行过限行为，因此，只有甲转化为抢劫罪。

第二，实行犯实施了犯罪行为。刑法将实行过限行为作为单独的行为予以评价，因而只能是符合刑法分则具体犯罪构成要件的犯罪行为，而不可能是一般的违法行为。② 也就是说，实行过限行为的事实要素必须与某种具体犯罪的客体、主体、客观方面和主观方面相吻合，并且，在造成犯罪结果的情况下，实行过限行为与过限结果之间还必须存在刑法上的因果关系。即使犯罪结果的发生与实行过限行为有一定的联系，但如果犯罪结果的发生主要是由其他偶然因素介入造成的，则仍然不能认定实行过限行为与犯罪结果之间存在刑法上的因果关系，不成立实行过限。

第三，实行犯实施的犯罪行为是超出共同故意范围的行为。共同犯罪行

---

① 吴振兴：《犯罪形态研究精要Ⅱ》，法律出版社2005年版，第578页。
② 参见叶良芳：《实行过限之构成及其判定标准》，载《法律科学》2008年第1期。

为必须是在已经形成的共同犯意的范围内的行为，如果某些实行犯的犯罪行为超出了这个范围，就不再是共同犯罪，则属于实行过限行为。关于共同犯罪故意的内容以及如何判定是否超出共同犯意的内容，将在后文主观条件部分进行详细论述。

3. 主观条件

共同犯罪实行过限的主观条件是：部分实行犯在实施过限行为时有罪过，在主观上处于故意或者过失的心理状态。

（1）行为人具有共同犯罪故意。

实行过限是发生在共同犯罪过程中的犯罪现象，因而，行为人应首先具有共同的犯罪故意。所谓共同犯罪故意，是指"二人以上在对共同犯罪行为具有同一认识的基础上，对其所会造成的危害社会的结果的希望或放任的心理状态"。① 具体而言，从认识因素上看，各共犯人都认识到自己是在和其他共犯人分工协作、相互配合，共同实施犯罪，并且，各共犯人都认识到自己所参与的共同犯罪行为的性质及该行为可能会发生的危害后果；从意志因素上看，各共犯人对共同犯罪行为所引起的危害后果的发生持希望或放任的心态。② 也就是说，共同故意的形成不仅要求各共同犯罪人在主观上都有犯意，而且要求必须有犯意联络，是有机统一的犯罪故意。

张明楷教授以犯罪故意是否确定为标准，将犯罪故意分为确定的故意和不确定的故意，其中不确定的故意又分为未必的故意、概括的故意、择一的故意。认识到犯罪结果的发生是确定的，就是确定的故意；认识到犯罪结果可能发生，但并不是积极希望结果发生的，属于未必的故意；认识到犯罪结果的发生是确定的，但导致结果发生的犯罪行为或犯罪对象是不特定的，属于概括的故意；行为人认识到数个犯罪行为中的某一个行为确实会发生结果，但不确定哪个犯罪行为会发生结果的，属于择一的故意。③ 不同性质的犯罪故意所表达的犯罪故意内容的具体程度不同，进而对与犯罪故意内容的范围大小产生影响。从确定性的故意、择一的故意到概括的故意，犯罪故意内容的范围越来越宽泛，所以，区分共同犯罪故意的不同类别，对于更准确地界定

---

① 陈兴良：《共同犯罪论》，中国人民大学出版社2006年版，第92页。
② 参见陈兴良：《共同犯罪论》，中国人民大学出版社2006年版，第92页。
③ 参见张明楷：《刑法学》，法律出版社2007年版，第214页。

实行犯的犯罪行为是否超出共同犯罪故意的范围有重要的作用。

（2）在共同犯罪过程中，部分实行犯产生了新的犯意，且新的犯意超出共同犯罪故意的范围。

首先，在共同犯罪过程中，部分实行犯产生了新的犯意。实行犯在实施过限行为时，主观上必须有罪过，否则不能认定为实行过限。如果实行犯的过限行为是因意外事件或不可抗力造成的，或者是正当防卫、紧急避险等正当化行为，则不属于实行过限。新的犯意既包括故意，也包括过失。有观点认为，"实行过限只能由行为人主观上的故意构成，不包括过失"。① 本文不赞成此观点。实行过限行为是超出共同故意范围的行为，这种"超出"不应限定在故意的范围内。因此，无论是故意行为还是过失行为，都可能超出共同故意限定的范围。例如，甲乙共同入室盗窃，盗窃过程中，甲吸烟不小心引起火灾，那么，对于甲的过失犯罪行为应当认定为实行过限行为，因为甲的过失超出了共同盗窃故意的范围。

其次，新的犯意超出共同犯罪故意的范围。所谓"超出"，是指在各共犯人事先约定实施的范围之外又出现了新的犯意，或者说，部分实行犯实施的犯罪行为及造成的结果与其他共犯人主观认识到的共同犯罪事实不一致，超出了共同犯罪故意的范围。如果实行犯实施的行为是在共同故意的范围之内，则必然符合各共犯的意志，应属于共同犯罪行为；如果实行犯实施的行为超出了共同故意的范围之外，则必然与其他共犯的犯意相悖，此时，该行为是实行犯在新的犯意支配下实施的个人行为，属于过限行为。②

（二）共同犯罪实行过限的判断标准

关于共同犯罪实行过限的判断标准，主要存在以下几种观点：

第一种是"超出犯罪决意说"。此说认为："正犯的行为是否构成实行过限，应以其实施的行为有无超出共同犯罪的决意为准。"③ 此观点抓住了共犯实行过限系超出共同犯罪故意的行为这一本质特征，但不足之处是，仅限于主观方面的判断。实行过限实质上是仅对部分共犯成立犯罪，而对其他共犯

---

① 张高峰：《论实行过限》，厦门大学2006年硕士学位论文。
② 参见叶良芳：《实行过限之构成及其判定标准》，载《法律科学》2008年第1期。
③ [德] 汉斯·海因里希·耶赛克、托马斯·魏根特：《德国刑法教科书（总论）》，徐久生译，中国法制出版社2001年版，第818页。

不成立犯罪的一种犯罪形态,只有符合主客观两个方面的构成要件的要求,才能作出其他共犯是否成立犯罪的判断。第二种是"未预见说"。《意大利刑法典》第116条第1款规定:"与实施的犯罪不同于某个行为人的希望的犯罪时,如果是他的作为或者不作为的结果时,他也得对该犯罪负责。"① 该观点仅仅根据行为和结果之间的因果关系来认定刑事责任,容易导致客观归罪的不良后果。第三种是"可预见规则"。此规则在美国判例法中普遍适用,具体为"犯罪结果是可以预见的犯罪行为的自然可能结果,则每一个犯罪人均对此结果负责。"② 该说认为其他共犯人只要对共同犯罪过程中所发生的犯罪结果有预见性,就要对此结果负责。也就是说,即使其他共犯人对部分实行犯的犯罪行为主观上存在过失,也将与部分实行犯成立共同犯罪。③ 第四种是英国司法判例所适用的"实质改变规则",认为"如果主犯实质改变最初预谋的犯罪,则将导致从犯责任的不成立。"④ 第五种是"偏离约定说"。该说认为:"实行犯的过度行为是指实行犯超越原先的与其他犯罪人约定而实施的更为严重的犯罪,但是不影响约定行为性质的情节的改变并不成立过度行为。"⑤ "实质改变规则"与"偏离约定说"有个共同的缺陷是将事先预谋后又临时协议的具体的犯罪手段、方法等排除在认定实行过限的考量因素之外,缩小了实行过限的成立范围。第六种是"构成要件异质说"。该说认为:"并非任何行为都构成实行过限,只有与共犯行为存在构成要件本质性区别的行为才是过限犯的客观外在表现行为。"⑥ 该说的优点是强调了客观方面,但忽视了对共犯人主观心态的考察。

上述观点各有利弊。综合起来看,关于共同犯罪实行过限的判断途径有两种:一种是从主观方面入手判定过限行为,如超出犯罪决意说、可预见规

---

① [意]杜里奥·帕多瓦尼:《意大利刑法原理》,陈忠林译,法律出版社1998年版,第332页。
② C. M. V. Clarkson & H. M. Keating, Criminal Law: Text & Materials, 5th ed., Sweet & Maxwel, 2003. 562. 转引自叶良芳:《实行过限之构成及其判定标准》,载《法律科学》2008年第1期。
③ 我国刑法理论认为,二人以上共同故意犯罪,是共同犯罪,如果一方存在故意,另一方存在过失,则不能构成共同犯罪。
④ Arnold H. Loewy, Criminal Law, 4th ed., Law Press, 2004. 257. 转引自叶良芳:《实行过限之构成及其判定标准》,载《法律科学》2008年第1期。
⑤ [俄]Н·Ф·库兹涅佐娃、И·М·佳日科娃:《俄罗斯刑法教程(总论)》(上卷·犯罪论),黄道秀译,中国法制出版社2002年版,第430页。
⑥ 吴振兴:《犯罪形态研究精要Ⅱ》,法律出版社2005年版,第586页。

则等;另一种是从客观方面入手来判定过限行为,如构成要件异质说。本文认为,应该结合主观和客观两个方面,依照主客观相统一原则来判定实行过限行为。

在客观方面,首先应当判断各共犯人所实施的行为是否都属于共同犯罪行为,是否存在部分实行犯的个人行为。一方面,"要看部分实行犯实施的犯罪行为是否与共同犯罪人的整体行为相一致,是否属于有机联系的一个整体,是否是共同犯罪行为的组成部分"。① 如果在整个共同犯罪过程中,所有共犯人的行为都属于相互联系的整体,所造成的犯罪后果就应当由犯罪整体共同承担,就不可能存在实行过限。另一方面,还可以看其他共犯人对部分实行犯的犯罪行为所侵犯的法益的侵害是否提供了心理或者物理上的原因力。例如,甲乙二人共谋入室抢劫,在抢劫过程中,甲强奸了女主人,乙为其在门口放风。虽然乙并未参与强奸,但其行为为甲的犯罪行为提供了原因力,属于帮助犯,应当与甲一起对强奸的犯罪后果承担刑事责任。

在主观方面,部分实行犯的行为是否超出共同犯罪故意的范围。如上所述,超出共同犯罪故意的范围,是指在共犯事先约定实施的犯罪之外又出现了新的犯意,或者说,部分实行犯所造成的犯罪结果超出了其他共犯人的故意,与其他共犯人的主观故意不一致。那么,如何判断部分实行犯造成的客观犯罪结果与其他共犯人的主观故意不一致呢?本文认为,共犯错误理论能够解决这一问题。

共犯错误,是日本刑法理论中的概念,是指"在共同犯罪中,共同犯罪人对共同犯罪行为的事实或者法律的认识与现实不一致"。② 共犯错误有广义和狭义之分,狭义的共犯错误是共犯人在实施共同犯罪行为时发生的错误,共犯人主观上有共同的犯罪故意,客观上实施了共同犯罪行为;广义的共犯错误,还包括在共同犯罪过程中,部分共犯人改变原来的共同犯罪故意,在新的犯意支配下实行了超出共同犯罪故意范围的行为的情形。③ 而超出共同犯罪故意范围的犯罪行为就是实行过限行为,所以,实行过限属于广义的共犯错误。也就是说,部分实行犯改变犯意实施的犯罪行为及实际造成的犯罪结

---

① 胡冬阳:《论共同犯罪实行过限》,西南政法大学 2009 年硕士学位论文。
② 刘明祥:《刑法中错误论》,中国检察出版社 2004 年版,第 264 页。
③ 参见刘明祥:《刑法中错误论》,中国检察出版社 2004 年版,第 264 页。

果与其他共犯人的主观故意不一致的共犯错误情形,属于实行过限。

关于共犯错误的学说,主要存在具体符合说、法定符合说和抽象符合说三种。具体符合说,是指行为人所认识的事实与实际发生的事实不是具体的相一致的,就否定故意成立;法定符合说,是指行为人所认识的事实与实际发生的事实只要在某法定的构成要件的范围内相符合,就成立故意;抽象符合说,是指行为人认识的事实与实际发生的事实只要是抽象的相符合,即不要求在构成要件内具体的相符合,就成立故意。① 三种学说相比较,具体符合说过于严格,会导致过度缩小故意的成立范围,抽象符合说又过于宽泛,大多违反了责任主义原理,而法定符合说重视法益的性质,在具有归责可能性的范围内认定犯罪,因而,法定符合说成为各国刑法理论解决共犯错误问题的通说,本文亦赞同法定符合说的观点。

既然实行过限属于广义的共犯错误,那么,对于如何判断部分实行犯的犯罪行为是否属于超出共同犯罪故意的范围的问题,可以运用共犯错误理论来解决。据此,在共同犯罪过程中,共犯人所认识的共同犯罪事实与部分实行犯的行为实际造成的犯罪结果不一致的共犯认识错误场合,当共犯认识错误阻却(共同)故意时,部分实行犯的行为超出共同犯意的范围,此种情况属于共犯实行过限;反之,共犯人虽对犯罪事实产生了认识错误,但是该认识错误并没有影响到(共同)故意,则部分实行犯的行为没有超出共同犯意的范围,此时,则不属于实行过限。具体而言,当共犯认识错误在同一构成要件范围内,凡是未超出同一构成要件的,认识错误没有阻却共同犯罪故意的成立,可以认定实行犯实际造成的犯罪结果没有超出共同犯罪故意的范围,不属于实行过限。例如,A明确教唆B杀甲,结果B认错了人,误将乙当作是甲而杀害,尽管A的指示很明确,B仍不属于实行过限,A应当对乙的死亡负责。反之,在错误跨越不同构成要件之间的场合,原则上就否定共同犯罪的故意,成立实行过限,即使构成要件是同质的、具有互相重合的部分,但在非互相重合的范围内,不能承认共同犯罪的故意,则在非相互重合的限度内,成立实行过限。如甲、乙共同砍伤丙,但是,甲具有杀意、乙抱有伤害的意思时,在杀人未遂罪与伤害罪互相重合的轻的伤害罪的范围内,成立

---

① 参见刘明祥:《刑法中错误论》,中国检察出版社2004年版,第268页。

共同犯罪,其过剩部分的杀人未遂罪的罪责只归于甲。① 也就是说,在杀人未遂罪与伤害罪互相重合的轻的伤害范围内,存在共同犯意,在此范围外不存在共同犯意,属于实行过限。

以上是关于共同犯罪实行过限的一般情形下的理论判断标准。但是,共同犯罪实行过限的情况是十分复杂的,既有不同类型的共犯存在的实行过限,也有特殊犯罪形态下的共犯实行过限,所以,需要在具体的犯罪中具体情况具体分析。

二、实行过限的具体认定之一:共犯分类与实行过限的认定

一般情形下,按照共同犯罪行为的分工不同,将共同犯罪实行过限分为四类:对实行犯的实行过限、对组织犯的实行过限、对教唆犯的实行过限和对帮助犯的实行过限。因为不同类型的共犯,其身份地位是不同的,如组织犯在共同犯罪中处于组织、领导的地位,帮助犯处于次要地位,因而导致各共犯人的主观意志对整个共同犯罪产生不同的影响。另外,共同犯罪故意的内容是否明确,是否当场形成新的合意,各共犯人的行为与共同犯罪行为的差异程度等问题,都需要具体情况具体分析。

(一) 对实行犯的实行过限的认定

实行犯,"就是自己直接实施犯罪构成要件的行为或者利用他人作为工具去实行犯罪的人"。② 对实行犯的实行过限,是指在共同犯罪过程中,部分实行犯实施的犯罪行为超出其他实行犯所认识的共同犯罪故意范围的情形。对于实行犯的实行过限问题,主要研究在简单共犯形态下,某些实行犯临时起意实施的犯罪行为是否属于超出共同犯罪的个人行为,其他共犯人应否对某些共犯临时起意的犯罪行为承担刑事责任?司法实务中又是如何解决此类问题的?

在此,本文收集了许多相关判决,有王海滨等故意杀人案、陈辉凡等故

---

① 参见〔日〕大塚仁:《刑法概说(总论)》,冯军译,中国人民大学出版社2003年版,第288~291页。
② 马克昌:《犯罪通论》,武汉大学出版社1999年版,第544页。

意杀人案、陈某等故意杀人案及王兴佰、韩涛、王永央故意伤害案等①。其中，王海滨等故意杀人案和陈辉凡等故意杀人案较为典型，值得分析。

1. 王海滨等故意杀人案分析

本案案情为：2000年4月28日上午，被告人王海滨因在学校向同学沈某某索要赌债，遭沈拒绝后，二人发生扭打。被告人王海滨怀恨在心，产生报复念头，购置了尖刀一把。同年5月6日下午4时20分许，被告人王海滨纠集被告人傅剑平，并瞒着傅剑平携带尖刀一把，至本市楚坊巷谭鱼头火锅店旁向放学回家路经此地的沈某某索要赌债。遭拒绝后，被告人王海滨即指使被告人傅剑平一起上前殴打沈某某。二被告人在殴打沈某某时，被告人王海滨突然拔出尖刀猛刺沈某某胸腹部数刀，并用刀划了沈某某背部数刀，致被害人沈某某胸部遭单面刃锐器刺戳致心脏破裂伴急性大失血死亡。后被告人傅剑平、王海滨先后逃离现场。

浙江省杭州市中级人民法院判决认为：被告人王海滨向他人索要赌债不成，竟持刀不计后果地刺戳他人，致人死亡的行为已构成故意杀人罪。被告人傅剑平在被告人王海滨纠集下，参与共同伤害他人，其主观上具有伤害的故意，客观上具有殴打的行为。但被告人王海滨拔出被告人傅剑平事前不知的尖刀杀死他人，实施了超出共同犯罪故意的行为，属实行过限，对过限行为，被告人傅剑平不负刑事责任，故被告人傅剑平虽有伤害他人的主观故意及行为，但情节显著轻微，危害不大，不构成犯罪。

本案的争议焦点是：被告人王海滨瞒着傅剑平携带了尖刀一把，在与傅剑平一起殴打沈某某时，其突然拔出尖刀猛刺沈某某胸腹部数刀，对于王海滨实施的持刀杀人行为，傅剑平应否负刑事责任？从上述审理意见可见，法官认定王海滨的持刀杀人行为属于实行过限。其判断依据是实行犯产生的新的杀人故意超出了共同犯罪故意的范围。判断思路是，首先明确共同犯罪故

---

① 参见浙江省杭州市中级人民法院刑事附带民事判决书（2000）杭刑初字第13号，载http：//vip. chinalawinfo. com/case/DisplayContent. asp? Gid＝117492248&keyword＝王海滨等故意杀人案；重庆市第四中级人民法院刑事附带民事判决书（2007）渝四中法刑初字第22号，载http：//vip. chinalawinfo. com/case/DisplayContent. asp? Gid＝117530233&keyword＝陈辉凡等故意杀人案；四川省高级人民法院（1999）川刑一终字第816号，载http：//vip. chinalawinfo. com/case/Display. asp? Gid＝117671137&KeyWord＝陈某等故意杀人案；山东省青岛市中级人民法院刑事判决书，载http：//vip. chinalawinfo. com/case/DisplayContent. asp? Gid＝117528374&keyword＝王兴佰、韩涛、王永央故意伤害案。最后访问日期：2011年3月9日。

意的内容，然后判断部分实行犯产生的新的犯罪故意是否超出了共同犯意的范围。本案中，傅剑平对王海滨持有尖刀并不知情，说明共同犯罪故意的内容仅仅是针对被害人的故意伤害，不包括故意杀人；又王海滨持刀杀人的行为具有突发性，因而傅剑平不可能在短时间内临时与王海滨形成新的共同故意杀人的犯意。所以，王海滨的杀人行为超出了共同犯罪故意的范围，属于实行过限。

　　本案中法官的判决结论及其判断标准都是正确的，同时，该判决也存在不足之处。第一，在判决的审理意见中，法官仅仅关注于主观方面，却忽视了客观方面的考察。如果在客观方面实行犯实施的犯罪行为与共同犯罪人的整体行为明显不一致，并且其他共犯人对实行犯实施的犯罪行为没有起到加功的作用，没有对实行犯造成的犯罪结果提供一定的原因力，则可以直接得出实行过限的结论，反之，则需要继续考察主观方面，最后，综合主客观两个方面作出判断。本案中，傅剑平参与了共同伤害他人的犯罪行为，一定程度上减少了被害人反抗的机会，降低了被害人自我保护的能力，为王海滨的杀人行为创造了条件，对犯罪后果的出现有一定的原因力，所以，需要继续考察主观方面。虽然本案没有能够直接从客观方面的判断直接得出结论，但是，这一步骤是不可省略的。第二，关于主观方面的考察，本案判决中虽然得出王海滨的杀人行为超出了共同犯罪故意的范围的结论，但是没有具体阐述作出该判断的理论根据。本文认为，可以运用"共犯错误理论"对本案的判决进行合理的解释。本案中，王海滨与傅剑平共同犯罪故意的内容是故意伤害被害人，而在共同犯罪过程中，王海滨产生了新的故意杀人的犯意，实施了持刀杀人的犯罪行为，并造成被害人死亡的犯罪结果。共犯人傅剑平所认识的共同伤害的事实与王海滨的杀人行为及其致人死亡的犯罪后果不一致，产生共犯错误，而该错误属于跨越不同构成要件之间的错误，因而，根据共犯错误理论，只在其构成要件互相重合的限度内，承认共同犯罪的故意，在非互相重合的限度内，成立实行过限。也就是说，二人仅在故意伤害的范围内成立共同犯罪，而王海滨故意杀人的行为超出了故意伤害的范围，应成立实行过限。共犯人傅剑平虽有伤害他人的主观故意及行为，但因情节显著轻微，危害不大，所以，法院认定其不构成犯罪。

　　2. 陈辉凡等故意杀人案分析

　　本案案情为：被告人陈辉凡与陈行林因打牌产生纠纷，在吵骂过程中，陈辉凡看见被害人陈某某（陈行林的弟弟）朝自己家走来，认为是来打架，便告诉被告人陈辉伦做好准备，待陈某某来后先下手，狠狠地打，不留后患，后果由他承担。当陈某某来到陈辉凡家与陈辉凡发生争吵抓扯时，陈辉伦用锄头猛击陈某某的背部，陈某某随身携带的一把尖刀掉落于地，陈辉凡捡起尖刀朝陈某某身上猛刺数刀。尔后，陈行林奔过来，陈辉伦持锄头朝其头部击打一下，陈辉凡用尖刀朝其身上刺了几刀，随后被村民劝开。被害人陈某某失血性休克死亡。

重庆市第四中级人民法院判决认为：被告人陈辉凡、陈辉伦故意非法剥夺他人生命，致一人死亡一人受伤，其行为均已构成故意杀人罪。在共同犯罪中，当陈辉凡见陈某某向其走来，便唆使陈辉伦不计后果地击打陈某某，陈某某到后，陈辉伦按照陈辉凡事前的安排，对陈某某背部实施击打，说明二被告人事前有了共同伤害的共谋。当陈某某到达现场时，陈辉伦接受了陈辉凡的授意，持锄头击打陈某某背部。当陈某某的刀具从身上掉下来后，陈辉凡持刀刺杀陈某某，明确表达了其临时产生了杀人故意。在陈辉凡持刀刺杀陈某某、陈行林时，陈辉伦明知被告人陈辉凡主观上有了杀人的故意，仍持锄头帮助陈辉凡完成杀人行为，形成了新的共同杀人的犯意，二人系共同犯罪，均对死亡结果承担刑事责任。

本案的争议焦点是：在被告人陈辉凡、陈辉伦共同故意伤害被害人陈某某、陈行林的犯罪过程中，陈辉凡用从被害人身上掉落下来的刀刺杀被害人，对于陈辉凡持刀杀人的行为是否属于实行过限？从上述审理意见可见，法官认为陈辉凡持刀杀人的行为不属于实行过限。其判断依据是：其他共犯与实行犯形成新的共同犯意，并且在客观上实施了帮助行为，构成新的共同犯罪，属于事中共犯，所以，否定存在实行过限。其审理思路是：主客观相结合，先客观后主观的思路，并以行为人的客观行为考察其主观上的犯罪心态，判断其他共犯人是否与部分实行犯形成新的共同犯意，从而认定是否存在实行过限。本案中，陈辉伦明知被告人陈辉凡主观上有了杀人的故意，仍持锄头帮助陈辉凡完成杀人行为，该行为反映出其主观心态已发生改变，对陈辉凡临时起意的杀人行为形成了新的共同故意杀人的犯意，并且在客观上实施了帮助行为，构成新的共同杀人犯罪，因而，可以认定陈辉凡临时起意的杀人行为不属于实行过限。本文完全赞同该判决结论及其依据。

本案与王海滨等故意杀人案相比较，虽然犯罪情节有相似之处，即都存在部分实行犯临时改变犯意实施了持刀杀人的行为,但是,因为其他共犯人的客观表现与主观罪过不同,所以,判决结论完全相反。在本案中,其他共犯人与部分实行犯形成了新的共同犯意,构成新的共同犯罪(事中共犯),因而否定实行过限;而在王海滨等故意杀人案中,其他共犯人没有与部分实行犯形成新的共同犯意,其主观上认识的共同犯罪事实与实行犯实际实施的犯罪行为及后果不一致,存在共犯错误,在不同构成要件的非重合限度内成立实行过限。

通过分析上述两个典型的实务判决,可以总结出在简单共犯形态下,对部分实行犯实施的犯罪行为是否属于实行过限的判断应遵循以下标准:首先考察其他共犯人客观上是否对部分实行犯造成的犯罪后果提供了一定的原因力;然后考察其他共犯人的主观心态上是否与实行犯形成新的共同犯意,如果其他共犯人与实行犯形成新的共同犯意,则直接否定实行过限;如果其他共犯人没有与实行犯形成新的共同犯意,则判断其他共犯人所认识的共同犯罪事实与实行犯实际实施的犯罪事实是否存在不一致,即是否存在共犯错误,然后按照共犯错误理论判断是否存在实行过限。

(二)对组织犯的实行过限的认定

组织犯是指在犯罪集团中或其他共同犯罪中起组织、策划、指挥作用的犯罪分子。组织犯是共同犯罪的组织者和领导者、行为的策划者,是共同犯罪的核心,对整个犯罪活动都起支配作用。如何认定对组织犯的实行过限?我国刑法第26条第3款、第4款规定:"对组织、领导犯罪集团的首要分子,按照集团所犯的全部罪行处罚","对第三款规定以外的主犯,应当按照其所参与的或者组织指挥的全部犯罪处罚。"也就是说,对于犯罪集团中的组织犯来说,要按照"集团所犯的全部罪行"来处罚。这里,"集团所犯的全部罪行"不等于"集团成员所犯的全部罪行"。组织犯支配着犯罪集团中的所有成员,对于整个犯罪集团的犯罪意图和目的起着控制和约束作用,因此,组织犯要对在其领导下的集团所犯下的全部罪行承担刑事责任。但是,并非对集团中某一个成员的任何犯罪,其都需承担责任。如果集团中某一成员实施的犯罪行为超出了组织犯事先预谋的或者事中的指挥、领导的共同犯罪行为的范围,说明其行为已经违背了组织犯的犯罪意图,超出了共同犯罪的故意,成立实行过限,这种情况下就不能要求组织犯对其他共犯人所犯的全部罪行承担责任，否则就违背了主客观相统一的原则。

在此，本文收集的相关实务判决有莫洪德故意杀人案，翟跃华等组织、领导黑社会性质组织、寻衅滋事、开设赌场、诈骗、故意伤害案，闫某等组织、领导、参加黑社会性质组织、故意伤害、绑架、敲诈勒索、寻衅滋事、强奸、非法拘禁案，王建果等组织、领导、参加黑社会性质组织、故意伤害、寻衅滋事、敲诈勒索、聚众斗殴、抢劫、故意破坏生产经营案等①。其中，以莫洪德故意杀人案与王建果等组织、领导、参加黑社会性质组织、故意伤害、寻衅滋事、敲诈勒索、聚众斗殴、抢劫、故意破坏生产经营案为典型案例进行分析。

1. 莫洪德故意杀人案分析

本案案情为：被告人莫洪德带领曹伟、"阿森"等人，携带长柄斧、砍刀乘汽车外出寻找赌博场所。途中，曹伟发现裴礼乾等人后立即告知莫洪德，莫洪德当即表示如果对方来就和对方斗殴。此后不久，莫洪德到无锡市惠山区玉祁镇新大中饭店二楼赌博。曹伟等人看见裴礼乾、胡忠林等人持刀向饭店走来，即持械下车与对方互殴。殴斗过程中，曹伟用长柄斧砍中胡忠林头部，致胡忠林当场死亡。

江苏省无锡市中级人民法院判决认为：被告人莫洪德的行为符合聚众斗殴转化为故意杀人罪的构成要件，已构成故意杀人罪。

江苏省高级人民法院判决认为：莫洪德的行为已构成故意杀人罪。当曹伟等向莫洪德请示时，莫洪德表示对方来了就和他们打，莫洪德授意打斗应该说是一种概括的故意，其并未明确如何打，打到何种程度，但由于其不仅明知曹伟等人带着长柄斧和砍刀，且该犯罪工具长柄斧系其所提供，故其应当知道持这种器械斗殴可能会造成的后果，也应当是有所预见的，但其仍然表示要斗殴，且没有明确斗殴的方式和程度，其组织、指挥的内容决定了造

---

① 参见江苏省高级人民法院（2005）苏刑终字第164号，载http://vip.chinalawinfo.com/case/DisplayContent.asp?Gid=117522275&keyword=莫洪德故意杀人案；河南省许昌市中级人民法院（2009）许中刑二终字第197号，载http://vip.chinalawinfo.com/case/Display.asp?Gid=117709918&KeyWord=翟跃华；河南省郑州市中级人民法院（2009）郑刑二初字第101号，载http://vip.chinalawinfo.com/case/Display.asp?Gid=117696940&KeyWord=闫某等组织、领导、参加黑社会性质组织；河南省南阳市中级人民法院（2010）南刑二终字第30号，载http://vip.chinalawinfo.com/case/Display.asp?Gid=117707247&KeyWord=王建果等组织、领导、参加黑社会性质组织。最后访问日期：2011年3月9日。

成对方重伤、死亡的某种必然性，反映其授意斗殴时放任的主观故意，则应认定为故意杀人罪。

本案的争议焦点是：在由被告人莫洪德组织、策划、指挥的共同犯罪过程中，对于不在场的组织犯莫洪德，积极参加者曹伟的故意杀人行为是否属于实行过限？从上述审理意见可见，法官认定曹伟的故意杀人行为不属于实行过限。其判断依据有两个：第一，实行犯的杀人行为是否超出了共同犯罪故意的范围。法官认为被告人的共同犯罪故意属于一种概括性的故意，对行为方式、程度及避免何种结果等都没有作出明确的限制，则在其概括故意之下，曹伟的杀人行为并没有超出共同犯罪故意的范围，不属于实行过限；第二，组织犯对其他共犯人的犯罪行为及行为后果是否能够预见，是否存在主观上的故意。法官认为，莫洪德明知曹伟等人带着长柄斧和砍刀，且该犯罪工具长柄斧系其所提供，故其应当知道持这种器械斗殴可能会造成的后果，也应当是有所预见的，但其仍然表示要斗殴，且没有明确斗殴的方式和程度，其组织、指挥的内容决定了造成对方重伤、死亡的某种必然性，反映了其授意斗殴时放任的主观故意，则应当对斗殴后果承担责任。

本文赞成法官的这种判断思路。组织犯中的共同犯罪故意，"并不是要求对一切具体行为都有相同认识，只要求能够预见到为执行共同犯罪计划而附随发生的结果"。① 由于在共同犯罪中，组织犯相对于其他共犯而言处于领导、约束和管理的地位，对其他共犯人的个人情况、性格特征、精神状况、作案手段等方面都比较了解，并且自始至终有着足够的影响和控制力量，因此，存在犯罪组织的共同犯罪，共同犯罪故意的内容不仅限于共同犯罪计划的范围，还包括组织犯在组织、策划犯罪活动时可以合理预见的实行犯可能实施的其他犯罪行为。因此，如果组织犯能够合理预见到过限行为的发生可能性，并且至少在意志因素上放任了这种行为发生，那么他对这种行为就应当承担刑事责任。

2. 王建果等组织、领导、参加黑社会性质组织、故意伤害、寻衅滋事、敲诈勒索、聚众斗殴、抢劫、故意破坏生产经营案分析

本案案情为：自2006年至2008年王建果、秦国普、杜会东、杨学飞、秦国哲、乔配银、李红雨、耿永生在王建果的指使下，有计划、有预谋地分

---

① 储槐植：《美国刑法》，北京大学出版社1987年版，第158页。

【专题研讨】

别结伙先后进行三起故意伤害犯罪、八起寻衅滋事罪，形成了以王建果为组织者、领导者，以秦国普、杜会东、秦国哲、杨学飞、乔配银、李红雨、耿永生为成员的犯罪组织；有组织地通过违法犯罪活动争夺矿山获取经济利益，称霸一方，严重破坏经济、社会生活秩序。期间，被告人杨学飞伙同王某某、张某某、梁某某等人蒙面持刀窜至陈同畔家中，对在场打牌的关某某等人实施抢劫，并将关某某等人砍伤。被告人杜会东、乔配银等人强行将杨某某、杨某某二人带至镇平县石佛寺镇贺营村的麦地，以杨某某二人殴打王帅的亲戚为由，索要 8000 元。

河南省南阳市中级人民法院判决认为：被告人王建果构成组织、领导黑社会性质组织罪、故意伤害罪、寻衅滋事罪。被告人王建果系首要分子，应按该组织的全部犯罪行为予以处罚。被告人秦国普、秦国哲、李红雨构成参加黑社会性质组织罪、故意伤害罪、寻衅滋事罪。被告人杜会东、乔配银犯参加黑社会性质组织罪、故意伤害罪、敲诈勒索罪；被告人杨学飞犯参加黑社会性质组织罪、故意伤害罪、寻衅滋事罪、抢劫罪。

本案属于黑社会性质的集团犯罪，争议的焦点是：对于组织犯王建果，实行犯杨学飞的抢劫行为、杜会东与乔配银的敲诈勒索行为是否属于实行过限？从上述审理意见可见，作为黑社会性质组织犯罪的组织犯王建果系首要分子，按该组织的全部犯罪行为予以处罚，凡是属于该犯罪集团实施的犯罪行为所造成的后果均由组织犯王建果承担责任。而对于该犯罪集团成员个人实施的犯罪行为，如杨学飞的抢劫行为、杜会东与乔配银的敲诈勒索行为超出了共同犯罪的故意范围，对于组织犯王建果而言，属于实行过限行为，对此造成的后果，王建果不承担责任。

本文认为，运用共犯错误理论可以较好地解释这一判决。本案中，在黑社会性质的犯罪集团中，由组织犯王建果组织、策划、指挥的犯罪行为包括寻衅滋事、聚众斗殴、故意伤害、故意破坏生产经营等行为，且在每一次的共同犯罪过程中，该犯罪集团的共同犯罪故意都是明确的。杨学飞的抢劫行为及其结果、杜会东与乔配银的敲诈勒索行为及其结果与组织犯王建果主观认识的犯罪事实不一致，存在共犯错误，而该错误属于跨越不同构成要件之间的认识错误，且不存在重合，所以，可以认定杨学飞的抢劫行为、杜会东与乔配银的敲诈勒索行为对于组织犯王建果而言，属于实行过限行为。

通过上述对实务判决的分析，可以总结出对于组织犯实行过限的认定主要是判断实行犯的行为是否超出犯罪组织的共同犯罪故意的范围。而明确共同犯罪故意的具体内容，是判断实行犯的行为是否超出共同犯罪故意范围的关键所在。如果组织犯组织、指挥的故意较为概括，没有明确约定共同犯罪行为的方式、程度以及避免造成何种后果的，则在其概括故意之下，组织犯对所有后果承担责任，不存在实行过限；如果组织、指挥的故意较为明确，则需要考虑组织犯是否存在共犯错误，按照共犯错误理论认定是否存在实行过限行为。

（三）对教唆犯的实行过限的认定

教唆犯，是指促使没有犯罪意图的人产生犯罪意图或者使犯意尚不坚定的人下定犯罪决心的人。在教唆共同犯罪中，被教唆者在教唆犯的教唆下实施教唆故意内容的犯罪。但是，如果被教唆者实施了超过教唆故意内容的犯罪行为，这就是对教唆犯的实行过限。所谓教唆内容，就是教唆的共同犯罪故意，是指教唆犯明知自己的教唆行为会引起他人的犯罪故意并实施犯罪行为，希望或放任犯罪结果发生的心理态度。"根据教唆故意内容的明确性程度不同，可以分为明确性教唆、概然性教唆和选择性教唆。"① 明确性教唆，是指教唆犯明确以某种犯罪为教唆内容，且对具体的犯罪对象、行为手段、危害程度等都有比较明确的意思表示。概然性教唆，是指教唆犯授意的教唆内容较为概括，对犯罪对象、犯罪类型、行为手段及危害程度等不明确。概然性教唆一般有两种情况。一种情况是犯罪对象明确，但犯罪类型、行为手段及危害后果等不确定。例如教唆"教训一下张三"，此种教唆虽然明确了犯罪对象，但是教唆犯罪的行为方式和危害程度仍是不明确的，被教唆者既可以只是对张三进行言语上的侮辱诽谤，也可以对张三进行人身伤害，或者致人重伤，或者致人死亡。概然性教唆的另一种情况是，关于犯罪对象、犯罪类型、行为手段及危害程度等都是不明确的。如教唆"弄点钱花花"，此种教唆故意的内容中犯罪对象和犯罪类型、手段都不明确，被教唆者既可以对路人甲实施犯罪，也可以对路人乙实施犯罪；被教唆者可以选择盗窃、抢劫、诈骗等多种方式。选择性教唆，就是教唆犯的教唆具有让被教唆的人在几种犯罪之间进行选择的性质，具体而言，可以是犯罪对象的选择，例如可以抢劫

---

① 马松建、王立志：《实行过限问题研究》，载《郑州大学学报（哲社版）》2003年第2期。

甲的东西，也可以抢劫乙的东西；还可以是教唆对象明确情形下，所教唆的犯罪行为的性质具有可选择性，如可以去偷，可以去骗，还可以去抢。

雇凶案是典型的教唆犯罪，本文以雇凶案为例，研究司法实践中对教唆犯实行过限的认定问题。在此，本文收集的相关实务判决有卜会永等故意伤害案、何军等故意伤害案、干人潮等抢劫案、张杰故意杀人、谢天明故意伤害案等①，其中，何军等故意伤害案比较典型，值得分析。

本案案情为：被告人何军与被告人杨玉金计议打断朱某某双腿，答应事成后付人民币6万元，并先期给杨玉金1万元。此后，杨玉金先后找到被告人陈海林、朱汉荣，指使两人将朱某某打伤。2002年12月2日晚，按事先的分工，由朱汉荣把门望风，陈海林将熟睡的吴某某误认为朱某某，用钢管连续击打吴某某的腿部、头部数下，致吴某某重伤。

江苏省高邮市人民法院判决认为：在实施犯罪中，虽然陈海林打错了对象，且击打了被害人头面部，但并未超出何军、杨玉金等计议的伤害故意范畴，不影响何军等共同犯罪人故意伤害罪的犯罪构成，不属于共同犯罪中实行过限的情形，何军应当就全案共同犯罪行为承担法律责任。

本案的争议焦点是：对于教唆犯何军，实行犯陈海林打错犯罪对象的行为是否属于实行过限？从上述审理意见可见，法官认为共同犯罪人计议打断朱某某的双腿，而实施中却打伤了吴某某的头部的行为，属于实施时出现对象错误和具体行为误差，但是，这种认识错误并不阻碍共同犯罪故意。也就是说，被教唆者是基于共同伤害犯罪的故意而实施了伤害行为，并未产生新的犯罪故意（如产生杀人灭口或抢劫等意图），因而，被教唆者的行为并没有超出共同犯罪故意的范围，故可以认定被教唆者是基于共同犯罪故意而实施犯罪的，其后果未明显超过共同犯罪故意的范围，不属于实行过限的情形。该判决中，法官以被教唆者未产生新的犯罪故意为由认定被教唆者的行为没

---

① 参见山东省东营市中级人民法院（2006）东刑一初字第4号，载http://vip.chinalawinfo.com/case/Display.asp?Gid=117468919&KeyWord=卜会永等故意伤害案；江苏省高邮市人民法院（2003）邮刑初字第48号，载http://vip.chinalawinfo.com/case/Display.asp?Gid=117487600&KeyWord=何军等故意伤害案；内蒙古自治区通辽市科尔沁区人民法院（2007）科刑初字第127号，载http://vip.chinalawinfo.com/case/Display.asp?Gid=117533071&KeyWord=干人潮等抢劫案；北京市高级人民法院死刑复核（2007）高刑复字第69号，载http://vip.chinalawinfo.com/case/Display.asp?Gid=117674962&KeyWord=张杰故意杀人、谢天明故意伤害案。最后访问日期：2011年3月9日。

有超出教唆故意的范围。

本文认为用共犯错误理论来判断行为人的行为是否超出共同犯罪故意的范围更为合适。本案中,各共犯人共谋打断朱某某的双腿,而实施中却打伤了吴某某的头部的行为,属于对象错误,但是,打伤错误对象吴某某的事实与共犯人所认识到的伤害朱某某的事实都符合故意伤害罪的犯罪构成要件,依照法定符合说,同一构成要件内的事实认识错误不阻碍犯罪故意的成立,也就是说,实行犯的行为没有超出共同犯罪故意的范围,不构成实行过限。

综上,对于教唆犯实行过限的认定,司法实务的共同倾向是:看实行犯的行为是否超出了教唆故意内容的范围。对于不同程度的教唆故意,判断是否超出教唆故意的范围的标准不同。对于明确性教唆,如果被教唆者所实施的行为与教唆犯的教唆内容明显不一致,则根据共犯错误理论判断被教唆者所实施的行为属于实行过限;对于概然性教唆,一般来说,只要由于教唆犯的概然性教唆而使被教唆人产生了犯意,无论被教唆人实施了何种犯罪,只要没有明显超出教唆故意范围的,都不成立实行过限;对于选择性教唆,只要被教唆人实施的犯罪行为是在可供选择的范围内,就不属于实行过限。

(四)对帮助犯的实行过限的认定

帮助犯,在大陆法系国家或地区一般称之为从犯。我国刑法第27条规定:"在共同犯罪中起次要或者辅助作用的是从犯。"所以,可以定义帮助犯,是对他人的犯罪起辅助作用或者帮助作用的人。实行犯的实行行为超出其与帮助犯约定的共同犯罪故意的范围时,成立对帮助犯的实行过限。为研究司法实务对于帮助犯的实行过限的认定规则,本文收集了以下实务判决:刘作友等人盗窃案、刘某某等故意伤害案、林奇建故意伤害案等[①]。其中,刘作友等人盗窃案较为典型,本案案情如下:

2005年12月15日,被告人刘作友、袁振庭、曾新民、刘春新、曾珍伙

[①] 参见湖南省长沙市中级人民法院(2006)长中刑二终字第0169号,载http://vip.chinalawinfo.com/case/Display.asp?Gid=117529210&KeyWord=刘作友等人盗窃案;重庆市高级人民法院刑事判决书,载http://vip.chinalawinfo.com/case/DisplayContent.asp?Gid=117561665&keyword=刘某某等故意伤害案;江西省赣州地区(市)中级人民法院(2008)赣中刑一终字第43号,载http://vip.chinalawinfo.com/case/Display.asp?Gid=117541564&KeyWord=林奇建故意伤害案。最后访问日期:2011年3月9日。

同白蝶辉（在逃）共同实施盗窃。由曾新民假扮出租车车主，刘春新假扮出租车驾驶员，袁振庭、曾珍、白蝶辉假扮乘客，将被害人陆某某骗上车。当车行驶一段距离后，刘作友假扮刚下车的乘客拦住汽车，谎称其钱包丢失在车上，怀疑车上乘客拾得，要求检查车上其他乘客的钱包和银行卡。曾新民、刘春新、袁振庭、曾珍及白蝶辉为诱骗被害人陆某某，相继接受刘作友的"检查"以示"清白"，骗得陆某某将1张银行卡交给刘作友，但陆某某假报了银行密码。后刘作友将银行卡交给曾新民、白蝶辉去银行取款，因密码错误，无法取款，曾新民、白蝶辉即电话告知刘作友。为获得密码，刘作友、袁振庭采取殴打、威胁手段，强迫陆某某说出银行卡的密码后，曾新民、白蝶辉从银行卡上取走11450元。

长沙市雨湖区人民法院判决认为：被告人刘作友、袁振庭、曾新民、刘春新、曾珍均构成抢劫罪。一审宣判后，被告人提起上诉。在上诉意见中曾新民、刘春新、曾珍均辩称未参与殴打或以暴力威胁被害人，主观上没有抢劫犯罪故意，其行为不构成抢劫犯罪，他同案犯对被害人实施暴力逼取密码的行为，超出共同犯罪故意，属实行过限行为。

湖南省长沙市中级人民法院裁定：驳回上诉，维持原判。

本案的争议焦点是：在共同盗窃犯罪过程中，实行犯刘作友实施的暴力威胁行为，对于帮助犯曾新民、刘春新、曾珍而言，是否属于实行过限。从上述审理意见可见，法院否定部分共犯人的抢劫行为属于实行过限。

本文认为，客观上，曾新民、刘春新、曾珍的帮助盗窃行为为刘作友的暴力威胁行为创造了条件，也为抢劫结果的发生提供了原因力；主观上，各共犯人共同盗窃的犯意是明确的，当刘作友实施了盗窃以外的暴力威胁行为时，刘春新、曾珍没有予以制止或提出反对，从而对实行犯产生精神支持与鼓励，对被害人产生心理压力与恐惧，说明其主观上处于积极追求或者放任的态度。曾新民发现密码错误后告知了刘作友，此时，其应当能够预见到刘作友可能会采取暴力威胁的手段向被害人逼要密码，但是曾新民并没有就此停止犯罪，而是继续用新的密码取出了银行卡中的现金，说明其主观上对暴力抢劫是一种故意的心态。由此，可以认定曾新民、刘春新、曾珍与刘作友形成了新的共同犯意，所以，四被告的行为均构成抢劫罪，不存在实行过限。

通过对上述实务判决的分析，得出法院判断对帮助犯实行过限的共同倾向是：在共同犯罪过程中，如果帮助犯明知实行犯产生了新的犯意，只要帮助犯对实行犯实施新的犯罪行为给予了帮助行为,即实施了"对于被帮助者之犯罪行为,予以物质或精神之支持,而使其得以或易于实现构成要件,或使其行为造成更大的损害"的行为,① 则可以认定,帮助犯与实行犯产生了新的共谋,属于事中共犯,不存在实行过限。

三、实行过限的具体认定之二:特殊犯罪形态与实行过限的认定

在共同犯罪中,实行犯的犯罪故意可能在法定条件下发生转化,在转化后的犯意支配下实施某种犯罪行为,其他共犯人应否对该犯罪行为的后果承担责任?实行犯实施共同犯罪行为产生了加重结果时,责任应如何追究?在对共同犯罪的想象竞合犯进行从一重罪处罚时,对其他共犯人是否应考虑实行过限?这些特殊犯罪形态下的实行过限问题,均存在争议,对此值得研究。

(一)转化犯与实行过限的认定

转化犯,是指"行为人在实施某一较轻的犯罪时,由于连带的行为又触犯了另一较重的犯罪,法律规定以较重之罪论处的情形"。② 在共同犯罪中,实行犯的犯罪故意在法定条件下发生转化,并符合转化罪的构成要件,对于其他共犯人,实行犯的这种转化犯罪是否属于实行过限?对于共同犯罪中存在的转化犯情形,司法实务中是如何认定共犯实行过限的呢?转化型抢劫是典型的转化型犯罪,本文以黄照华等抢劫案和左某等抢劫案为代表展开分析。

1. 黄照华等抢劫案分析③

本案案情为:被告人王某、黄照华乘被害人张某接听电话不备之机,由被告人王某从背后顺手抢夺了其手机一部,正欲携赃逃跑时被张某发现抓住。被告人王某即将所抢手机转移给被告人黄照华,由其携赃逃跑。后被告人王某为抗拒抓捕掏出随身携带的跳刀对张某进行威胁后逃跑。

云南省昆明市五华区人民法院判决认为:王某在抢夺他人财物后,为抗

---

① 林山田:《刑法通论》,台湾大学法学院图书馆 2000 年版,第 124 页。
② 陈兴良:《刑法适用总论》,法律出版社 1999 年版,第 146 页。
③ 参见云南省昆明市五华区人民法院(2005)五法刑二初字第 129 号,载 http://vip.chinalawinfo.com/case/Display.asp?Gid=117527181&KeyWord=黄照华抢劫案。最后访问日期:2011 年 3 月 9 日。

拒抓捕当场以暴力相威胁,其行为的性质已由抢夺转化为抢劫,应以抢劫罪定罪处罚。而现有证据无法证明黄照华与王某有实施暴力威胁的共同故意,其逃跑后对王某单独持刀实施的暴力威胁拒捕行为并不知情,故其仅对共同抢夺行为承担刑事责任,应以抢夺罪定罪处罚,而不应以抢劫罪(共犯)定罪处罚。

本案的争议焦点是:在共同抢夺犯罪过程中,对于同案犯黄照华,王某为抗拒抓捕当场以暴力相威胁的转化犯罪行为是否属于实行过限?从上述审理意见可见,法官肯定了实行过限。

法官主要是从主观上判断部分共犯的转化犯罪行为是否超出共同犯罪故意的范围。由于本案没有充分的证据证明黄照华与被告人王某有实施暴力威胁的共同故意,所以,王某对被害人实施暴力的行为属于临时起意实施的新的犯罪行为,超出了共同抢劫的犯罪故意范围,在黄某对该新的犯意不知情的情况下,不能认定二人形成新的抢劫的共同犯意,因而,可以认定王某的行为属于实行过限。在此,法官遵循了"两罪存疑取其轻"的司法理念。当被告人的行为可能构成 A 罪或 B 罪,且两罪轻重有别,在已经有充分的证据证明其构成轻罪,但对是否构成重罪存有疑问时,应当对被告人处以轻罪,体现了疑罪从无和有利于被告人的精神。

本文赞同法院的判决结论,但是对于其审理思路有不同的看法。本文认为,判断部分共犯的犯罪行为是否属于实行过限,应首先从客观方面考察其他共犯对部分共犯的犯罪行为所造成的犯罪后果是否有原因力。本案中,王某暴力威胁的行为发生在黄某逃跑之后,黄某对该行为并不知情。客观上,黄某既没有直接参与暴力威胁,也没有为王某的暴力威胁提供帮助,所以,王某的暴力威胁系个人独自实施的个人行为,属于实行过限。

2. 左某等抢劫案分析①

本案案情为:被告人左某、李某经事先预谋,携带锯条、自制"T"字型工具、钳子、超高压电子防暴器等工具,欲采用撬锁的方法盗窃被害人谢育斌停燃气助动车一辆,后因触动报警器被被害人发现而未遂。嗣后,被告人

---

① 参见上海市第一中级人民法院(2007)泸一中少刑终字第43号,载http://vip.chinalawinfo.com/case/Display.asp?Gid=117674999&KeyWord=左德利等抢劫案。最后访问日期:2011年3月9日。

左某手持超高压电子防暴器威吓、拦阻追赶的社保队员，被告人李某则配合拦截出租车欲逃逸时被抓获。

上海市第一中级人民法院判决认为：被告人左某、李某在实施盗窃未遂后，为抗拒抓捕，当场使用凶器相威胁，其行为均已转化为抢劫，构成抢劫罪，系共同犯罪。本案中，李某在盗窃作案前即形成了与左某共同盗窃的故意，并知道左某在盗窃时带有电子防暴器，且系用于预备抗拒抓捕的，并没有予以反对，其对抗拒抓捕的行为是一种默认的态度，从而具有在必要时施暴或以暴力相威胁的共同犯罪意图。而当左某将电子防暴器拿出抗拒抓捕时，李某并未阻止，而是配合实施拦截出租车，进一步表明了李某对左某抗拒抓捕行为的认可，其行为对左某的抗拒抓捕行为进行了有效的配合，因此两人主观上形成了共同犯罪故意，客观上的行为是相互配合，形成整体。李某具有抗拒抓捕的共同故意和具体配合的行为，左谋的抗拒抓捕的暴力威胁行为不属于实行过限，李某应当对盗窃转化为抢劫承担共同犯罪的刑事责任。

本案的争议焦点是：在共同盗窃犯罪过程中，对于同案犯李某，被告人左某为抗拒抓捕，当场暴力威胁的行为是否属于实行过限？从以上审理意见可见，法官否定了实行过限。

法官从主客观两个方面详细阐述了认定部分共犯的转化犯罪行为不属于实行过限的根据，即其他共犯在客观上有具体的配合行为，主观上与实行犯形成了新的共同犯罪故意。其实，还可以从另一个角度来判断其他共犯的主观心态。本案中，李某在盗窃作案前就知道左某带有电子防暴器，且系用于预备抗拒抓捕的，并没有予以反对，说明其共同犯意不仅仅是盗窃的故意，还概括地包含有在必要时施暴或以暴力相威胁的犯罪意图，所以，左某用电子防暴器实施暴力威胁的行为没有超出共同犯罪故意的范围，不属于实行过限。

综上，对于因犯盗窃、诈骗、抢夺罪而当场使用暴力的转化型抢劫案件是否全部共犯都转化为抢劫，不可一概而论。首先，从客观上看其他共犯对实行犯的转化犯罪是否提供了原因力，是否参与了转化犯罪；其次，在主观上通过考察共同犯罪故意的具体内容以及其他共犯人对实行犯当场实施的暴力或暴力威胁行为的主观态度，来判断其他共犯人对转化的犯罪是否有主观故意，其他共犯人的主观认识与实行犯实际实施的犯罪事实是否一致。如果共谋的内容只是盗窃、诈骗、抢夺，实行犯当场实施的暴力或暴力威胁行为具有突发性,其他共犯人未能即时表示反对或制止,且客观上也没有参与暴力或暴力威胁行为的,一般应认为其他共犯人没有转化犯罪的主观故意,其主观认识与实际发生的犯罪结果不一致,属于跨越不同构成要件的共犯错误,成立实行过限。如果有证据证明其他共犯人对部分共犯有以暴力或暴力威胁行为的抢劫意图事先知情,能够预见到可能发生转化犯罪,仍积极参与共同盗窃、诈骗或抢夺的,或虽然事先不知情,但在他人当场实施暴力或暴力威胁时,积极参与、相互配合的,则应认定其他共犯人的主观认识与实际发生的犯罪结果是一致的,部分实行犯的转化犯罪行为没有超出共同犯罪故意的范围,此时,全案共同转化,均构成抢劫罪。

(二) 结果加重犯与实行过限的认定

结果加重犯,是指"行为人实施的基本犯罪,引起了可归责于行为人的加重结果,刑法对加重结果规定了加重法定刑的犯罪形态"。① 共同犯罪中,如果部分实行犯实施的犯罪行为引起了加重结果,那么,该实行犯的犯罪行为是否属于实行过限?其他共犯应否对加重结果承担责任?本文收集了相关判决,有李宗保等故意杀人、故意伤害案,肖勇等抢劫案,唐家涛等非法拘禁案等②。其中,肖勇等抢劫案比较典型,值得分析。

本案案情为:被告人肖勇、罗伟英伙同文倩、肖润梅密谋抢劫被害人姚某,由肖润梅偷配姚某出租屋的钥匙,肖勇、罗伟英和文倩购买作案工具西瓜刀和绳子。肖润梅将姚某带回该出租屋,由肖勇和文倩、肖润梅使用勒颈、捆绑、塞嘴等暴力方法,抢得姚某现金人民币1200元、移动电话一部、银行存折一本。在逼问银行存折密码不得后,遂由文倩持西瓜刀割姚某的颈部,将其杀害。

广东省广州市中级人民法院判决认为:被告人肖勇、罗伟英以非法占有

---

① 李邦友:《结果加重犯基本理论研究》,武汉大学出版社2001年版,第6页。
② 参见河南省南阳市中级人民法院(2009)南刑二初字第55号,载http://vip.chinalawinfo.com/case/Display.asp?Gid=117707263&KeyWord=李宗保;广东省广州市中级人民法院(2009)穗中法刑二初字第81号,载http://vip.chinalawinfo.com/case/Display.asp?Gid=117686597&KeyWord=肖勇等抢劫案;江苏省镇江市中级人民法院(2006)镇刑一终字第43号,载http://vip.chinalawinfo.com/case/Display.asp?Gid=117675872&KeyWord=唐家涛等非法拘禁案。最后访问日期:2011年3月9日。

为目的，伙同文倩等人以暴力方法，入户抢劫他人财物，致被害人死亡，其行为均已构成抢劫罪。关于被告人罗伟英应否对被害人姚某的死亡结果承担责任。经查，被告人罗伟英参与了事前的抢劫密谋，肖勇和文倩均证实在密谋时肖润梅提出在抢劫后要杀死被害人，在场人罗伟英对此应有明知故意；其次，罗伟英一直供述，其外出购买绳子回到肖润梅的暂住处后，见文倩拿出西瓜刀，还说他以前干过这样的事，其明知文倩、肖勇以西瓜刀和绳子等作为作案工具，仍为该两人传递信息并指认被害人住处，对可能发生的被害人死亡结果亦应有明知的放任故意；最后，罗伟英为同案人准备作案工具、提供信息及指认被害人住处等行为，客观上为同案人实施抢劫犯罪并致被害人死亡均起了辅助作用。综上，罗伟英虽未直接针对被害人实施抢劫行为，在共同犯罪中仅起辅助作用，但其对同案人的抢劫行为可能造成被害人死亡有明知的故意，同案人致被害人死亡的行为对其而言并非实行过限行为，罗伟英应对被害人姚某的死亡的加重结果承担责任。

本案的争议焦点是：在共同抢劫犯罪过程中，对于同案犯罗伟英，被告人文倩杀害被害人的行为是否属于实行过限，被告人罗伟英应否对被害人死亡的后果承担责任？从上述审理意见可见，法官否定了实行过限。

上述判决清楚详细地展示了法官认定实行过限的审理思路，即从主客观两个方面考察，突出主观方面。主要是考察其他共犯对部分共犯的犯罪行为所持有的主观心态如何，现有证据能否证明其他共犯能够预见到加重结果的发生。

结果加重犯的基本犯罪一般都是容易发生严重法益侵害后果的重大犯罪。因为基本犯罪本身包含着引起重的结果的高度危险性，那么，对于所有共谋实施基本犯罪的人来说，他们完全可能认识、预见到加重结果发生的可能性，当然就必须努力避免发生重的结果。[①] 正是由于结果加重犯的基本犯罪具有发生重结果的高度危险性，表明了行为人故意实施基本犯罪时违反注意义务的反社会性格及其人身危险性，立法者将其规定为结果加重犯，意在加重对行为人的惩罚，保护社会。需要注意的是，如果各共同犯罪人在共谋的过程中，明确约定将结果限定在基本犯罪的范围之内，并且依据现场情况，也不可能

---

① 参见［日］大塚仁：《犯罪论的基本问题》，冯军译，中国政法大学出版社1993年版，第254页。

预见到其中某一个行为人会导致加重结果的出现，说明其他共犯人主观上没有罪过，那么，其他共犯人对犯罪事实的主观认识与实际发生的加重结果不一致，属于跨域不同构成要件的共犯错误，属于实行过限。此时，只能由引起加重结果发生的行为人单独承担结果加重犯的刑事责任，其他共犯人不对加重结果承担刑事责任。因为结果加重犯的可罚性，不仅仅在于其自身的高度危险性，行为人对加重结果有罪过，才是对行为人进行处罚的根本原因。

综上所述，在共同犯罪中，各共同犯罪人在实施具有高度危险性的基本犯罪时，可以且应当预见到可能造成的加重结果，但对这种结果的发生持一种放任、容忍的态度，继续利用各种主客观条件，与其他共犯人配合实施基本犯罪而导致了加重结果的发生，无论这种结果的发生是由部分实行犯引起，还是由其他共犯引起，都未超出共同故意的范畴，不成立实行过限。

（三）想象竞合犯与实行过限的认定

想象竞合犯，是指行为人基于一个罪过、实施一个犯罪行为而触犯两个以上罪名的情况。想象竞合犯是实质的一罪、观念上的数罪。其特征表现为一个故意、一个行为触犯数个罪名。在共同犯罪情形下，如果部分实行犯的行为符合想象竞合犯的特征，从一重处断之罪超过其他共犯的预谋故意时是否属于实行过限呢？对于这一问题，司法实务中采取何种判断标准呢？本文收集了相关判决，有薛文勋等故意杀人、爆炸案，的日木干等破坏交通设施、盗窃案，贾建平等爆炸、故意杀人案等①。其中，薛文勋等故意杀人、爆炸案比较典型，其案情如下：

被告人薛文勋因怀疑朱某某有意与其作对，遂产生谋害朱的意图，授意被告人段鑫贵找人对朱某某实施报复，要求卸掉朱"两件子"（指打断其胳膊、腿），并称如果失了手，要了朱的命也行。被告人段鑫贵找到芦青顺（另案处理）共谋杀害朱某某，并带芦查看了朱家的住所方位及朱所乘车的牌号，

---

① 参见山西省高级人民法院刑事判决书，载 http://vip.chinalawinfo.com/case/DisplayContent.asp?Gid=117625521&keyword=薛文勋等故意杀人、爆炸案；西昌铁路运输法院刑事判决书（2006）西铁刑初字第 55 号，载 http://vip.chinalawinfo.com/case/Display.asp?Gid=117525701&KeyWord=想象竞合犯%20共同犯罪；陕西省高级人民法院（1995）陕刑一终字第138号，载 http://vip.chinalawinfo.com/case/Display.asp?Gid=117671854&KeyWord=想象竞合犯%20共同犯罪。最后访问日期：2011 年 3 月 9 日。

指认了朱某某。后芦又找了被告人董加管共谋杀害朱某某。段鑫贵又找了被告人何李俊，让何李俊雇佣杀手。何李俊、董加管共谋使用爆炸方法杀害朱某某。何李俊告诉段鑫贵要使用爆炸方法杀害朱某某，提出要支付购买炸药、雷管的费用，段鑫贵遂将1000元现金交给何李俊。何李俊与董加管将炸药运至朱某某房后点燃引爆，导致朱的妻子郑某某、孙女朱某和职工宋某某被当场炸死，朱本人、朱母郭某某和职工张某某被炸成轻伤；朱某某家周边相邻房屋财产因爆炸受损，直接经济损失130余万元。

临汾市中级人民法院判决认为：被告人薛文勋为泄私愤雇佣杀手谋害他人，在犯罪过程中，既未明确特定的犯罪手段，也未限定犯罪方法，只求犯罪的目的，致使爆炸结果发生，其行为已构成爆炸罪；被告人段鑫贵在薛文勋的授意下，积极寻找杀手，多次策划并勾结他人谋杀被害人朱某某，并指挥他人采用爆炸手段来达到谋杀他人的目的，其行为已构成爆炸罪；被告人何李俊、董加管接受段鑫贵的指使，共同实施爆炸行为，其行为已构成爆炸罪。

山西省高级人民法院判决认为：一审判决对上诉人薛文勋构成爆炸罪的定性不准，依法应予改判。认为上诉人薛文勋为泄私愤，指使段鑫贵找人报复朱某某，"卸掉朱某某两件子（打断胳膊和腿），如果失手死了也行"，其犯罪故意的内容应属明确，即薛虽没有明确具体的犯罪手段，但其明确限定的侵害对象限制了采用可能伤害他人的大面积爆炸手段。段鑫贵、何李俊、董加管为图谋钱财，采用爆炸手段致三人死亡并造成重大财产损失的行为，超出了薛文勋犯罪故意的范围，属于共同犯罪中的实行过限，薛文勋对实行过限造成的后果不应承担全部责任。故薛文勋不构成爆炸罪，应以故意杀人罪（未遂）定罪处罚。

本案的争议焦点是：对于教唆犯薛文勋，实行犯何李俊、董加管的爆炸行为造成的危害公共安全的后果是否属于实行过限？从上述审理意见可见，一审法院认为薛文勋构成爆炸罪，二审法院则认为薛文勋应构成故意杀人罪。认为薛文勋构成爆炸罪的理由是：薛文勋的教唆行为属于概然性教唆，据此，段鑫贵等人所实施的爆炸行为就没有超出薛文勋的教唆范围，不属于实行过限，故而应当对其以（共同）爆炸罪论处；认为薛文勋构成故意杀人罪的理由是：该教唆行为属于选择性教唆，即薛文勋只是教唆段鑫贵找人故意伤害或者杀害朱某某，因此，段鑫贵等人所实施的爆炸行为并不在薛文勋教唆的可供选择的几种犯罪之列,该行为属于实行过限,据此就不能以爆炸罪追究薛文勋的刑事责任。

无论是一审判决还是二审判决,在判断想象竞合犯是否属于实行过限时,都是依据实行犯的行为是否超出共同故意的范围,其他共犯对于实行犯的行为同时侵害的其他犯罪客体是否有预见可能性。不同之处是,一审判决认为薛文勋的教唆故意属于概然性教唆,实行犯实施的行为包含在共同故意的范围内;二审判决认为薛文勋的教唆故意属于选择性教唆,实行犯实施的犯罪行为超出了共同故意的范围。对于概然性教唆与选择性教唆的区别,本文在此不再赘述。本文认为,二审法院的定性意见及其理由是正确的、适当的。被告人薛文勋的教唆故意中犯罪对象是非常明确的,即仅限于被害人朱某某,而不涉及任何其他人。虽然没有明确具体的犯罪手段,但是,并不能理解为可以包括用危害公共安全的爆炸方式去实现其报复意图,因为采用爆炸的方式同时极有可能伤害他人。显然,薛文勋并不具有这一犯意,也就是说,实行犯的爆炸行为及其造成的犯罪结果与教唆犯主观认识到的犯罪事实不一致,属于跨越不同构成要件的共犯错误,属于实行过限。

笔者认为,在判断想象竞合犯实行过限问题时,应依据实行犯的行为是否超出共同故意的范围,其他共犯对于实行犯的犯罪行为同时侵害的其他犯罪客体是否有预见可能性,主观上是否存在故意的认识这一判断标准。如果其他共犯能够预见到部分实行犯在共同犯罪过程中有可能同时侵害到其他客体,主观上存在侵害其他法益的故意,当部分共犯的行为符合想象竞合犯的特点时,所有的共犯人均应当成立想象竞合犯,从一重罪处罚;但是,如果其他共犯对实行犯的行为同时侵害的其他犯罪客体没有预见可能性,主观是不存在故意的认识,部分共犯的想象竞合犯超出了共同故意的范围的,应当成立想象竞合犯的实行过限。

四、结论

本文以"共犯错误理论"作为研究共同犯罪实行过限行为的理论基础,结合司法实务分析,总结、提出共同犯罪实行过限的认定规则如下:

首先,从客观要件出发,考察客观上是否存在共同犯罪行为,如果得出否定结论,则可以直接得出实行过限的结论。其次,从主观要件出发,考察实行犯的犯罪行为是否超出共同犯罪故意的范围。如果得出肯定结论，则属于实行过限。判断是否超出共同犯罪故意的范围，应当分三步进行：

第一步：明确共同犯罪故意的具体内容，为下面判断其他共犯人所认识的共同犯罪事实与部分实行犯实际实施的犯罪事实是否一致做好准备。

第二步：对于超出共同犯罪故意的犯罪行为，其他共犯人是否与实行犯达成了合意，临时形成新的共同犯意。如果得出肯定结论，则不属于实行过限。如果其他共犯人与部分实行犯没有临时形成新的共同犯意，则继续进行下一步的判断。

第三步：判断其他共犯人所认识的共同犯罪事实与部分实行犯实际实施的犯罪事实是否一致。如果其他共犯人所认识的共同犯罪事实与部分实行犯实际实施的犯罪事实是一致的，则否定实行过限。如果其他共犯人所认识的共同犯罪事实与部分实行犯实际实施的犯罪事实不一致，则产生共犯认识错误，按照共犯错误原理解决实行过限问题。具体而言，当错误在同一构成要件范围内，凡是未超出同一构成要件的，可以认定没有超出共同犯罪故意的范围，不属于实行过限。反之，在错误跨越不同构成要件之间的场合，原则上就否定共同犯罪的故意，成立实行过限，即使构成要件是同质的、具有互相重合的部分，但在非互相重合的范围内，不能承认共同犯罪的故意，则在非相互重合的范围内，成立实行过限。

论事后抢劫罪的共犯

姚培培*

关键词

事后抢劫罪　人身犯罪　共犯与身份

内容摘要：事后抢劫罪的共犯要解决的问题是在他人已经实施了盗窃、诈骗、抢夺犯罪行为之后，后行为人在与前行为人进行意思联络后，参与前行为人出于特定目的实施暴力、胁迫行为的情况。讨论事后抢劫罪的共犯问题，前提性问题是要对事后抢劫罪的处罚根据进行释明。通说将事后抢劫罪理解为针对财产犯罪，但是这一理解在解释事后抢劫罪的构成要件时显得捉襟见肘。本文考察了关于事后抢劫罪性质的学说，在借鉴美国刑法理论与司法实践对抢劫罪保护目的演变的基础上，提出了事后抢劫罪旨在保护被害人人身安全的观点。基于本文对事后抢劫罪犯罪性质的理解，本文主张应当在身份犯的意义上理解事后抢劫罪，即作为前罪的盗窃、诈骗、抢夺行为并不是事后抢劫罪的实行行为之一部分，而是表明实施暴力、胁迫侵害被害人人身安全的行为人身份。因此，应当以共犯与身份为理论根据解决事后抢劫罪

---

* 作者单位：日本京都大学法学研究科。本文是在作者硕士学位论文的基础上修改而成，本文获中国国家留学基金管理委员会"国家建设高水平大学公派研究生项目"资助，项目文号为"留金发（2016）3100号"。

的共犯问题。根据因果共犯论，由于无身份者也可以通过参与有身份者的行为对身份犯的保护法益产生侵害，因此非盗窃、诈骗、抢劫罪的犯人通过对事后抢劫罪暴力、胁迫行为的参与也可以构成事后抢劫罪的共犯，而且根据其参与形态及程度可以分别构成帮助犯、教唆犯甚至共同正犯。

一、问题的提出

我国刑法第 269 条规定："犯盗窃、诈骗、抢夺罪，为窝藏赃物、抗拒抓捕或者毁灭罪证而当场使用暴力或者以暴力相威胁的，依照本法第二百六十三条的规定定罪处罚。"理论上将本条的规定称为事后抢劫、准抢劫或者转化型抢劫。作为本文探讨对象的事后抢劫罪的共犯，是指事前并无通谋，后行为人在前行为人实施了盗窃、诈骗、抢夺行为（下文称为"前罪"）[①] 之后中途参与进来，在意思联络之下，参与前行为人实施暴力或者以暴力相威胁行为的情况。此时，如何认定未实施盗窃等前罪的后行为人的责任成为问题。

[案例 1] 因 A 认为其妹夫与被害人 C 有不正当男女关系，遂邀约 B 一同去 C 家找她麻烦。B 将 C 喊出家门后，A 在楼梯间处就其妹夫与 C 的关系一事对 C 进行责骂并扇了 C 一记耳光。后趁 C 不备，A 快速将 C 价值 2000 余元的黄金项链和手机抢走。B 在旁目睹了 A 抢走项链和手机的全过程。C 随即追赶，在底楼处追上 A 并抱住不让其逃跑。B 随后赶上，见状上前帮助 A 拉开 C，二人随即逃走，B 未分得任何财物。

对于案例 1 中的 B，有观点认为其构成事后抢劫罪的共犯。[②] 其主要理由是：第一，B 使用了暴力，而这个暴力达到了让被害人不能反抗或者不敢反抗的结果，属于抢劫罪中的暴力；第二，B 的行为具有当场性，属于刑法第 269 条规定的"转化型抢劫"；第三，B 属于事中通谋的共同犯罪。

本文认为上述分析过于形式化，未能把握问题的关键。首先，B 实施的暴力并未达到让被害人不能反抗或者不敢反抗的结果。在本案中，B 仅仅是

[①] 关于事后抢劫罪前罪的范围存在不同的立法。日本刑法仅规定为"窃盗"；我国台湾地区"刑法"将其规定为"窃盗或抢夺"，我国大陆地区刑法则规定为"盗窃、诈骗、抢夺"。本文以下讨论均以前罪为盗窃罪的情况为例，其结论也适用于前罪为诈骗、抢夺的情况。特请注意。

[②] 参见王冉：《事中通谋的转化型抢劫共犯的认定》，载《中国检察官》2013 年第 10 期。

上前拉开抱住 A 的 C，拉开 C 后两人随即逃走，B 或 A 都并未实施进一步的暴力，因此很难说其暴力达到了让被害人不能反抗或者不敢反抗的结果，更遑论抢劫罪中的暴力。另外，认为 B 属于事中通谋的共同犯罪也存在疑问。所谓事中通谋的共同犯罪，实际上是指承继共犯，两者的内涵与外延是一样的。我国通说认为事中通谋的共同犯罪是共同犯罪人在"着手实行犯罪后临时形成的"①；而承继共犯是指在先行为人着手实行犯罪但终了之前，后行为人在与先行为人形成相互意思联络的基础上参与犯罪的场合。② 可见论者是在承继共犯肯定说的立场上论证 B 构成事后抢劫罪。然而，承继共犯肯定说本身具有诸多疑问，否定说的观点越来越有力，③ 能否以此为理论根据讨论 B 的刑事责任，大有商榷的余地。

对于事后抢劫罪的共犯问题的处理，传统上存在两条路径，第一条路径是将事后抢劫罪作为身份犯来理解（本文以下称之为"身份犯说"），这一路径的特色在于将盗窃等前罪视为事后抢劫罪的身份要素，只将暴力、胁迫作为事后抢劫罪的实行行为，因此主张对于仅参与事后抢劫罪中暴力、胁迫的参与人，根据共犯与身份的原理来解决。在我国，主张身份犯说的代表学者为黎宏教授④等⑤。第二条路径（即"非身份犯说"）认为盗窃等前罪也是事后抢劫罪的实行行为，主张应当从结合犯、承继共犯等角度来解决事后抢劫罪共犯的刑事责任问题。在我国，主张非身份犯说的有张明楷教授、⑥ 陈洪兵博士⑦等。探讨事后抢劫罪的共犯问题，不仅在实践上会为正确认定仅参与暴

---

① 参见高铭暄、马克昌主编，赵秉志执行主编：《刑法学》，北京大学出版社、高等教育出版社 2016 年版，第 169 页。
② 参见［日］西田典之：《承继的共犯——部分的関与者の罪責の範囲》，载［日］西田典之：《共犯理論の展開》，成文堂 2010 年版，第 214、215 页。
③ 参见陈洪兵：《承继共犯否定论：从因果共犯论视角的论证》，载陈兴良主编：《刑事法评论》第 25 卷，北京大学出版社 2009 年版，第 414~431 页；钱叶六：《共犯论的基础及其展开》，中国政法大学出版社 2014 年版，第 142 页；姚培培：《承继共犯论的展开》，载陈兴良主编：《刑事法评论》第 40 卷，北京大学出版社 2017 年版，第 134~141 页。
④ 参见黎宏：《论事后抢劫罪的若干问题》，顾军主编，贾瑞生、黎宏副主编：《侵财犯罪的理论与司法实践》，法律出版社 2008 年版，第 111、112 页。
⑤ 参见刘明祥：《财产罪比较研究》，中国政法大学出版社 2001 年版，第 142、143 页；郑泽善：《转化型抢劫罪新探》，载《当代法学》2013 年第 2 期。
⑥ 参见张明楷：《事后抢劫的共犯》，载《政法论坛》2008 年第 1 期。
⑦ 参见陈洪兵、周荣春：《事后抢劫的共犯论展开——以日本承继共犯及共犯与身份相关理论为视角》，载《山西警官高等专科学校学报》2008 年第 1 期。

力、胁迫行为的行为人合理认定刑事责任提供指导，而且在理论上，对于我国正确理解事后抢劫罪的罪质、身份犯的认定标准以及身份犯共犯问题的处理都具有重要意义。

本文认为，对事后抢劫罪共犯问题的处理，应当把握的一个大原则是必须能够与作为共犯处罚根据的因果共犯论（引起说）相整合。因果共犯论的基本观点在于，之所以要处罚共犯，既不是因为共犯使他人陷入受到罪责谴责的境地，也不在于单纯因为其参与了他人的不法行为就要处罚，而是因为共犯通过对他人（不法）行为的参与，间接或者共同地引起了法益侵害结果。① 因此，事后抢劫罪中仅参与暴力、胁迫行为的行为人能否成立事后抢劫罪的共犯，就取决于其参与行为是否侵犯了事后抢劫罪的保护法益。关于事后抢劫罪的保护法益，通说认为其是财产犯罪。然而，财产犯罪说在对事后抢劫罪的构成要件进行解释时，却不能起到合理的指导作用。因此，重新检讨事后抢劫罪的保护法益，释明法律规定处罚事后抢劫罪的实质根据，将极大有利于对事后抢劫罪共犯问题的解决。

基于上述问题意识，本文首先将对事后抢劫罪的处罚根据进行探讨，在论证事后抢劫罪的主要保护法益为被害人的人身安全之后，紧接着对非身份犯说的各种学说进行介绍与评析，指出各学说之中的不足，进而重新主张应当以共犯与身份为路径来解决事后抢劫罪的共犯问题，最后结合具体类型得出根据共犯与身份的原理，不具有盗窃犯身份的人参与事后抢劫罪中暴力、胁迫的，应当分别构成事后抢劫罪的帮助犯、教唆犯或者共同正犯的结论。

二、事后抢劫罪的处罚根据

（一）财产犯罪说及其困境

张明楷教授认为，刑法第 269 条关于事后抢劫罪的规定属于法律拟制，②

---

① 参见张明楷：《行为无价值论与结果无价值论》，北京大学出版社 2012 年版，第 236、237 页；周光权：《犯罪论体系的改造》，中国法制出版社 2009 年版，第 233～236 页；杨金彪：《共犯的处罚根据》，中国人民公安大学出版社 2008 年版，第 240 页；陈洪兵：《共犯论思考》，人民法院出版社 2009 年版，第 12 页。

② 参见张明楷：《刑法分则解释原理》（下），中国人民大学出版社 2011 年版，第 632 页。

【专题研讨】

至于刑法为什么设置法律拟制，张明楷教授给出两个理由：其一，形式上的（外在的）理由是基于法律经济性的考虑，避免重复；其二，实质上的（内在的）理由是基于两种行为本质的相似性。① 一般认为，在盗窃犯人出于事后抢劫的目的而实施暴行、胁迫的时候，从实质上看，可以评价为具有与抢劫罪"同等同质"的危险性和违法性。② 然而，这样的理由并不充分，因为如果仅仅满足于事后抢劫罪与抢劫罪相似这样一种粗枝大叶层次的论证的话，在解决边缘性案件的时候，就会有陷入因为看上去与抢劫罪相似所以应该就满足其成立要件这样一种颠倒化论证的危险。③ 因此，将两者的相似性具体化十分有必要。

日本及我国刑法理论均认为事后抢劫罪的本质仍然属于财产犯罪。张明楷教授认为，按照现行刑法的规定，事后抢劫罪也具有财产犯罪的性质，因为事后抢劫的前罪是盗窃等财产犯罪，其既遂与否也取决于先前的财产犯罪是否既遂。④ 此观点的逻辑在于，既然事后抢劫罪的既遂、未遂要根据盗窃罪的既遂、未遂来确定，而盗窃罪是财产犯罪，所以事后抢劫罪也是财产犯罪。

然而，这种观点并不能成立。首先，该观点存在方法论上的问题。既遂、未遂等犯罪形态的解释应当建立在明确犯罪侵害法益的基础之上，换言之，正确的逻辑应当是先确立某一犯罪侵害的法益，而后再以此为根据确立犯罪形态的认定标准，而不是相反。另外，这种观点内部也自相矛盾。根据日本判例及通说认定事后抢劫罪犯罪形态的标准，在盗窃既遂后使用暴力、胁迫但财物最终还是被夺回的场合，也要认定为事后抢劫罪的既遂。⑤ 然而，既然财物最终已经被夺回，就意味着行为人并未造成财产遭受侵害的实害结果，对这种情况也要认定为既遂的话，就与作为事后抢劫罪本质的财产犯罪说相矛盾。

西田典之教授主张从暴力、胁迫行为作为确保财物不被追回的角度来论

---

① 参见张明楷：《事后抢劫罪的成立条件》，载《法学家》2013年第5期。
② 参见［日］安井哲章：《事後強盗罪の基本概念》，载《法学新报》第113号1、2卷（2006），第366页。
③ 参见［日］近藤和哉：《事後強盗罪の根拠と解釈》，载《神奈川ロージャーナル》第5号（2012），第25页。
④ 张明楷：《事后抢劫罪的成立条件》，载《法学家》2013年第5期。十河太朗教授也持此观点，参见［日］十河太郎：《事後強盗罪の本質》，载《同志社法学》第62卷6号（2011），第456页。
⑤ ［日］山口厚：《刑法各論》（第2版），有斐閣2010年版，第230页。

75

证事后抢劫罪的财产犯罪属性,认为"在盗窃犯人获得财物后为了确保此财物而施加暴行、胁迫的场合,实质地看,能够将其评价为通过暴行、胁迫而获得财物,因而与抢劫罪作相同的处断"。① 换句话说,此说认为作为确保由盗窃而获得的财物的手段的暴行、胁迫行为,与普通抢劫罪中作为取得财物手段的暴行、胁迫行为,在规范上能够做相同考虑,因而事后抢劫罪具有财产犯罪属性。②

然而,本说也有商榷的余地。第一,无法与通说和判例观点相整合。根据此观点,在出于确保财物不被追回而使用暴力、胁迫行为的场合,如果最终没能够成功确保财物而使得财物被追回的,应当构成事后抢劫罪未遂,而非既遂,然而这一结论与日本刑法理论通说与判例观点不一致。第二,本说以暴力、胁迫的对象具有要求盗窃犯人返还财物的返还财物请求权为前提,既然如此,在盗窃犯人针对财物失主以外的第三人施加暴力、胁迫的场合,由于第三人并无返还财物请求权这一财产性利益,就不能还原成利益抢劫罪,也就不应当成立事后抢劫罪。这样的理论归结显然并不合理。第三,由于财物失主的财物返还请求权并不随着时间的推移而丧失,即便在行为人盗窃一个月或者半年后,行为人为防止失主取回财物也可以说侵犯了失主的返还请求权这一份财产性利益,正如十河太郎教授所说:"防止财物被追回的行为在盗窃机会以外也可能实施",③ 这样就会使得事后抢劫罪的"盗窃机会的继续性"(在中国刑法中就是"当场性"要件)要件丧失存在基础。最后并且也是最致命的一点在于,事后抢劫罪中的暴行、胁迫行为并不限于出于防止财物被追回的场合,在盗窃未遂犯出于抗拒抓捕或者毁灭罪证而使用暴力、胁迫的场合,由于不能说此时的暴行、胁迫具有确保财物的效果,因而很难说这两种情况的事后抢劫罪具有财产犯罪的性质。正因为如此,佐伯仁志教授也不得不承认这两种情况的事后抢劫罪是出于保护人身安全目的而作出的规定。④

---

① [日]西田典之著、橋爪隆補訂:《刑法各論》(第7版),弘文堂2018年版,第191页。
② 同样采取此观点的还有[日]佐伯仁志:《事後強盗罪の共犯》,载《研修》第632号(2001),第6、7页。
③ 参见[日]十河太郎:《事後強盗罪の本質》,载《同志社法学》第62卷6号(2011),第461页。
④ 参见[日]佐伯仁志:《事後強盗罪の共犯》,载《研修》第632号(2001),第6~8页。

还有观点认为，既然在盗窃未遂行为人出于抗拒抓捕、毁灭罪证而使用暴力、胁迫的行为并不具有财产犯罪属性，因而主张事后抢劫罪的主体应当仅限于盗窃既遂犯。在盗窃既遂的场合，即便行为人出于抗拒抓捕、毁灭罪证而使用暴力、胁迫，也可以还原为具有防止财物被追回的效果，因而在构成利益抢劫罪的意义上，论证事后抢劫罪具有财产犯罪的属性。①

本文认为这种观点也同样不能获得赞同。首先，既然法律就事后抢劫罪明确规定了为抗拒抓捕、毁灭罪证而使用暴力、胁迫的情形，将其限定在能够还原为防止赃物被追回的效果就违反了法条的基本文言。其次，从法条表述上来看，在抗拒抓捕、毁灭罪证的场合，完全有可能是盗窃未遂犯所实施，将此情况排除在事后抢劫罪之外不具有合理性。② 最后，这种观点会使得事后抢劫罪的条款成为多余的"废条"。因为当行为人以暴力、胁迫手段迫使他人免除自己返还财产时，直接认定为利益抢劫罪即可，如此事后抢劫罪就变得多余。

通过上述考察可以看出，要论证事后抢劫罪具有财产犯罪的属性，是极其困难的。第一，在盗窃既遂行为人出于窝藏赃物而实施暴力、胁迫的场合，如果将财物的返还请求权看作被侵害法益，则这种情况本身就构成针对利益的抢劫罪，那么事后抢劫罪就成为多余的条款；第二，如果着眼于事后抢劫罪侵犯被害人对财物的返还请求权这一点，那么即便在盗窃行为过去很久之后，为防止失主取回财物而使用暴力的，也可以说由于侵犯了财物返还请求权而构成事后抢劫罪。这样就无法解释我国刑法规定的"当场"的要求；第三，在盗窃未遂行为人出于抗拒抓捕、毁灭罪证而实施暴力、胁迫行为的场合，由于并不能成功论证暴力、胁迫行为具有侵犯财产的性质，也很难说这种情况属于财产犯罪。

对于事后抢劫罪，我国刑法规定的法律后果是"依照本法第263条的规定定罪处罚"。也就是说，根据我国刑法，事后抢劫罪要按照抢劫罪进行处罚，其作为抢劫罪的一种，在犯罪性质以及刑罚适用上必须与抢劫罪具有一

---

① 松官孝明教授指出，事后抢劫罪中增加了脱免逮捕、隐匿罪证的目的，有反思的余地，参见[日]松官孝明：《刑法各論講義》（第5版），成文堂2018年版，第232页。

② 我国司法实践也认为盗窃未遂为抗拒抓捕而当场使用暴力的构成事后抢劫罪，指导案例第321号穆文军抢劫案便是这样的情况。参见黄尔梅、熊选国主编：《刑事审判参考》第41集，法律出版社2005年版，第8~11页。

致性。① 因此，事后抢劫罪作为抢劫罪的一种，其本质与保护法益就应当以抢劫罪为标准。以下，将对抢劫罪的犯罪性质进行探讨，在此基础上来确定事后抢劫罪的犯罪性质。

（二）抢劫罪保护法益探讨

关于抢劫罪保护法益，传统观点认为是财产，理由在于：第一，从体系性位置上来看，抢劫罪多规定在侵犯财产犯罪的标题之下，因此不得不认为其保护法益在于财产；② 第二，从实质上看，犯罪人实施抢劫行为的主要目的是劫取财产，并且手段行为的"胁迫与其他方法"通常只是使被害人的心理产生恐惧，并无实际的人身伤害，实际结果也往往是造成了被害人的财产损失，所以犯罪行为主要侵害的法益在于财产。③

然而，这两点理由并非毫无商榷之处。对于第一点从体系性位置来推断抢劫罪保护法益的判断方法，本文表示赞同。但是，本文认为，在我国抢劫罪虽然被安排在分则第五章侵犯财产罪一章中，但应该注意到它被安排在该章第一个位置，而分则第四章正是侵犯公民人身的犯罪，由此可以推断在立法者看来，抢劫罪属于兼具侵犯人身法益与侵犯财产法益的犯罪，因此就抢劫罪保护法益采纯粹财产说的观点不能成立；另外，我国刑法第20条第3款将抢劫罪与杀人、强奸、绑架等犯罪并列，而且中心语为"严重危及人身安全的暴力犯罪"，这也意味着抢劫罪具有强烈的人身犯罪属性。④ 第二点关于以犯罪目的推断犯罪性质的做法为本文所不取。首先在原理上，既然犯罪的本质在于侵害法益，那么犯罪性质就应当由该犯罪所引起的法益侵害性为依据进行判断，而非行为人的犯罪目的。例如，在绑架罪中，行为人控制被害

---

① 日本也同样如此，参见［日］川端博：《刑法各論講義》（第2版），成文堂2010年版，第336页。
② 参见王作富：《刑法分则实务研究》（中），中国方正出版社2013年版，第897页。
③ 参见金泽刚、张正新：《抢劫罪详论》，知识产权出版社2013年版，第51页。
④ 其实，在大众观念中，提到抢劫（或者强盗）也往往更容易与人身安全犯罪相联系。例如，在最高人民检察院与最高人民法院的工作报告中，杀人、抢劫、绑架往往是联系在一起的，可见抢劫罪的暴力侵害人身安全犯罪性质更加浓厚。参见《最高人民法院工作报告（全文实录）》，载人民网：http://lianghui.people.com.cn/2016npc/n1/2016/0313/c403052—28194909.html，最后访问日期：2016年3月19日；《最高人民检察院工作报告（全文实录）》，载 http://lianghui.people.com.cn/2016npc/n1/2016/0313/c403052—28194961.html，最后访问日期：2016年3月19日。

人人身自由的目的是向关系人提出不法要求,若以目的来推断犯罪性质的话,在行为人提出勒索财物的要求时,绑架罪就成了财产犯罪了,这显然并不妥当。最后,抢劫罪中暴力手段造成被害人人身、生命受到损害的情况并不少见,胁迫也使得被害人的意志自由受到损害,因此并不能否认抢劫罪具有侵犯人身的一面。

或许我们可以从美国刑法中得到若干借鉴。在普通法上,盗窃犯人为了从现场逃走而使用暴力、胁迫的,不能追究其抢劫罪的责任。作为抢劫罪成立要件的暴力、胁迫行为必须先于财物夺取行为或者与之同时。因此,在盗窃(by stealth)、诈骗(by fraud)、抢夺(by sudden snatching)财物之后,为了防护赃物(retain the property)、成功脱逃(make good his escape)而使用暴力或者威胁,不构成抢劫罪。① 至于为何提出这种要求,其背后的理论根据还是在于将抢劫罪作为侵犯财产的犯罪来把握。换言之,普通法认为,要成立抢劫罪,暴力、胁迫行为必须作为夺取财物的手段而实施,只有如此才能体现抢劫罪侵害财产的特点。

然而,这种看法受到了理论和实践上的挑战。根据美国《模范刑法典》规定,抢劫罪中的暴力、威胁只要发生在"实施盗窃的过程中"(in the course of committing a theft)即可,而所谓"实施盗窃的过程中"又包括"盗窃未遂时"(in an attempt to commit theft)或者"盗窃未遂或既遂以后逃跑时"(in flight after the attempt or commission)。这样,在行为人盗窃既遂或未遂之后,为了防止财物被夺回、成功逃跑而使用暴力、胁迫的,构成抢劫罪。美国学者认为,这一规定的理由是,被告人对妨碍其逃跑的人使用暴力,就表明如果盗窃的时候有必要,他也会使用暴力。② 换言之,在这种立法例下,抢劫罪的核心因素在于暴力、胁迫行为,而并非侵犯财产。因此,与其说抢劫罪是侵犯财产的犯罪,更不如说是侵犯人身的犯罪。例如在 State v. Jordan 案中,Wolle 法官指出,艾奥瓦州法中的抢劫罪并不受普通法定义的限制,根据本州法律,盗窃犯人为了从现场逃走对他人施加暴力的也作为抢劫罪加以处理。③ 又比如在 Messina v. State 案中,被告人窃取了被害人放

---

① See Wayne R. LaFAVE, Criminal Law, 5th edition, West Group, 2010, p.1059.
② See Mattew Lippman, Contemporary Criminal Law: Concepts, Cases and Controversies, 3rd edition, Sage Publication, Inc., 2013, p.459.
③ See State v. Jordan, 409 N.W. 2d 184 (Iowa 1987).

在购物车上的钱包后,被害人上前追赶。当被害人追上被告人时,被告人已经钻进自己的车里并关上了车门。于是被害人爬上汽车发动机盖上,试图阻止被告人逃跑。被告人突然急转弯把被害人甩了下来,造成被害人脚部骨折等伤害。对此,法院认为本案从拿走钱包到被害人摔伤是一个连续不断的过程,因此被告人故意将被害人从车上甩下来,属于"在盗窃的过程中",因而判决被告人构成抢劫罪。① 另外,在 People v. Borghesi 案中,被告人在收银处对两名收银员实施胁迫以获得他们雇主的钱,对此法院基于此案中人身安全受威胁的被害人有两人这一事实,认定被告人构成两个抢劫罪。② 在 Jordan v. Commonwealth 案中,法院也指出抢劫罪法条文言"提示出立法机关的主要目的在于保护在抢劫犯罪中的个人免于受到暴力或伤害威胁"。③ 在 Degler v. State 案中,法院更是旗帜鲜明地指出"抢劫罪本质上属于针对人身的犯罪,其并非财产犯罪"。④ 正因为如此,LaFave 教授指出,美国现今的趋势是将抢劫罪看作一种针对人身而非财产的犯罪。⑤ 事实上,美国 FBI 就是将抢劫罪归类为侵犯人身的暴力犯罪。⑥ 这也说明抢劫罪的人身犯罪属性更加明显。

  通过以上考察可以看出,抢劫罪的保护法益并非仅仅是财产法益,同时也包含人身安全。正因为如此,我国刑法通说认为,抢劫罪侵犯的是复杂法益,既侵害了他人的财产权利,又侵犯了他人的人身权利。⑦ 在美国刑法中,模范刑法典将我国刑法中的普通抢劫罪与事后抢劫罪均规定在抢劫罪的条款中,突出体现了抢劫罪保护法益的双重性。美国各州的判例也体现出抢劫罪的人身犯罪性质。在我国刑法中,在第 263 条基本罪状规定普通抢劫罪之外,又在第 269 条规定事后抢劫罪,其要旨便是在财产法益之外,更进一步保护

---

① See Mattew Lippman, Contemporary Criminal Law: Concepts, Cases and Controversies, 3rd edition, Sage Publication, Inc., 2013, pp.461~462.
② See People v. Borghesi, 66 P. 3d 93 (Colo. 2003).
③ See Jordan v. Commonwealth, 2 Va. APP. 590, 347 S. E. 2d 152, 155 (1986).
④ See Degler v. State, 741 P. 2d 659 (Alaska App. 1987). 在本案中,被告人以其并未实际获得财物这一事实主张自己应当构成抢劫未遂因而得以减轻其刑提出上诉,上诉法院基于抢劫罪属于人身犯罪而驳回了此项上诉请求。
⑤ See Wayne R. LaFAVE, Substantive Criminal Law, 2nd edition, Thomson/West, 2003, §20.3, note 3.
⑥ 参见刘士心:《美国刑法各论原理》,人民出版社 2015 年版,第 252 页。
⑦ 参见黎宏:《刑法学各论》,法律出版社 2016 年版,第 294 页;高铭暄、马克昌主编、赵秉志执行主编:《刑法学》,北京大学出版社、高等教育出版社 2016 年版,第 492 页。

由财产犯罪所造成的紧迫对立状态中被害人的人身法益。

(三) 自说的提出与论证

本文认为，事后抢劫罪之所以会产生诸多难题，在于传统观点均固守事后抢劫罪作为抢劫罪的一种，必须具有财产犯罪的性质这一看法。一旦将事后抢劫罪作为财产犯罪来把握，就会出现无法解释盗窃未遂时使用暴力、胁迫以及对非财产权利人使用暴力、胁迫等情况，不得不将盗窃行为作为事后抢劫罪的实行行为但又容易造成事后抢劫罪未遂范围过于宽泛等一系列问题。事实上，我国刑法第 269 条的事后抢劫罪是对第 263 条普通抢劫罪的补充，其是为了保护在财产犯罪所造成的紧迫对立状态中，被害人的人身安全不受财产犯罪人侵害的权利这一份法益。理由如下：

第一，在盗窃等前罪未遂的情况下，行为人出于抗拒抓捕或者毁灭罪证而实施暴力、胁迫行为而构成事后抢劫罪的，并不具有财产犯罪的性质，理论上不得不认可这一点。持结合犯说的岛田聪一郎教授也认为，在盗窃未遂的场合，在施加暴行的时点，由于构成要件完全实现的可能性已经不存在了，关于成立事后抢劫罪未遂也有疑问的余地。① 事实上，岛田教授之所以感到如此为难，原因还是在于其将事后抢劫罪理解为对财产的犯罪。只要将事后抢劫罪理解为对人身的犯罪，在盗窃未遂的情况下，行为人实施暴行、胁迫行为由于侵犯了被害人人身安全因而就能顺理成章地成立事后抢劫罪。

第二，在盗窃等前罪既遂而行为人出于窝藏赃物而实施暴力、胁迫行为而构成事后抢劫罪的，其保护目的仍然不在于保护财产。如前所述，主张财产犯罪说的观点多认为在窝藏赃物类型的事后抢劫罪中，由于行为人的暴力、胁迫行为阻碍了被害人追回财物，因而侵犯了失主的返还财物请求权，因而能够认定成立利益抢劫罪。可是，如前所述，即便是在行为人出于窝藏赃物而对并非失主的第三人实施暴力、胁迫的场合，虽然第三人并没有返还财物请求权，也要认定行为人构成事后抢劫罪，对此财产犯罪说无法给出合理说明。只有将其评价为针对人身的犯罪，才能使事后抢劫罪也包含对并非失主的第三人实施暴力的情形。

---

① 参见 [日] 岛田聪一郎：《事後強盗罪の共犯》，载《現代刑事法》第 4 卷第 12 号 (2002)，第 22 页，注 23。

第三，只有将事后抢劫罪理解为侵犯人身的犯罪，才能妥当划定"当场"的范围。我国刑法就事后抢劫罪构成要件行为规定的是"当场"使用暴力或者以暴力相威胁，这就意味着要成立事后抢劫罪，并非只要具有侵犯财产的属性就足够了。通说认为，"当场"是指实施盗窃、诈骗、抢夺的现场，或者刚一逃离现场即被人发现和追捕的过程中。① 换言之，"当场"是综合表示时间与空间的概念，只有当暴力、胁迫与盗窃等行为同时具有时间与空间上的紧密性时，才能认定为"当场"。② 至于为什么对事后抢劫罪提出"当场"的要求，单纯的财产犯罪说无法解释。只有将事后抢劫罪理解为侵犯人身的犯罪，才能够对"当场"要件作出合理解释。从被害人视角观察，在发生财产犯罪时，即便是在财产犯罪已经既遂后，被害人仍有为取回财物实施暴力而成立正当防卫的余地。③ 而在此时，行为人往往为求脱身而对此进行反抗。法律为保护正当防卫人的人身权利，而对以暴力、胁迫行为反抗此正当防卫的行为人科以抢劫罪的刑罚，从而确保正当防卫人的防卫权利。另外，根据我国刑事诉讼法第 82 条和第 84 条的规定，对于正在实行犯罪或者在犯罪后即时被发觉的人，公民具有将其立即扭送的权利，公安机关具有对其进行先行拘留的权力。在财产犯罪形成的正当防卫人、扭送人或者警察与行为人的对立状态中，为了成功获得财物、得以脱身或者毁灭罪证，行为人对此类行为的反抗往往具有较大的人身伤害性，因而法律设置事后抢劫罪对此行为予以禁止，从而实现对被害人人身的保护。正如山口厚教授所说，盗窃机会继续性要件中，"由盗窃行为所造成的混乱状况、紧迫对立状况的持续性是必要的"。④ 这种对立状态是时间要素与空间的综合，即实施盗窃、诈骗、抢夺的现场以及行为人刚离开现场即被他人发现并抓捕。⑤ 如果追捕已经中断、结束或者行为人作案时未被发现和追捕，换言之，一旦行为人踏入安全圈以内，即便后来出于其他原因又重新回到作案现场，由于其先前的盗窃等财产犯罪行为所造成的对立状态已经结束，因此不得认定为"当场"，此时使用暴力、

---

① 参见高铭暄、马克昌主编，赵秉志执行主编：《刑法学》，北京大学出版社、高等教育出版社 2016 年版，第 495 页。
② 张明楷：《事后抢劫罪的成立条件》，载《法学家》2013 年第 5 期。
③ 参见张明楷：《刑法学》，法律出版社 2016 年版，第 202 页。
④ ［日］山口厚：《事後強盗罪の成立範囲》，载《法学教室》第 296 号（2005），第 129 页。
⑤ 参见黎宏：《刑法学各论》，法律出版社 2016 年版，第 300 页。

胁迫的，不能构成事后抢劫罪。而只有将事后抢劫罪的保护法益理解为人身安全，才能得出此结论。

第四，从比较法与法律沿革的角度也可以得出事后抢劫罪的保护法益在于人身安全的结论。《德国刑法典》第252条规定了相当于事后抢劫罪的抢劫式盗窃罪，"盗窃犯当场被察觉，对他人施以暴力或以身体或生命之现在危险相胁迫，以为自己防护所窃利益之占有的，与抢劫等同处罚之"。由于其明文规定必须出于"为自己防护所窃利益之占有"，因而必须将其理解为侵犯财产的犯罪。日本1880年公布的旧刑法对事后抢劫罪仅规定了出于"防止财物被返还"的目的，而并未规定出于"抗拒抓捕、毁灭罪证"目的，立法理由书对这一选择的解释是"后两种情形会使得事后抢劫罪作为财产犯罪的性格消失"。① 然而，日本与我国现行刑法却规定了后两种情形，这就说明立法者已经选择放弃了对事后抢劫罪属于财产犯罪这一观点的固守。对此，只能解释为事后抢劫罪的保护法益已经发生变化，即从财产犯罪转变为重点保护人身安全的犯罪。

三、非身份犯说的疑问

（一）承继共犯肯定说

甲盗窃了被害人A的财物，A当场发现并抓捕甲以便夺回被盗财物，甲为了窝藏赃物，在逃跑的过程中对A实施暴力；没有参与盗窃行为的乙知情后，与甲共同对A实施暴力。

对于上述案例，张明楷教授主张"以承继共犯解决本问题且持肯定说"，② 即认为乙构成事后抢劫罪的承继共犯。周光权教授同样也认为："在他人盗窃之后，为窝藏赃物而逃跑时，行为人帮助盗窃犯逃跑，对追赶的失主使用暴力的，是抢劫罪正犯。"由于周光权教授是在相续的共同正犯（承继的共同正犯——此为引者所加）的标题下探讨本问题，可以认为周教授也是主张以承

---

① 参见［日］松宫孝明：《刑法各論講義》（第5版），成文堂2018年版，第233页。
② 张明楷：《事后抢劫的共犯》，载《政法论坛》2008年第1期。

继共犯来解决本问题并持肯定说。① 而周教授在《刑法各论》的教材中，则更是旗帜鲜明地主张后行为人构成准抢劫罪的共同正犯（承继的共同正犯——此为原文内容）。② 就事后抢劫罪的共犯持承继共犯肯定说的观点还有很多。③

我国司法实践在承继共犯的问题上也持肯定说。例如，在第491号指导案例侯吉辉、匡家荣、何德权抢劫案中，被告人匡家荣、侯吉辉将被害人俞彩凤杀死后，何德权仅参与了暴力行为结束后的搜取财物的行为。对于本案中何德权的刑事责任，法院认为，何德权在明知侯、匡二人为抢劫而实施暴力并已致被害人死亡的情况下，应匡家荣的要求参与侯、匡二人共同非法占有被害人财物的行为，系在抢劫犯罪过程中的帮助行为，亦构成抢劫罪的共同犯罪，在共同犯罪中起辅助作用，系从犯。其行为亦侵犯了公民的人身权利和财产权利，应依法惩处。因其在被害人死亡前并无与侯、匡二人共同抢劫的主观故意和客观行为，故对其应适用刑法第263条一般抢劫罪的规定予以处罚。在本指导案例的裁判理由中，撰写者认为，在事先无共谋的情形下，行为人在他人共同犯罪的过程中，临时起意参与他人共同犯罪行为的，应当区别两种情况分别定罪：一种是行为人在不知道他人前期犯罪行为的具体动机、目的、性质的情况下，参与他人后续犯罪行为。如果行为人在主观犯罪故意的内容上与他人并不一致，则应当根据主客观一致的原则，结合行为人主观故意的内容和实施的客观行为，确定其具体罪名；另一种是行为人虽然在事先未与他人形成共同犯意，但其在明知他人犯罪性质的情况下，于事中参与了他人犯罪的后续行为。其行为一方面形成事中对他人犯罪目的的认可和主观故意内容上的沟通，另一方面其客观行为对他人实现犯罪目的起到了积极帮助作用，根据主客观相一致的定罪原则，应与他人以共同犯罪论处。④ 由此可见，我国司法实践在承继共犯问题上偏向于肯定说。

---

① 参见周光权：《刑法总论》，中国人民大学出版社2011年版，第220、221页。周光权教授在其2016年版总论教材中就承继共犯问题采完全否定说，因此删去了第2011年版教材中的这部分论述，参见周光权：《刑法总论》，中国人民大学出版社2016年版，第332、333页。
② 参见周光权：《刑法各论》，中国人民大学出版社2011年版，第86页。周光权教授在其2016年版各论教材中删去了这部分论述，参见周光权：《刑法各论》，中国人民大学出版社2016年，第106、107页。
③ 参见王永国：《转化型抢劫罪中的共犯认定问题研究》，载《学理论》2010年第29期。
④ 参见南英主编：《中国刑事审判指导案例4·侵犯财产罪》，法律出版社2012年版，第205～209页。

本文也不赞同以承继共犯肯定说为理论根据来解决事后抢劫罪的共犯问题。理由在于：

第一，承继共犯肯定说违背了因果共犯论。作为共犯处罚根据论的因果共犯论认为，之所以处罚共犯，在于共犯与正犯一样都具有法益侵害性，正犯是直接侵害法益的人，共犯则是通过正犯间接或者共同侵害法益的人。换言之，不管是正犯还是共犯，都只对自己提供了因果贡献的结果承担责任。根据常识，因果关系具有先后性，行为人也就只能对发生在自己行为之后而产生的结果承担责任，共犯不应对其参与之前的先行为人的行为及结果承担责任正是因果共犯论的应有之义。正因为如此，在承继共犯现象中的后行为人由于对前行为人的行为与结果并未提供因果贡献而不对此承担责任，因而就承继共犯问题应该采取否定说。日本最高裁第二小法庭2012年11月6日决定在伤害罪的承继共犯的案件中，判示后行为人仅对自己参与后的与自己的参与行为有因果关系的伤害结果负责。① 对此，日本学者认为日本最高裁的这一决定意味着就承继共犯问题持否定说。②

第二，承继共犯肯定说违背了个人责任原则。所谓个人责任原则，与团体责任相对应，即行为人应仅就自己所为之行为而受非难，不会因为属于某团体之一员，而因此为他人所犯之罪受处罚。由于刑法之非难必须是针对行为人自己之行为，故行为主体与受刑主体亦须有一致性。③ 以个人责任原则为重要内容的责任主义与罪刑法定主义一样，是近代社会对个人尊重的思想的发展，更是近代刑法对个人权利和自由保障原理之一。④ 在共犯领域，强调个人责任尤其重要。承继共犯肯定说让后行为人对与其并无因果性的先行为人的先行为承担责任，这是与个人责任原则相违背的。

第三，承继共犯肯定说造成了间接处罚，不当加重了后行为人的刑事责任。张明楷教授认为："国外强有力的学说认为，对这种后行为人只能认定为盗窃罪的正犯。但是，我国的立法不同于国外，难以采用国外这一学说。盗窃罪一般以数额较大为起点，如果将后行为人认定为盗窃罪的正犯，可能导

---

① 参见最决平成24·11·6刑集66卷11号1281页。
② 参见[日]松原芳博：《刑法総論》，日本評論社2013年版，第388、389页。
③ 陈子平：《刑法总论》，中国人民大学出版社2009年版，第47页。
④ 参见[日]曾根威彦：《刑法における責任と刑罰》，载[日]曾根威彦：《刑法の重要問題〔総論〕》（第2版），成文堂2005年版，第27、28页。

致后行为人不承担刑事责任。这并不合适。"① 然而，笔者认为张明楷教授肯定承继共犯的观点造成了间接处罚。张明楷教授指出："我国盗窃罪的起刑点为 1000 元人民币以上，如果乙（即后行为人——引者注）当场取走的财物不足 1000 元，而又不将乙的行为认定为甲抢劫行为的承继的共犯，那么同样会得出乙无罪的结论。但我觉得这样的无罪结论并不合理。"② 然而，笔者认为这样的无罪结论是合理的。试想，如果 A 将被害人打昏后由于听到 B 的脚步声而逃走，B 走到现场时发现被害人昏倒在地，于是拿走了被害人身上不足 1000 元的现金，此时 B 的行为毫无争议构成盗窃行为，但由于未达到"数额较大"的标准，最终无罪。③ 将乙的行为与 B 的行为相比较，乙取走 1000 元的行为并不比 B 的行为严重，甚至如果关注 B 在先行为人离开现场后独自支配了财产法益侵害事实的话，乙与甲分担的取财行为应当更轻微。根据举轻以明重的当然解释的原理，乙的无罪结论是合适的。单纯盗窃不到 1000 元的行为，原本不是我国刑法的处罚对象，但是由于该行为与结果存在于他人的抢劫行为中，就要处罚，这正是相同学者所反对的间接处罚的做法。④

第四，第 491 号指导案例的裁判理由混淆了违法与有责，背离了"共同犯罪是违法形态"这一基本命题。根据该裁判理由，若后行为人对前行为人的犯罪性质不具有认识，则后行为人与前行为人不构成共同犯罪，反之后行为人则与前行为人构成共同犯罪，即肯定后行为人对前行为的承继。但是，后行为人主观上对犯罪事实是否具有认识，这原本是属于作为责任要素的故意的内容，以故意要素的有无来决定共同犯罪成立与否的做法，混淆了违法

---

① 张明楷：《刑法学》，法律出版社 2016 年版，第 432 页。
② 张明楷：《刑法的私塾》，北京大学出版社 2014 年版，第 181 页。此处讨论的案例为：甲意图抢劫被害人，在甲好不容易通过暴力将被害人制服以后，乙正好路过，乙应甲的要求，将财物拿走。参见张明楷：《刑法的私塾》，北京大学出版社 2014 年版，第 180 页。
③ 在 2016 年 5 月 26 日笔者的学位论文答辩上，答辩委员会主席李立众副教授指出此处 B 的行为应当属于扒窃行为，因而构成盗窃罪。对此，笔者认为，如果能够将此认定为扒窃行为进而构成盗窃罪，则张明楷教授所担心的无罪结论就不会出现，这样也就没有必要采取承继共犯肯定说了。另外，如果排除构成扒窃的情况，如 B 拿走的钱并不是在被害人的身上，则本文提出的比较就能够成立。
④ 参见张明楷：《结果与量刑——结果责任、双重评价、间接处罚之禁止》，载《清华大学学报（哲学社会科学版）》2004 年第 6 期。

与有责,也与"共同犯罪是违法形态"这一基本命题相龃龉。①

(二)结合犯说

山口厚教授认为将事后抢劫罪理解为盗窃罪与暴行罪、胁迫罪的一种结合犯更为妥当。具体而言,在事后抢劫罪中,盗窃与暴行、胁迫一起成为该罪的法益侵害的内容;并且,在与抢劫罪、抢劫罪未遂作相同处罚的事后抢劫罪、事后抢劫罪未遂中,要求实际实施了暴行、胁迫;而且,由于事后抢劫罪是针对财物的犯罪,事后抢劫罪的既遂、未遂就理应取决于盗窃罪的既遂、未遂。按照这种理解,仅参与了暴行、胁迫的后行行为人的罪责,就取决于是否成立承继共犯;按照承继共犯否定说,就不过是追究其作为暴行罪、胁迫罪的共犯的罪责。②

本文认为这种结合犯说根本不能成立,其存在如下问题:

首先,这种观点不符合事后抢劫罪的构造。在暴行、胁迫行为并不单独构成犯罪的我国自不必说了,就算是在规定了暴行罪、胁迫罪的日本,也不能说事后抢劫罪是结合犯。林干人教授指出,由于并不存在独立处罚达到压制反抗程度的暴行、胁迫的犯罪,事后抢劫罪并非结合犯。另外,事后抢劫罪也并非盗窃罪与暴行、胁迫罪单纯的"结合",其是又附加了机会继续性与三个目的要件的完全独立的犯罪。③

第二,这种观点将会不当扩大事后抢劫罪未遂成立的范围。即如果认为着手是实行的开始的话,那么在作为实行行为一部分的盗窃行为开始的时点就要认定事后抢劫罪的着手,这将会使得事后抢劫罪的着手大大提前,使事后抢劫罪未遂的范围过于广泛,因而不妥当。④

第三,这种观点会使得事后抢劫罪与盗窃罪的实行行为失去界限。正如黎宏教授所指出的那样,如果完全按照结合犯说,认为盗窃行为是事后抢劫

---

① 参见黎宏:《共同犯罪行为共同说的合理性及其应用》,载《法学》2012年第11期;张明楷:《共同犯罪是违法形态》,载《人民检察》2010年第13期;张明楷:《共同犯罪的认定方法》,载《法学研究》2014年第3期。
② [日]山口厚:《刑法各论》(第2版),有斐阁2010年版,第233页。另外参见[日]川端博:《事後強盗と共犯》,载《研修》第558号(1994),第10~12页。
③ [日]林幹人:《事後強盗罪の新動向》,载《刑事法ジャーナル》2006年第2号,第52页。
④ 参见[日]小田直樹:《事後強盗罪の共犯関係》,载《刑法雑誌》第38卷1号(1998),第102页。

罪的实行行为的一部分的话，则难免要得出"所有的盗窃行为都是事后抢劫罪的实行行为"的结论。这显然和刑法的实际规定以及人们的通常观念相去甚远。更为要命的是，按照这种观点，盗窃行为和事后抢劫罪的实行行为，客观上就没有办法区别开来。①

第四，结合犯说会提前对事后抢劫罪故意存在时点的要求，与事后抢劫罪的实际情况相违背。众所周知，客观构成要件要素具有故意规制机能，即在一般情况下，故意犯罪的行为人应当对所有的构成要件要素具有认识，否则不能认定行为人具有故意的责任。②而根据行为与责任同时存在的原理，行为人在实行行为开始之时就应当具有故意。如果像结合犯说那样将盗窃行为与暴力、胁迫行为都作为事后抢劫罪的实行行为，那么就应当要求行为人在着手实行盗窃行为的时点上就要对实施暴力、胁迫行为具有认识，然而这与事后抢劫罪的实际情况相违背，导致事后抢劫罪无法认定。例如，行为人起初只是单纯怀有盗窃意思而计划犯罪，为此其特意对被害人作息进行了侦察，在确定被害人在某日上午九点以后会出门工作的情况后，行为人于该日九点半到被害人家行窃。岂料正在行窃时，被害人因回来取忘在家里的材料而发现了行为人的盗窃行为。被害人于是上前对行为人实施抓捕。在此一大出行为人料想之外的情况下，行为人为抗拒抓捕，而对被害人使用暴力，造成被害人轻伤。对于此案，应当没有人会认为行为人不构成事后抢劫罪。然而，依据结合犯说的推论，从上述行为人有意选择避开被害人的情节上看，很难说行为人在着手盗窃行为时就具有对事后实施暴力行为的认识，应当否定其构成事后抢劫罪。事实上，事后抢劫罪的发生往往具有突发性，都是行为人在实施盗窃、诈骗、抢夺等并不针对人身的犯罪的时候，由于犯行被发现这一行为人事先并未预料到的情况的出现，行为人为求脱身而对被害人施加暴力、胁迫。如果要求行为人在实施盗窃行为之时就要对事后将要实施暴力、胁迫行为具有认识，将会使得事后抢劫罪的适用效果大打折扣。

---

① 黎宏：《论事后抢劫罪的若干问题》，载顾军主编、贾瑞生、黎宏副主编：《侵财犯罪的理论与司法实践》，法律出版社2008年版，第111页。
② 参见张明楷：《构成要件要素概述》，载张明楷：《犯罪构成体系与构成要件要素》，北京大学出版社2010年版，第125页。

【专题研讨】

（三）利益抢劫罪说

西田典之教授认为，《日本刑法》第 238 条是第 236 条第 2 款（利益抢劫）的一种特别类型，只要甲的盗窃行为达到了既遂，甲出于第 238 条所明文规定的目的（防止财物被追回的目的），所实施的暴力、胁迫就完全可以作为阻碍被害人等实现返还赃物这一要求的行为，在可以成立第 2 款抢劫的限度之内，可以说，暴力、胁迫与此属于法条竞合的关系，应构成事后抢劫罪。并且，甲所实施的暴力、胁迫行为，事实上绝非已经过去的事情，而完全属于正在实施的犯罪，因此，即便是持承继共犯否定说，也不得不承认，乙构成事后抢劫（致伤）罪的共犯。由此可见，应将本罪理解为结合犯而非身份犯，而且，在先行者的盗窃行为达到既遂的场合，对于知情而仅参与作为事后抢劫之手段行为的暴力（胁迫）、伤害的后行者，在可成立第 2 款抢劫罪的限度之内，就应构成事后抢劫（致伤）罪的共犯。①

西田典之教授的观点是将事后抢劫罪还原为针对返还财物请求权这一份财产性利益的利益抢劫罪，由于实现抢劫利益的行为是暴力、胁迫行为，因而仅参与暴力、胁迫行为也能够构成抢劫罪。然而，这种观点存在问题。

第一，这无法解释对并非失主的第三人使用暴力、胁迫的情况。刑法理论与司法实践均认为事后抢劫罪暴力、胁迫行为的对象可以是并非财物的失主而是参与抓捕行为人的警察等第三人，然而由于警察等第三人对盗窃犯人并不具有返还财物请求权这一份财产性利益，因此很难说对警察等第三人使用暴力、胁迫行为的构成利益抢劫罪。

第二，这也无法说明在盗窃未遂的情况下出于抗拒抓捕、毁灭罪证而使用暴力、胁迫的情况。在先行者的盗窃行为尚未达到既遂的场合，由于此时并未产生返还财物请求权，此时使用暴力、胁迫的行为并不会侵害这一份财产性利益。

第三，即便在盗窃既遂并且出于防止财物被追回而使用暴力、胁迫的情况，西田典之教授的上述论述也有不合理之处。虽然后行为人的暴力、胁迫行为能够成立第 2 款的利益抢劫罪，但是既然将此罪理解为结合犯，那就必须将盗窃行为也理解为事后抢劫罪的实行行为，如此一来仅参与了暴力、胁

---

① ［日］西田典之著、橋爪隆補訂：《刑法各論》（第 7 版），弘文堂 2018 年版，第 198 頁。

迫行为的行为人势必就成为了承继共犯，由于其仅实施了"事后抢劫罪"的部分实行行为，根据承继共犯否定说，应当否定后行为人构成"事后抢劫罪"的共犯。

四、身份犯说的再展开

（一）身份犯说的提出与论证

通过上述考察可知，非身份犯说均具有各种各样的缺陷，不能对事后抢劫罪的共犯问题提供合理的解决思路。基于此理由，本文主张事后抢劫罪属于身份犯，因而对于仅参与暴力、胁迫行为的参与人的刑事责任应当从共犯与身份的路径来解决。将事后抢劫罪理解为身份犯，具有以下合理性：

首先，事后抢劫罪与对身份的理解不矛盾。从身份犯的定义上来看，我国与日本均对身份概念采取广义的理解，即"所谓身份，并不限于男女性别、本国人还是外国人、亲属关系、具有公务员资格之类的关系，而是泛指一切与一定犯罪行为有关的犯人的人的关系的特殊地位或状态"。[①] 根据此定义，事后抢劫罪中的"犯盗窃、诈骗、抢夺罪"当然可以理解为身份，事后抢劫罪属于身份犯也不存在疑问。换言之，由于行为人实施了盗窃、诈骗、抢夺罪，使得其处于被防卫或者被抓捕的状态，因而实施暴力、胁迫行为被法律所禁止，因此可以说是与犯罪行为有关的特殊地位，因而从形式上来看，满足对身份犯的定义。

另外，事后抢劫罪的盗窃犯人的主体具备特殊性。有学者指出，行为人在身份上的特殊资格，是与普通人相比较而言的，普通人是确定特殊身份的参照物。刑法中的特殊主体是以一般犯罪主体作为参照物，而刑法中一般犯罪主体是指达到刑事责任年龄，具有辨认、控制能力的自然人，具有与之不同的主体要素的，才能称之为身份。盗窃犯人与普通人相比，显然应属于"特殊主体"，因此将其视为身份的一种是比较合适的。[②]

最后，事后抢劫罪并非纯粹意义上的财产犯罪，因而以财产犯罪属性为

[①] 参见张明楷：《外国刑法纲要》，清华大学出版社2007年版，第331页。
[②] 参见阎二鹏：《共犯与身份》，中国检察出版社2007年版，第36页。

【专题研讨】

理由否定事后抢劫罪是身份犯的观点不能成立。大塚裕史教授指出，非身份犯说的核心观点在于将事后抢劫罪理解为纯粹的财产犯罪，故而对将犯盗窃等前罪理解为身份而不是事后抢劫罪实行行为的观点表示排斥。① 然而，通过本文第二部分的考察可以发现，事后抢劫罪并非纯粹意义上的财产犯罪，其人身犯罪性质更加浓厚，因此以财产犯罪说作为理论根基的非身份犯说就无法成立。

（二）对身份犯说批判的反驳

尽管身份犯说得到强有力的主张，但是其仍然受到来自非身份犯说阵营的种种批判。本文以下将对这些批判进行逐一反驳。

第一个批判是，我国刑法第269条的表述并没有为身份犯说提供文理根据。② 这种观点认为，《日本刑法》第238条作为事后抢劫罪前提所规定的"窃盗"，既可以表示盗窃行为，也可以表示盗窃犯人，因而可以认为日本刑法为身份犯说提供了文理根据。与此相反，我国刑法则并未提供这样的文理根据。

本文对此表示疑问，法条表述不能成为判断是否身份的绝对标准。尽管我国刑法就事后抢劫罪的规定为"犯盗窃、诈骗、抢夺罪"，但是仍然存在将其解释为身份犯的余地。例如，我国台湾地区"刑法"就事后抢劫罪前罪行为的表述为"窃盗或抢夺"，③ 在汉语里"抢夺"显然也很难说具有"抢夺犯人"的语义，然而这并不妨碍台湾地区学者将其解释为身份犯。④ 事实上，法律完全可以将第269条的"犯盗窃、诈骗、抢夺罪"表述成"犯盗窃、诈骗、抢夺罪的人"，这样的立法选择在技术上完全是可能的。⑤ 不规定"……的人"

---

① 参见［日］大塚裕史：《刑法各論の思考方法》（第3版），早稻田経営出版2010年版，第179页。
② 参见张明楷：《事后抢劫的共犯》，载《政法论坛》2008年第1期。
③ 我国台湾地区"刑法"第329条条文为："窃盗或抢夺，因防护赃物、脱免逮捕或湮灭罪证，而当场施以强暴胁迫者，以强盗论。"
④ 参见林山田：《刑法各罪论》（上册），北京大学出版社2012年版，第270页。
⑤ 例如日本刑法中的发掘坟墓毁坏尸体罪所规定的犯罪行为是"犯第189条之罪，损坏、毁弃或者取得尸体、遗骨、遗发或者藏置于棺内之物的"，这样看似乎是结合犯。但是冈本胜教授认为法律完全可以将其规定为"挖掘坟墓的人，损坏、毁弃或取得尸体、遗骨、遗发或者藏置于棺内之物的"，这样看似身份犯的规定，在立法技术上是可能的。参见［日］冈本胜：《事後強盗罪と"共犯と身分"》，载［日］冈本胜：《犯罪論と刑法思想》，信山社2000年版，第327页。

91

而是规定"犯……"，只是单纯立法技术上的偶然选择，根据这种偶然选择而否定对共犯与身份条款的适用，怎么说都不合理。不应当仅看到规定的形式，而应当看到此类犯罪实体的构造。

第二个批判是，事后抢劫罪依然属于财产犯罪，因此不能将盗窃等前罪行为作为身份要素，否则就不能解释事后抢劫罪的财产犯罪性质。① 或者说认为既然抢劫罪保护法益的核心是与先行的盗窃行为相关的财产法益，将盗窃行为从事后抢劫罪的实行行为中排除出去就不妥当。②

本文认为这一点批判同样不能成立，理由在于，事后抢劫罪究竟是否属于财产犯罪，这仍大有商榷的余地。事实上，如前所述，本文主张事后抢劫罪的保护法益在于由盗窃等财产犯罪所造成的紧迫对立状态中，被害人的人身安全不受侵犯的权利，因此应当在人身犯罪的意义上把握事后抢劫罪，因此并没有一定要将盗窃罪作为事后抢劫罪实行行为的必要。

第三个批判是，将盗窃等前罪行为作为身份要素将会导致无法合理认定事后抢劫罪的既遂、未遂。③ 具体说来，日本刑法通说及判例认为，对事后抢劫罪的既遂、未遂的判断，以先前盗窃行为的既遂、未遂为标准。而如果依身份犯说将"盗窃犯人"作为身份犯的主体来把握的话，就无法与通说见解调和。④

上述批判也同样不具有说服力，至少并不适合我国的情况。2005年《最高人民法院关于审理抢劫、抢夺刑事案件适用法律若干问题的意见》第10条认为，抢劫罪侵犯的是复杂客体，既侵犯财产权利又侵犯人身权利，具备劫取财物或者造成他人轻伤以上后果两者之一的，均属抢劫既遂；既未劫取财物，又未造成他人人身伤害后果的，属抢劫未遂。我国司法实践认为对事后抢劫罪的既遂、未遂认定也应当按照此标准。例如，在指导案例第441号谷贵成抢劫案中，被告人谷贵成在北京市丰台区丽泽桥东方家园建材城停车场

---

① 参见张明楷：《事后抢劫的共犯》，载《政法论坛》2008年第1期。
② 参见[日]高橋則夫：《事後強盗罪と共犯の成否》，载《現代刑事法》第13号（2000），第116页。
③ 参见张明楷：《事后抢劫的共犯》，载《政法论坛》2008年第1期。
④ 参见[日]上野幸彦：《事後強盗罪と刑法第65条適用の当否——事後強盗における中途関与者の罪責をめぐって》，载《法学紀要》第30卷（1989），第434页；[日]山口厚：《事後強盗罪再考》，载《研修》第660号（2003），第5页。

内，用随身携带的改锥撬开车锁，盗窃自行车既遂后被保安员潘文浩发现后，为抗拒抓捕用改锥将保安员颈部划伤，经法医鉴定为轻微伤。最终谷贵成被当场抓获，所盗窃的财物也被当场起获并发还。对于本案，法院认为谷贵成构成抢劫罪未遂。① 换言之，在我国，司法实践并不认为事后抢劫罪的既遂、未遂要以先前盗窃行为的既遂、未遂作为标准，而是仍旧以事后抢劫罪作为抢劫罪的一种类型来把握其既遂、未遂。既然如此，以此作为理由来否定事后抢劫罪的身份犯性质就并不妥当。

第四个批判来自张明楷教授。张明楷教授认为，任何人都能够实施盗窃、诈骗、抢夺行为，因此将事先实施盗窃等前罪行为作为身份看待，过于扩大了身份的范围。② 换言之，任何人都可以从事的活动所形成的状态不属于特殊身份，例如："任何人都可以直接从事生产、销售活动，因而都可以成为刑法第140条规定的生产者、销售者。在此意义上说，任何人都可以成为生产、销售伪劣商品罪的行为主体，并无特殊之处。"③ 本文认为这一批判不能成立。

首先，这一标准模糊不清，不能作为指导认定身份犯的标准。究竟什么是任何人都可以从事的活动，这一点并不明确。例如，张明楷教授认为刑法第198条规定的保险诈骗罪中"投保人"属于特殊身份，④ 但是成为投保人即与保险人签订保险合同也是任何人都能实施的，然而这并不妨碍保险诈骗罪属于身份犯。又比如刑法第270条第1款规定的（委托物）侵占罪，这一犯罪的主体是代为保管他人财物的人，或者说是他人财物的占有者，张明楷教授也认为这是身份犯，⑤ 这里代为保管他人财物的活动也是任何人都可以从事的。想要弄清什么是任何人都可以从事的活动，是十分困难的。张明楷教授又举例"并不是任何人都可以依法从事公务、管理或经营国有资产，因而并非任何人都可以成为贪污罪的行为主体"，⑥ 但是其又认为关于国家工作人员

---

① 参见熊选国主编：《刑事审判参考》（第56集），法律出版社2007年版，第15～23页；指导案例第687号杨飞飞、徐某抢劫案中也表达了同样的观点，参见熊选国主编：《刑事审判参考》第79集，法律出版社2011年版，第55～59页。
② 参见张明楷：《事后抢劫的共犯》，载《政法论坛》2008年第1期。
③ 张明楷：《刑法学》，法律出版社2016年版，第134页。
④ 参见张明楷：《论身份犯的间接正犯——以保险诈骗罪为中心》，载《法学评论》2012年第6期。
⑤ 参见张明楷：《刑法学》，法律出版社2016年版，第966页。
⑥ 张明楷：《刑法学》，法律出版社2016年版，第134页。

的范围应当采取公务论,"行为人取得国家工作人员这一特殊身份的途径是否正当,则不影响国家工作人员的认定",① 这也就意味着任何人都能够从事公务行为,果真如此的话,这一判断标准就无法得到维持。

另外,张明楷教授提出的比较明确的判断标准是看"特殊身份必须是在行为主体实施犯罪行为前就已经具有的特殊资格或已经形成的特殊地位或状态"。在论证刑法第 198 条第 1 款第 1 项规定的行为主体属于特殊身份时,张明楷教授在指出保险诈骗罪实行的着手存在于行为人向保险公司索赔之时,而成为投保人的签订保险合同的行为发生在此之前,因而属于身份犯。② 质言之,行为状态产生于犯罪着手之前的,属于身份犯,反之则不属于身份犯。事后抢劫罪完全符合这一判断标准。众所周知,事后抢劫罪实行的着手在于盗窃犯人实施暴力、胁迫行为之时,而在此之前,行为人已经通过实施盗窃行为获得了盗窃犯人的身份,因而认为事后抢劫罪属于身份犯也符合张明楷教授提出的判断标准。

最后,张明楷教授观点的内在根据是义务犯理论,这也与张明楷教授自身法益侵害说的基本立场相矛盾。高桥则夫教授也反对身份犯说,认为由于盗窃罪具有谁都可以犯的一般性质,因此将其理解为身份犯十分困难。即盗窃犯与受贿罪中的公务员不同,具有任何人在任何时候都能实施的性质。而身份的核心在于违背与之相结合的特定的角色,因而无法将事后抢劫罪理解为身份犯。③ 只有将身份犯理解为违反特定义务的义务犯,由于义务具有一身专属性,才会认为任何人都可以从事的活动并不包含特定义务的违反,因而不是身份犯。但是,此说与张明楷教授主张的处罚身份犯也同样在于侵害法益的观点相违背,此其一;其二,此说本身也难言妥当。根据义务犯理论,由于其强调义务的一身专属性,其不仅应该否定身份犯的共同正犯,连身份犯的帮助犯与教唆犯也应当否定才具有理论一贯性,④ 然而并没有主张义务犯的学者将其完全贯彻下去;最后一点,只要将身份理解为确立法益侵害的可

---

① 张明楷:《刑法学》,法律出版社 2016 年版,第 133 页。
② 参见张明楷:《论身份犯的间接正犯——以保险诈骗罪为中心》,载《法学评论》2012 年第 6 期。
③ 参见 [日] 高桥则夫:《事後強盗罪の共犯の成否》,载《現代刑事法》第 13 号 (2000),第 115、116 页。
④ 参见 [日] 佐伯仁志:《刑法総論の考え方・楽しみ方》,有斐閣 2013 年版,第 419 页。

能性,在法益侵害说的角度理解身份犯,由于对法益产生侵害这一事实是任何人都能实施的,因此要求身份犯中的身份不是"任何人都可以从事的活动"就不具有理论根据性。

(三) 身份犯形式区别说的疑问

日本判例共通性的观点是将事后抢劫罪理解为身份犯,即事后抢劫罪是由盗窃犯人实施的暴行、胁迫行为而构成的犯罪。然而,就事后抢劫罪究竟属于哪一种身份犯,判例存在分歧。东京地裁①认为事后抢劫罪是不真正身份犯,是由于盗窃犯人这一身份的存在而对暴行罪、胁迫罪加重其刑罚的加减身份,因而要根据《日本刑法》第 65 条第 2 款的规定,对不具有盗窃犯人身份的人按照"通常之刑"即暴行罪、胁迫罪的范围内判处刑罚。但是,大阪高裁②则认为事后抢劫罪是只有具备盗窃犯人这一身份才能成立的真正身份犯,因而对于非盗窃犯人只要适用《日本刑法》第 65 条第 1 款关于真正身份连带作用规定的条款即可,而不应当再根据第 2 款对其减轻处罚。以这两个判决为契机,日本刑法理论也展开了事后抢劫罪究竟是属于真正身份犯还是不真正身份犯的论争。

这是建立在对身份犯进行形式的区分的通说基础上,即真正身份犯是"因犯人的身份才能构成的犯罪",因而也叫构成身份;而不真正身份犯是"没有身份也能构成其他犯罪,但是因为有了身份而法定刑加重或者减轻的犯罪",因而也叫加减身份。③ 若是果真严格按照此形式定义,应当认为在日本,由于非盗窃犯人实施暴行、胁迫行为也能够构成暴行罪、胁迫罪,而在事后抢劫罪的场合只不过是对其加重处罚而已,是不真正身份犯;而在中国,仅仅实施暴行、胁迫行为并不构成任何犯罪,所以事后抢劫罪是真正身份犯。

然而,本文认为对身份犯进行形式的区分存在疑问,我国不宜照搬日本刑法理论通说的观点。

其一,正如西田典之教授所批判的那样,这一形式的区分在同一身份既具有构成性机能又具有加重性机能的场合,最能明确体现出其不合理性。西

---

① 東京地判昭和 60・3・19 判時 1172 号 155 頁。
② 大阪高判昭和 62・7・17 判時 1253 号 141 頁。
③ 参见 [日] 団藤重光:《刑法綱要総論》(第 3 版),創文社 1990 年版,第 418 頁。

田典之教授指出，例如公务员这一身份，根据日本通说，其在《日本刑法》第 197 条受贿罪中是构成身份因而起连带作用，而在第 194 条特别公务员逮捕、监禁罪中是（与第 220 条相比较而言的）加重身份而起个别作用，同样是对国家的司法、行政作用的公正性以及国民对其信赖这一法益相关，但是在不同的犯罪中却起到不同的作用，这怎么说都是不合理的。①

其二，我国刑法理论所说的不真正身份犯本质上不是身份犯，而是普通犯罪。例如对于诬告陷害罪，任何人都可以构成，我国刑法第 243 条第 2 款规定："国家工作人员犯前款罪的，从重处罚。"我国刑法理论普遍认为这属于不真正身份犯，但是既然该罪任何符合犯罪主体一般条件的人都可以构成，其与其他一般犯罪就并不存在区别。既然如此，就很难说诬告陷害罪是身份犯。换言之，我国并不存在日本刑法理论所讨论的不真正身份犯。

（四）违法身份犯说的提出

通过上述考察可知，在身份犯形式区分说的前提下，立足于我国并未单独规定暴行罪与胁迫罪的立法现实，事后抢劫罪在我国刑法中只能理解为真正身份犯。然而，这只是从形式上解决了事后抢劫罪的处罚根据，并未提出实质性的理由。而且，一旦我国刑法规定了暴行罪与胁迫罪，就不得不又将事后抢劫罪理解为不真正身份犯，这样就产生了对一个犯罪性质的理解取决于法律对其他犯罪的规定这一奇怪现象。究其根本，在于形式区分说仅仅解决的是形式的问题，对于法律为何规定身份犯这一本质上问题并未解答。

既然犯罪的实体是表征法益侵害性的违法性与表征行为人可谴责性的有责性，那么身份犯的身份要素也应当体现此机能。如前所述，通过对事后抢劫罪立法沿革、实行着手等一系列考察，本文论证了事后抢劫罪的保护法益是由于盗窃等财产犯罪所造成的紧迫对立状态中，被害人人身安全不受侵犯的权利。既然如此，事后抢劫罪中的盗窃等犯人身份就是为这种违法性提供基础的违法身份，即与受贿罪中的国家工作人员身份一样，财产犯罪状态中对被害人人身安全造成危害的危险，只能因实施财产犯罪行为而产生，正是由于行为人实施了财产犯罪，才会造成被害人为了取回财物或者抓捕行为人

---

① 参见[日]西田典之：《共犯と身分——その解釈論の考察（1）》，载[日]西田典之：《新版共犯と身分》，成文堂 2003 年版，第 252 页。

而产生的危险状态,事后抢劫罪正是为保护这种状态中被害人的人身安全而设立。因此,事后抢劫罪属于身份犯,并且是违法身份。

五、事后抢劫罪共犯的解决

事后抢劫罪作为广义抢劫罪的一种,其是对普通抢劫罪的补充。普通抢劫罪的行为构造是先实施暴力、胁迫等行为,后实施取财行为;而事后抢劫的行为构造在于先实施盗窃等取财行为,而后再出于窝藏赃物、抗拒抓捕、毁灭罪证的目的而实施暴力或胁迫行为。两者的本质都是一样的,即在平和窃取财物的基础上实施了具有导致人身伤害危险的暴力、胁迫行为。因此,决定抢劫罪罪质的实行行为在于暴力、胁迫行为,而并不在于窃取财物的行为。正因为如此,无论是在普通抢劫罪中还是在事后抢劫罪中,其未遂成立的时点都在于行为人实施暴力、胁迫行为的时候。因此,在他人实施盗窃行为后,出于窝藏赃物、抗拒抓捕、毁灭罪证的目的共同参与暴力、胁迫行为的事后抢劫罪的共犯并不是承继共犯的问题,因为行为人并不是在他人实施了一部分实行行为后参与进来的情况,而是行为人自始至终就参加了事后抢劫罪的实行行为的情形。因此,不应当从结合犯和承继共犯的角度来解决事后抢劫罪的共犯问题。

本文主张将事后抢劫罪作为身份犯来理解,即事后抢劫罪实际上就是盗窃犯人等实施的暴行、胁迫罪,其保护法益是在盗窃等犯罪所造成的紧迫对立状态中,被害人人身安全不受侵犯的权利。根据作为共犯处罚根据的因果共犯论,不具有身份的人虽然不能单独侵犯身份犯所保护的法益,但可以通过有身份者的存在间接或者共同对身份犯的法益实施侵害。因此,并未实施盗窃等财产犯罪行为的人,在他人实施财产犯罪后,出于窝藏赃物、抗拒抓捕、毁灭罪证的目的,与盗窃犯人共同实施暴力、胁迫行为的,构成事后抢劫罪的共犯。根据其参与形态的不同,可以分别构成事后抢劫罪的帮助犯、教唆犯甚至共同正犯。

(一)事后抢劫罪的帮助犯

甲实施盗窃行为被发现,失主对其进行追捕。甲虽然想对失主进行暴力反抗,但苦于手上没有称手的工具,只得一路被追着跑。甲跑到好朋友乙家时，对乙说"我偷了后面人的东西，他要来抓我，你借根棍子给我，让我把他打跑"，于是乙将木棍借给甲，甲持此木棍将失主打倒。

在上述案例中，乙自身并未实施盗窃行为，并且与甲也并无盗窃通谋，因而不属于盗窃犯人，属于无身份者。但是，其在甲被追捕过程中，为甲出于抗拒抓捕目的对失主实施暴力提供了工具，对侵犯失主的人身法益而言，提供了物理因果力，且其并不缺少帮助犯的责任要件，因而与甲成立事后抢劫罪的共同犯罪，乙构成帮助犯。如果甲的暴力行为造成了失主轻伤后果，则乙成立事后抢劫罪既遂。

（二）事后抢劫罪的教唆犯

A实施诈骗行为被发现，失主对其进行追捕，A便只知道一味逃跑。其好友B见到A被失主追着打的情形后，对A说道："还手啊！把他打倒你不就可以脱身了嘛！"于是，A对失主拳脚相加，将失主打倒后扬长而去。

在上述案例中，B同样属于无身份者。然而，如果没有B对A说的让其还手的话，A也不会对失主使用暴力，因而B对A实施事后抢劫罪行为提供了心理因果力，且也并不缺少教唆犯的责任要件，因而与A成立事后抢劫罪的共同犯罪，B构成教唆犯。

值得一提的是，如果根据非身份犯说的承继共犯路径或者结合犯说，就无法肯定事后抢劫罪的教唆犯。因为非身份犯说将盗窃等前罪行为也作为事后抢劫罪实行行为的一部分，对于他们而言，唆使盗窃犯人实施暴力、胁迫的行为并未就事后抢劫罪实行行为的全部提供心理因果力，只有在他人连盗窃行为都还没实施的时候唆使他人实施盗窃行为并且出于特定目的实施暴力、胁迫的才能构成事后抢劫罪的教唆犯。这种观点显然不当限缩了事后抢劫罪教唆犯的成立范围，因而并不妥当。

（三）事后抢劫罪的共同正犯

张三实施抢夺行为后，失主对其进行追捕，李四见状后，与张三共同对失主实施暴力，将失主打倒后逃离。

在上述案例中，虽然李四不具有抢夺犯人的身份，但其与张三共同对失主施加暴力的行为，属于共同侵犯失主人身法益的行为，因而构成事后抢劫罪的共同正犯。① 在造成失主人身伤亡而查不清各自造成的结果的情况下，如果李四是从张三暴力行为一开始就参与进来，则按照普通共同正犯"部分实行全部责任"的原则处理，李四也要对此人身伤亡负责，构成事后抢劫罪（致人重伤、死亡）；如果李四是在张三实施暴力过程中参与进来，则属于承继共犯的问题。根据承继共犯否定说，李四不必对失主人身伤亡负责，仅构成事后抢劫罪，在能够查明李四造成的轻伤的限度内，成立既遂，否则李四仅承担未遂的责任。

---

① 关于对无身份者可以构成身份犯共同正犯的论证，参见黎宏、姚培培：《论受贿罪的共同正犯》，载《人民检察》2015年第19期。

论"帮助信息网络犯罪活动罪"的性质

——以单一制为视角

雷 续[*]

关键词

帮助信息网络犯罪活动罪 帮助犯的量刑规则 帮助犯正犯化 从犯主犯化
单一制

内容摘要：由于对帮助信息网络犯罪活动的性质认识不一致，当前司法实践中对该罪的适用并不统一。当前学界对该罪性质的解读主要有三种。认为该罪属于帮助犯量刑规则的观点，无法解决网络犯罪所面临的现实问题，导致处罚漏洞；认为该罪属于帮助犯正犯化的观点无法为正犯化提供充足的理由，也与其区分制的共同犯罪理论根基相抵触；认为该罪属于从犯主犯化的观点与其单一制的理论基础相矛盾。在单一制犯罪参与体系下解释该罪性质，可以在确保处罚合理性的同时契合从严打击网络犯罪帮助行为的刑事政策需要，具有优越性。帮助信息网络犯罪活动罪与其帮助的其他犯罪之间是法条竞合关系，无论能否构成他罪共同犯罪或单独犯罪，只要网络帮助行为

---

[*] 作者单位：中国人民大学法学院。教育部人文社会科学重点研究基地重大项目《犯罪参与基本问题研究》（16JJD820018）的阶段性成果之一。

符合情节严重的标准，都可以构成本罪。

一、问题的提出

《刑法修正案（九）》规定了帮助信息网络犯罪活动罪这一新罪名。学界对于这一罪名的性质问题一直纷争不断，在实务界对该罪的处理也存在着较为混乱的局面。笔者在中国裁判文书网中找到的22篇相关案例之中，有5篇在判决书中明确提到将为犯罪提供技术支持、广告推广、支付结算等帮助的行为人与实施诈骗罪的行为人构成相关的共同犯罪，对这些案件的判决结果却并不一致。其中有3篇判决认为应当依据从旧兼从轻的原则，以帮助信息网络犯罪活动罪定罪处罚[①]。在另外2篇没有认定为共同犯罪的判决书中，其中一篇认为构成共同犯罪与构成帮助信息网络犯罪活动罪并不矛盾，但不认为后者为轻罪，仍然认定为共同犯罪；[②] 另外一篇则认为行为人提供的是诈骗中必不可少的环节，不构成帮助信息网络犯罪活动罪。[③] 从这些判决中也可以看出，法院对于网络帮助行为，到底是按照帮助信息网络犯罪活动罪论处还是按照共同犯罪论处还存在争议。正是由于对该罪性质认识的不一致，才导致了对刑法第287条之二的构成与适用存在着完全不同的理解。当前学界对该罪性质的解读大部分是以区分制为前提的，包括单层区分制与双层区分制，也有学者在单一正犯体系的视角下对该罪进行解读。本文希望梳理学界在解释帮助信息网络服务罪方面的观点，明晰该罪的性质，为该罪的适用提供一个可靠的路径。

[①] 《浙江省绍兴市中级人民法院刑事判决书》（2016）浙06刑终307号；《江西省吉安县人民法院刑事判决书》（2015）吉刑初字第204号；《江苏省无锡市滨湖区人民法院刑事判决书》（2015）锡滨刑二初字第00026号。

[②] 《河北省衡水市桃城区人民法院刑事判决书》（2016）冀1102刑初202号。

[③] 《浙江省临海市人民法院刑事判决书》（2016）浙1082刑初722号。

二、当前学界的解读方案

(一)帮助犯的量刑规则

有学者认为,该罪属于对利用网络实施帮助行为的人设立的单独的量刑规则,对其进行定罪量刑,仍然需要考察其帮助的行为是否构成犯罪。① 该种观点认为必须要坚持共犯的从属性原则,只有当其帮助的行为人着手实施犯罪,才可能对帮助者进行处罚,因为仅帮助行为不可能对法益造成侵害。从区分制的角度来看,共犯的从属性原则是其必须遵循的原则之一。在该观点的支持者看来,将该罪作为独立的犯罪,适用单独的定罪规则,必然会导致对从属性原则的突破,不能够与共同犯罪理论相协调。虽然持该观点的学者敏锐地观察到了该罪与区分制共同犯罪理论之间的冲突,但是由于该观点对网络空间犯罪的特殊性没有足够的认识,可能会带来一些问题。

首先,《刑法修正案(九)》之所以增设该罪,必定是由于在传统的共同犯罪框架下无法对某些立法者认为应当予以处罚的网络犯罪帮助行为予以有效规制。若认为该罪的设立仅仅属于对帮助犯的量刑规则,那么就说明在原有的共同犯罪理论框架之下就可以解决问题,因为完全可以直接认定为相应犯罪的帮助犯,再根据刑法总则关于共同犯罪的规定进行处罚。如此一来,就仅仅突出了该罪的刑罚设置功能而忽略了罪名设置功能②。对犯罪的帮助行为有许多种,网络帮助行为的特殊性在于其可能同时帮助多个独立的对象以及帮助行为在犯罪中往往起到关键的作用。但是,共同犯罪是针对一个犯罪行为而言的,行为人的行为对犯罪起到多大的作用,应当根据案件的具体情况来认定,而不应当笼统地设立一个单独的量刑规则。所谓特殊的量刑规则的设立,会导致在特殊的案件中不当地轻罚或者重罚,不符合罪责刑相适应的原则。比如利用网络的方式帮助他人诈骗数额特别巨大的财物,行为人提供的服务在其中发挥了关键性的作用,最终实施诈骗行为的人可能被判处十

---

① 参见张明楷:《论帮助信息网络犯罪活动罪》,载《政治与法律》2016年第2期;参见黎宏:《论"帮助信息网络犯罪活动罪"的性质及其适用》,载《法律适用》2017年第21期;参见熊亚文、黄雅珠:《帮助信息网络犯罪活动罪的司法适用》,载《人民司法(应用)》2016年第31期。

② 刘艳红:《网络帮助行为正犯化之批判》,载《法商研究》2016年第3期。

年以上的有期徒刑或者无期徒刑,以其他的形式帮助诈骗的行为人也是依照这一量刑档次的基础上根据其具体的作用判处刑罚,但是起到重要作用的网络帮助者却只能够在三年有期徒刑之下判处刑罚,这对于以其他形式帮助诈骗的行为人来说,无疑是极不公平的。

其次,这种观点会造成帮助信息网络犯罪活动罪中依照重罪论处的条文被虚置。本文开头所展示的司法实践中的案例就清晰地表明了这一问题。在3个案例中,法院判定行为人构成相应犯罪的共同犯罪的同时,以帮助信息网络犯罪活动属于轻罪为由,没有对行为人以共同犯罪论处。如在马某、宋某诈骗一案中,被告人明知他人实施电信诈骗,为谋取利益仍提供用于诈骗的电信线路,法院认为,根据2011年4月8日施行的《最高人民法院、最高人民检察院关于办理诈骗刑事案件具体应用法律若干问题的解释》第7条的规定,被告人马某、宋某的行为确已构成诈骗罪,但是认为《刑法修正案(九)》第287之二条的规定是对司法解释的修正,最终以帮助信息网络犯罪活动罪定罪处罚。① 由于第287条之二第3款明文规定了,构成本罪的同时构成其他犯罪的要以处罚较重的规定论处,法院的判决并没有适用该款,这就说明法院认为,第287条之二属于帮助犯的量刑规则,对此种类型的帮助犯只能适用该条处理,不可能又认定为其他犯罪的共犯,再与该条的刑罚进行比较。这也可以看出,量刑规则的解释直接导致第287条第3款被虚置。在这三个案例中,一方面,公诉方已经查明的其牵涉的诈骗犯罪数额均已达到巨大甚至特别巨大的标准,原本应当以共同犯罪处罚,适用较重的诈骗罪法定刑。另一方面,并没有任何的实质理由表明该罪的帮助行为与其他的帮助行为相比在违法性与有责性程度上更低,对其适用轻刑是不恰当的。将该条视为帮助犯的量刑规则,使得刑法设置该条文,严厉打击网络犯罪帮助行为的刑事政策目标完全无法实现。

(二)帮助犯正犯化

不同学者对于什么是"帮助犯正犯化"的理解有所不一。有的学者认为"帮助犯正犯化"意味着帮助犯已经是正犯了,不再具有从属性②;有的学者

---

① 《江苏省无锡市滨湖区人民法院刑事判决书》(2015)锡滨刑二初字第00026号。
② 参见于志刚:《网络空间帮助行为的制裁体系与完善思路》,载《中国法学》2016年第2期。

则认为对帮助犯设立单独的量刑规则,承认从属性,也属于正犯化的一种。[①] 笔者认为,正犯化就意味着行为不再具有帮助犯的性质,不可能再具有从属性,将帮助犯量刑规则也作为帮助犯正犯化的一种类型,有混淆概念之嫌疑。支持帮助犯正犯化观点的学者一般认为,将网络帮助犯正犯化的现象早已有之,可以分为司法解释层面以及立法层面的正犯化。[②] 在本文之中,"帮助犯正犯化"指司法解释或者立法将原本的帮助行为当作正犯行为,不承认帮助犯与其帮助的其他罪之间的从属性的现象。

有支持帮助犯正犯化论的学者提出,若承认从属性就无法对网络帮助行为予以有效的打击,认为网络帮助行为的危害性往往超过实行行为,其已经具备了独立的法益侵害性,不可能从属于实行行为。[③] 还有学者认为,在传统共同犯罪的框架下,在行为人帮助的行为不构成犯罪仅构成违法之时无法定罪处罚,属于一个法律漏洞。[④] 由于我国采取的是单一制的犯罪参与体系[⑤],又如上文所说的,该罪的设立是为了应对网络犯罪中出现的新问题,完全在共同犯罪的框架下解释该罪并不合适,因而笔者赞同学者否定该罪与其他罪之间具有从属性的看法。但这些学者提出的该罪属于帮助犯正犯化的理由及结论都有待商榷。

首先,支持该罪属于帮助犯正犯化者提出的理由并不足以让人信服。

其一,许多学者认为网络帮助行为危害性超过实行行为,无非是认为网络帮助行为,特别是技术帮助行为,对其所帮助的犯罪行为的实现具有关键

[①] 黎宏:《论"帮助信息网络犯罪活动罪"的性质及其适用》,载《法律适用》2017年第21期。

[②] 司法解释层面主要包括《淫秽电子信息解释(二)》《赌博案件意见》等,这些解释虽然没有将网络帮助行为另立罪名,单设法定刑,但是对其设立了单独的罪量标准,属于本质上的帮助犯正犯化。立法层面上的帮助犯正犯化主要是指《刑法修正案(七)》增设的提供侵入、非法控制计算机信息系统程序、工具罪。参见刘仁文、杨学文:《帮助行为正犯化的网络语境》,载《法律科学(西北政法大学学报)》2017年第3期。

[③] 参见于志刚:《共犯行为正犯化的立法探索与理论梳理》,载《法律科学(西北政法大学学报)》2017年第3期;参见于冲:《网络犯罪帮助行为正犯化的规范解读与理论省思》,载《中国刑事法杂志》2017年第1期。参见王鲜爱:《帮助行为正犯化视野下的帮助信息网络犯罪活动罪研究》,载《河南大学学报(社会科学版)》2017年第2期。参见沈德咏主编:《〈刑法修正案(九)〉条文及配套司法解释理解与适用》,人民法院出版社2015年版,第267页。

[④] 参见于志刚:《共犯行为正犯化的立法探索与理论梳理》,载《法律科学(西北政法大学学报)》2017年第3期。

[⑤] 参见刘明祥:《论中国特色的犯罪参与体系》,载《中国法学》2013年第6期。

作用，另外网络上的帮助行为往往存在"蝴蝶效应"，一旦实施可以给大范围的潜在犯罪人提供资源。① 但是，该罪所规定的帮助行为的危害性必定超越实行行为吗？一方面，虽然在利用网络进行的犯罪之中，若没有网络技术的帮助，相应的犯罪将无法实现，但是我们仍然不应该忽略实施具体犯罪行为的人才是最终决定危害结果实现的行为人的事实。这就如同以下这个案例：A 与 B 厮斗，A 在实力上敌不过 B，向 C 求助，C 给其提供了匕首一把，最后 A 用匕首捅死了 B。如果没有 C 提供的凶器，A 是绝对不可能造成死亡的后果的，可以说 C 的行为是导致危害发生的关键因素，但是绝对不能够说，C 的行为的危害性大于 A 行为的危害性。同样的道理，网络帮助行为的危害性未必超过实行行为，只是对危害结果的发生起到了关键性的作用。另一方面，虽然网络帮助行为"一对多"的特性是有目共睹的，但是其带来的危害性事实上来自其帮助的各个犯罪行为危害性的累加。行为人物理上的一个行为，事实上可能却帮助多个行为人实施犯罪，在规范上可以被评价为数个帮助行为。但就单个的帮助行为来看，不能够说明网络的帮助行为危害性高于一般的帮助行为。对网络帮助行为情节严重的评价，应当站在事后的角度，根据其实际所帮助的犯罪行为以及该行为本身的情况，而不应该在事前就笼统地认为其危害性大。

其二，学者提出的在共同犯罪框架下处理会导致处罚漏洞的一个例证是，在帮助的行为纯粹违法而不可能构成犯罪的情况下，只能无罪处理并不合理。② 的确，纯粹的违法行为，如卖淫、吸毒等，虽然不可能构成犯罪，但是属于破坏社会管理秩序的违法行为，为这些违法行为提供帮助，如果次数多、时间长，同样具有严重的危害性。但是，这一漏洞并不是由传统的共同犯罪理论造成的。该罪的构成要件明确要求的是帮助他人的"犯罪"行为，即使采纳帮助犯正犯化说的观点，认为该罪不再从属于其他罪的正犯，根据罪刑法定原则，其帮助的也必须是犯罪行为，而不能仅仅是纯粹的违法行为。换言之，帮助纯粹的违法行为不能构成该罪，是一个刑事政策与立法选择的问题，并不是共同犯罪理论可以解决的。必须要有证据表明他人利用网络帮助

---

① 参见于志刚：《网络空间帮助行为的制裁体系与完善思路》，载《中国法学》2016 年第 2 期。
② 参见于志刚：《共犯行为正犯化的立法探索与理论梳理》，载《法律科学（西北政法大学学报）》2017 年第 3 期。

实施了盗窃、诈骗等犯罪行为意义上的犯罪，才能就以帮助信息网络犯罪活动罪进行惩处。① 如果行为人的帮助行为，并不是该条所规定的网络帮助行为，但却帮助了许多的违法行为，具有严重的社会危害性，同样也不能够在刑法没有明文规定的情况下，以社会危害性大为理由将这种帮助行为的集合作为犯罪来处理，否则就会违反罪刑法定的原则。只有在刑法作出明文规定，明确将某些情况下的帮助违法行为列入刑法的处罚范围，才能够处罚帮助纯粹违法的行为。如刑法第 285 条第 3 款规定的提供侵入、非法控制计算机信息系统程序、工具罪，就将以特殊的提供程序、工具帮助违法行为作为犯罪处理，这属于法律作出的特殊规定。

其次，认为该罪属于帮助犯正犯化，与其坚持的共同犯罪体系相冲突，也会导致罪刑不均衡。

虽然支持该观点的学者认识到了将帮助行为单独评价的必要性，但这并不一定意味着这一定是帮助犯正犯化。帮助犯正犯化的提法与其区分制的根基相违背。帮助犯正犯化得以成立的前提就是存在"帮助犯"与"正犯"的区分，在区分制的背景之下，如果将该罪定义为帮助犯，其必然从属于正犯并且不能够判处比正犯更高的刑罚。② 有学者在承认区分制的前提下，又认为应该采用"实质共犯论"的解释方案，也即由于网络帮助行为危害性提升独立性增强，可以将其直接评价为实行行为。③ 由于行为形态与量刑的捆绑，形式客观说将会导致对案件起重要作用的"共犯"只能处以较轻的刑罚，为了克服这些缺陷，使得罪刑均衡，区分制下不得不发展出"间接正犯""共谋共同正犯"等概念，或者直接采纳犯罪支配理论，认为对侵害结果或危险结果发生起事实上支配作用的就是正犯④，这使得传统依据构成要件的区分标准失去了其原本的意义。

"实质共犯论"的解释方案，否定区分制最为基础的从属性原则，事实上承认了帮助犯的独立性，忽视了与其所持共同犯罪理论的协调性。"如果坚持

---

① 参见陈洪兵：《帮助信息网络犯罪活动罪的限缩解释适用》，载《辽宁大学学报（哲学社会科学版）》2018 年第 1 期。

② 参见皮勇：《论网络服务提供者的管理义务及刑事责任》，载《法商研究》2017 年第 5 期。

③ 参见于志刚：《共犯行为正犯化的立法探索与理论梳理》，载《法律科学（西北政法大学学报）》2017 年第 3 期。

④ 张明楷：《刑法学》（上），法律出版社 2016 年版，第 392 页。

共犯独立性说,将帮助行为也理解为实行行为,必使(区分制)共犯理论崩溃。"① 也有支持帮助犯正犯化的学者认为,网络帮助行为已经具备独立性、主导性的特征,已经难以再根据共犯理论中的帮助犯予以评价②,这事实上已经说明了帮助犯正犯化的提法与区分制的体系不相容的问题。也有学者认为③,我国采取的是双层区分制④,从而对行为人的量刑并不直接与行为人的角色分工相挂钩,试图避免单层区分制⑤与独立评价帮助行为之间的体系矛盾。但是,区分制的宗旨就在于,对以不同形式参与犯罪的行为人区别对待,处罚的轻重是区别对待的关键。⑥ 所谓的双层区分制,能否被划归为区分制之内,还存有疑问。即使承认这一概念,根据支持双层区分制学者的观点,双层区分制与单一正犯体系的不同之处就在于,其第一个层次的区分,也即根据行为人分工进行的区分,仍然承认共犯对正犯的从属性。⑦ 只要承认了这一从属性,对帮助犯独立处罚就必然无法跳脱与区分制的共犯理论相抵牾的问题。

　　同时,正因为该观点建立在区分制的基础之上,在网络帮助行为所帮助的犯罪法定刑低于帮助信息网络犯罪活动罪时,将会导致罪刑不均衡的现象。帮助犯正犯化的解释路径意味着必须是被划归为帮助犯的行为人才能够适用该款的规定,而将正犯排除在外。这就意味着,共同正犯将不能够适用该罪进行处罚。结合上文所阐述的,支持帮助犯正犯化的学者认为网络帮助行为在某些犯罪中所起的是关键的作用,甚至危害性超过了实行行为,那么根据犯罪支配理论,这类行为人就很有可能会被直接认定为共同正犯,不能以该罪定罪处罚。且不论在区分制之下,根据是否具有支配来区分共同正犯与帮

---

　① 张明楷:《论帮助信息网络犯罪活动罪》,载《政治与法律》2016年第2期。
　② 参见于冲:《网络犯罪帮助行为正犯化的规范解读与理论省思》,载《中国刑事法杂志》2017年第1期。
　③ 参见刘仁文、杨学文:《帮助行为正犯化的网络语境》,载《法律科学(西北政法大学学报)》2017年第3期。
　④ 双层区分制认为,参与人类型仅仅承担定性功能,承载量刑功能的是作用分类标准下的主、从犯。参见钱六叶:《中国犯罪参与体系的性质及其特色》,载《法律科学(西北政法大学学报)》2013年第6期。
　⑤ 单层区分制认为,正犯与共犯的区分具有同时解决参与人的定罪和量刑的双重功能。参见钱六叶:《中国犯罪参与体系的性质及其特色》,载《法律科学(西北政法大学学报)》2013年第6期。
　⑥ 参见刘明祥:《论中国特色的犯罪参与体系》,载《中国法学》2013年第6期。
　⑦ 参见钱六叶:《双层区分制下正犯与共犯的区分》,载《法学研究》2012年第1期。

助犯是十分困难的事情，即使能够作出区分，在被帮助的行为人所实施的犯罪法定刑低于帮助信息网络犯罪活动罪之时，如行为人所帮助的是虚假广告罪、传播淫秽物品罪，就会出现实施起到作用较大的帮助行为，被认定为共同犯罪而适用较轻的法定刑，实施轻微、作用较小的帮助行为只能够适用较重的法定刑的情况，难谓合理。

（三）从犯主犯化

有学者站在单一制的角度，认为该罪属于"从犯主犯化"，即原属从犯的帮助行为在共同犯罪中的作用评价由处于次要或辅助的"从犯"向"主犯"靠近。① 该观点仍然遵循共同犯罪的归责模式，但是却认为单一制与共犯从属性并不矛盾，网络帮助行为的法益侵害性质及其程度无法脱离他人利用网络实施的犯罪行为单独判断。② 虽然笔者赞同我国所采纳的是单一制的犯罪参与体系，但是对该学者的观点持怀疑态度。

首先，在单一制是不可能与共犯从属性相容的。单一制意味着不区分正犯与共犯，在共同犯罪的情况下，与单独犯罪一样，根据行为人自己实施的行为及其心理状态来评价是否构成犯罪。③ 既然不同类型的行为都是正犯，自然不存在谁从属于谁的问题。该论者解释单一制下的从属性是"对剥离价值评价的事实的联动判断"，先对犯罪事实作一个整体的评价，再对需要评价的对象（帮助行为）作单独的判断。④ 但在笔者看来，这种解释路径，表面上没有直接说明帮助行为从属于实行行为，实际上将所有的行为结合起来考察之后，仍然要求存在一个可罚的实行行为。如果认为网络帮助行为仍然需要依托其所帮助的行为的情况来判断是否构成犯罪，就意味着回到了区分制的话语体系之下。正如上文在对帮助犯量刑规则这一观点的分析中所谈到的那样，在区分制的共同犯罪理论框架之下讨论该罪，承认共犯的从属性，已不能有

---

① 参见张勇、王杰：《网络帮助行为的犯罪化与非犯罪化》，载《苏州大学学报（哲学社会科学版）》2017年第3期。

② 参见张勇、王杰：《帮助信息网络犯罪活动罪的"主犯正犯化"及共犯责任》，载《上海政法学院学报（法治论丛）》2017年第1期。

③ 刘明祥：《论我国刑法不采取共犯从属性说及其利弊》，载《中国法学》2015年第2期。

④ 参见张勇、王杰：《帮助信息网络犯罪活动罪的"主犯正犯化"及共犯责任》，载《上海政法学院学报（法治论丛）》2017年第1期。

效地打击网络犯罪帮助行为,不符合该罪设立的立法目的。

其次,"从犯主犯化"的提法本身就存在问题。该论者一开始就将帮助犯置于从犯的地位,这与单一制的犯罪参与体系是不相容的。在单一正犯体系中,帮助犯并非一定是从犯,认定主从犯的唯一依据是犯罪参与人在共同犯罪中所起的作用,是在认定为共同犯罪之后所需要评价的内容。从犯就意味着起次要或者辅助作用,其与主犯的定义是完全不相容的,也就是说,从犯是不可能成为主犯的。只可能是,若成立共同犯罪,该帮助行为原本就应该被认定为主犯,而不是说本来应该被认定为从犯,因为该罪的设立而成为主犯。

最后,该论者将该罪解释为是"从犯主犯化",其中隐含的意义有两个。一是该罪只处罚构成共同犯罪的网络帮助行为,因为区分从犯与主犯的前提是成立共同犯罪。二是适用该罪代表着对这种帮助行为从重处罚,因为适用该条就意味着不再适用总则关于从犯从轻、减轻处罚或者免除处罚的规定。在第一层意义上,正如上文所讨论到的,该罪设立的目的就是为了惩处不能够认定为共同犯罪的网络帮助行为,坚持必须要构成共同犯罪才能以该罪论处已经不合时宜。应当将符合情节严重要求的,不构成共同犯罪的网络帮助行为也纳入该罪的处罚范围。在第二层意义上,从刑法对该罪三年以下有期徒刑或者拘役这一较轻的法定刑设置上就可以看出,该罪并不属于一个从重处罚的规定。此外,在各地的司法实践中,辩护人常将行为符合该罪作为一种罪轻辩护,也有法院也认为根据"从旧兼从轻原则"适用该罪,这也从侧面说明了,在同时构成共同犯罪之时,该罪绝不可能单纯是一个从重处罚的规定。是否属于从重处罚,需要比较具体构成的共同犯罪与帮助信息网络犯罪活动罪各自的法定刑才能确认,完全有可能存在按照共同犯罪处理处罚更重的情况。

三、单一制视角下该罪的性质

从以上的分析中可以看出,一方面,仅仅局限在共同犯罪的框架之内,认为该罪从属于其帮助的犯罪行为无法有效打击网络犯罪,阻断犯罪产业链条。另一方面,以帮助犯正犯化来解释该罪必然会与其区分制的根基相抵牾。因而笔者认为,在区分制的框架下,无法很好地解释该罪的性质。相比之下,单一制的解释方案存在许多优势。

（一）采单一制解释的优势

在单一制之下，所有的犯罪参与人都是正犯，各个行为人之间不存在从属关系，适用相同的法定刑，根据其在犯罪中所起的作用来决定最终的量刑。采用这一共同犯罪理论体系解释该罪的优势主要体现在两个方面。

其一，能够确保对各个行为人处罚适当。首先，在能够成立他罪共同犯罪的情况下，单一制认为能够构成该罪的行为，并不一定是在区分制下会被评价为帮助犯的行为，也可能是能够被评价为共同正犯的行为。这样不仅避免了区分帮助犯与共同正犯的难题，也不会导致实施所起作用大的网络帮助行为反而不能够被认定为该罪的不合理现象。其次，单一制认为构成该罪不要求符合共同犯罪的条件，即使被帮助的行为人没有实施实行行为，只要帮助者的网络帮助行为可以被评价为"情节严重"，符合该罪的构成要件，依然可以构成该罪，使打击网络犯罪的法网更严密。在单一犯罪行为法益侵害性较小，如在诈骗罪数额极小、虚假广告未造成严重的后果的情况下，就单个犯罪行为而言，无论对正犯还是帮助犯都不可能以犯罪论处，但是行为人帮助了众多的违法行为，从量的累积上来看，整体上对社会的危害并不小于为已经构成犯罪的实行行为提供网络帮助，的确存在处罚的必要。在区分制之下，无论如何解释都不能够抛开实行行为承认帮助犯的独立性，将该种行为认定为犯罪。单一制否定从属性的观点则认为该行为能够被独立评价，使得这部分的行为人能够受到应有的处罚。

其二，与从严打击网络帮助犯罪的刑事政策需要相契合。为了使得刑法适应社会发展的需要，在必要的时候应根据刑事政策的需要，将某些行为设立为犯罪，这也就是所谓的"立法的刑事政策化"[①]的问题。之所以设立帮助信息网络犯罪活动罪，是因为现实中有打击这一行为的刑事政策需求，而原有的刑法体系无法有效地打击这一行为。从严厉打击互联网犯罪的刑事政策的角度来看，设置该罪一方面是要在网络帮助的犯罪行为众多，但无法查明受到帮助犯罪的具体情况时惩处那些提供网络帮助的行为人，另一方面是要

---

① 参见陈兴良：《刑法的刑事政策化及其限度》，载《华东政法大学学报》2013年第4期。

处罚对大量违法（由于罪量原因不构成犯罪）行为[①]进行网络帮助的行为人。根据传统的共同犯罪论，对帮助犯定罪需要查明被帮助行为人的具体的犯罪行为，但这在网络帮助的背景之下基本上是不可能实现的，也会耗费大量的司法资源，只能从被帮助行为数量的巨大上来推定，帮助行为造成了严重的社会危害或有造成严重社会危害的危险。单一制之下帮助行为成立犯罪不一定要求存在实行行为，只需考察行为本身的社会危害性，这与刑法单独规定帮助信息网络犯罪活动罪的刑事政策目标相契合。与"帮助犯正犯化"出于处罚合理性的需要承认网络帮助行为特殊的独立地位，但又为了坚持区分制的理论传统承认从属原则这种自相矛盾的解释相比，单一制的解释显然更为合理。

问题在于，在被帮助的行为人并未着手实行犯罪时，或者无法查明其是否实施了犯罪的情况下，处罚帮助行为是否具有合理性。有的学者认为，在正犯未实行犯罪之时，就对共犯进行处罚，过度扩大了处罚范围，因为其本身还不具有作为未遂犯处罚的发生结果的具体危险性。[②] 笔者认为，在被帮助行为未着手的情况下处罚帮助行为并非是将其作为未遂犯处理，而是作为预备犯处理。应当承认，不同的犯罪对法益的侵害程度是不同的，将某些犯罪的处罚时点前置是实现社会防卫的必然要求，这也是刑法规定犯罪预备的目的所在。是否单独进行处罚，关键还是要看帮助行为本身的是否达到了应当予以刑事处罚的程度。

在不构成共同犯罪的情况下，仍可以单独追究教唆行为与帮助行为的做法，在其他国家的法律之中也有体现。在英美刑法中，存在着不同于共犯参与责任的未完成罪责任，英国2007年《重罪法案》就规定了教唆帮助罪，只要行为人实施了足以教唆或帮助他人犯罪的行为，无论被教唆或帮助的人是否着手实行犯罪，行为人都构成这一犯罪。[③] 在实行区分制的日本，也有判例

[①] 当然对犯罪也可以作多种不同维度的理解，一般认为不符合罪量要求但是符合其他犯罪构成要件的行为也可以被看作是犯罪行为。由于刑法明文规定之处罚对犯罪的网络帮助行为，对不可能构成犯罪的纯粹的违法行为，如卖淫、吸毒等的帮助行为，就不可能符合该罪的构成要件。

[②] 张明楷：《刑法学》（上），法律出版社2016年版，第408页。

[③] 参见谢望原、王波：《论英国刑法中的共犯退出》，载《法律科学（西北政法大学学报）》2013年第5期。

以及学者肯定预备行为的共犯。① 其采取的是将预备罪作为修正构成要件,肯定预备犯也是正犯的方式,仍然用区分制的从属规则解释预备犯共犯的可罚性。笔者并不赞同这种解释方式,因为犯罪的预备行为与实行行为存在着本质的差别,将预备行为作为正犯行为并不妥当,从实质上来说,这已经属于对共同犯罪实行从属性的一种突破,与其区分制的共同犯罪理论不协调。从中也可以看出,面对应当处罚的预备犯共犯,日本实务界与学界不得不在处罚合理性与区分制共犯体系的一贯性之间作出选择。一旦采取从属性说,不管何种从属形式,或多或少都会产生处罚漏洞。② 固守实行从属性,认为只有当正犯着手实行犯罪之后,教唆犯与帮助犯才具备应受处罚的法益侵害性的看法,忽视了刑法的犯罪预防的功能。否定实行从属性,并不必然意味着处罚范围的不当扩大。在刑法第13条的限制之下,某些达不到刑罚处罚程度的行为也可以被排除出犯罪圈,是否作为犯罪被处罚,应当根据案件具体情况进行自由裁量。

(二)单一制的具体解释方案

单一制认为,对所有犯罪参与人的评价都要依据其自身的行为与主观心态,对其进行定罪处罚,适用与单独正犯相同的规则。也就是说,对所有的犯罪参与人,只要其行为与犯罪结果之间具有因果关系,不管最终是否被认定为共同犯罪,都应该单独对其行为进行评价。在认定为共同犯罪时,根据刑法关于共同犯罪的规定定罪处罚,而当不构成共同犯罪之时,也可能单独定罪处罚。笔者认为,帮助信息网络犯罪活动罪与其帮助之罪之间的关系,应该是交叉法条竞合的关系,在同时符合两个罪的构成要件之时,依照法律的特殊规定,以重罪论处。行为人的帮助行为无论是否已经构成其他犯罪,都可能成立帮助信息网络犯罪活动罪。

1. 该罪与其帮助的其他犯罪之间的关系

对于一行为触犯数罪名的情况,既可能是法条竞合也可能是想象竞合。法条竞合的法条之间存在重合或者交叉的逻辑关系,想象竞合则不存在这种

---

① 参见[日]西田典之:《日本刑法总论(第2版)》,王昭武、刘明祥译,法律出版社2013年版,第352~365页。
② 林钰雄:《新刑法总则》,台北地区元照出版有限公司2016年版,第458页。

关系。区分法条竞合与想象竞合的标准是看选择一个条文能否对犯罪事实作出完整的评价，如果可以就属于法条竞合。① 一个网络帮助行为，可能会同时触犯该罪与其帮助的其他犯罪。构成该罪的行为，首先是其他犯罪的帮助行为，若不考虑罪量的要素②，构成帮助信息网络犯罪活动罪的行为必然构成其帮助的其他犯罪，也就是说，帮助信息网络犯罪活动罪可以对所有的网络帮助行为作出完整的评价。由此可以说明，该罪与其帮助的其他犯罪之间是法条竞合的关系。但是，由于该罪所能帮助的行为类型众多，犯罪的帮助方式也多种多样，就具体的某一分则罪名而言，构成该罪并不必然意味着成立特定的分则罪名，反之亦然。以该罪与诈骗罪的关系为例。如 A 的网络帮助行为帮助了他人实施传播淫秽物品牟利的行为、虚假广告的行为，但没有帮助他人实施诈骗行为，A 构成帮助信息网络犯罪活动罪但不构成诈骗罪。又如 A 明知 B 实施电信诈骗，为其提供设备及场地，由于实施的不是该条规定的网络帮助行为，A 构成诈骗罪但不构成帮助信息网络犯罪活动罪。因此，该罪与其帮助的其他犯罪之间，是交叉法条竞合的关系，该罪属于特别法，其他犯罪属于一般法，原则上适用特别法优于普通法的原则，只是由于该罪第 3 款的特别规定才优先适用重法。

2. 该罪包含的具体行为类型

（1）构成他罪共同犯罪或者单独犯罪的网络帮助行为

新罪的设立应当是为了严密法网，惩处旧法无法规制的危害社会行为。对于原本就可以通过认定为其他犯罪的共同犯罪或者单独犯进行定罪处罚的帮助行为，原本没有必要也不应该以这一新罪定罪处罚。从该罪第 3 款"择一重处罚"的规定中也可以看出立法机关为实现这一罪刑均衡目的所做的努力。立法机关为该罪设立了较低的法定刑，在大部分情况之下，认定为其他犯罪而不以该罪论处处罚会更加严厉，从而根据该款的规定，对网络帮助犯应以其帮助的罪名定罪处罚。如果不作从重处罚的规定，就难以解释都是帮助行为，为何唯独对网络帮助行为处以较轻的处罚。如果按照案情完全可以

---

① 参见刘明祥：《嫖宿幼女行为适用法条新论》，载《法学》2012 年第 12 期。
② 笔者认为，在判断竞合关系之时，不应该考虑罪量的要素，即不应当考虑数额较大、情节严重、重大财产损失这类需由司法解释另行规定或由法官自由裁量的要素。原因在于，各个犯罪之间的法条关系应该具有稳定性，上述因素具有不确定性，将其作为竞合关系考察时的要素，会破坏法条之间的稳定关系。

113

将实施网络帮助行为的人认定为他罪的共同犯罪人或者单独犯,但由于司法机关将该罪定义为"刑法新设立的轻罪"而不对行为人以共同犯罪论处,这与从严打击网络犯罪的刑事政策是完全背离的,也是对以其他方式实施帮助行为的行为人的不公平对待。正如上文所说,出现这种情况是由于将该罪解释为帮助犯的量刑规则。但究其更为深层次的原因,是没有意识到该罪设立的真实意图,从而无法作出合适的解释,发挥该罪名应有的作用。

但是,该罪在构成要件的表述上没有将可以认定为他罪共同犯罪或者单独犯的行为排除在该罪的处罚范围之外。若某些网络帮助行为能够构成他罪,那么就说明该行为达到了应予刑罚处罚的条件,必然符合帮助信息网络犯罪活动罪"情节严重"的要求从而构成该罪。问题在于,当他罪的法定刑低于该罪的法定刑之时,仍然会造成处罚均衡性上的问题。因为在同时构成他罪的情况下,若帮助行为没有同时造成其他法益侵害,仅因其特殊的帮助方式就对帮助者施以较重的法定刑是没有道理的。这一处罚均衡上的问题是立法的模式所导致的,要克服这一问题,只能够通过司法上量刑的特殊考量,不对行为人判处比认定其为他罪时更重的刑罚。如行为人帮助的行为是虚开发票的行为,刑法规定该罪的最高法定刑为二年有期徒刑,那么对行为人最终的量刑就不能够超过二年有期徒刑。当然,采用单一制意味着帮助行为对实行行为不具有从属性,因而对实行犯罪行为的行为人的量刑并不必然高于网络帮助行为,也不会出现在共同犯罪中起到关键作用的行为人由于被认定为帮助犯而不能够处以较重刑罚的困难。需要注意的一点是,这里出现的罪刑均衡方面的问题,与前述"帮助犯正犯化说"中区分共同正犯与帮助犯所导致的罪刑均衡问题并不相同。前述学说中的不均衡,是出现在同一个罪的判罚之中,如A与B都实施了利用网络帮助他人实施虚假广告的行为,但是A的帮助行为起到了关键性的作用,从而被认定为共同犯罪只能在二年有期徒刑之下的法定刑幅度内判处刑罚,B的帮助行为较A轻微,只能构成帮助犯,从而构成帮助信息网络犯罪活动罪,可能在三年有期徒刑之下的法定刑幅度内判处刑罚。在这里,对B的处罚明显是不合理加重的,属于同一罪名之下的罪刑不均衡。而根据单一制的观点,虽然并非在罪刑均衡上的完美无缺,但是至少可以避免同一罪名之下的均衡问题,可以说是更为合适的解释方案。

如在某一真实案例之中,行为人明知其公司推广业务的对象为网络诈骗分子,为开展业务,仍为诈骗人员办理互联网网站推广服务,最终被认定为诈骗罪。① 法院认定诈骗的共同犯罪数额并未达到当地诈骗罪数额巨大的标准，应当对共同犯罪人按照诈骗罪数额较大这一档的法定刑处罚，而这一档法定刑"三年以下有期徒刑、拘役或者管制"是低于帮助信息网络犯罪活动罪的法定刑"三年以下有期徒刑或者拘役"的。虽然最后按照诈骗罪共同犯罪处理的处罚结果是合理的，但是并不符合刑法第 287 条之二第 3 款择一重罪处罚的规定。正确的做法应当是按照帮助信息网络犯罪活动罪定罪，但应在量刑时考虑同时所构成的共同犯罪应当判处何种刑罚，做到罪刑均衡。

（2）不构成其他犯罪但有其他严重情节的网络帮助行为

在单一制的犯罪参与体系中，帮助行为可以脱离其所帮助的行为，进行独立的评价。在网络帮助行为不构成其他罪的共同犯罪或者单独犯的情况下，仍然可以综合其他的因素判断行为人的行为是否符合"情节严重"。笔者认为，"情节严重"的判断，应该包括两个方面：一是在行为人的帮助某一犯罪行为时所起的作用程度；二是其所帮助犯罪行为的数量多少。在行为人的网络帮助行为构成某一分则罪名之时，说明其行为已经达到了应当被刑罚处罚的程度，当然属于帮助信息网络犯罪活动罪的"情节严重"。而当其不构成其他分则罪名时，则要综合考虑其服务对象多少、服务费收取的金额、广告投放的数量等方面，判断是否符合"情节严重"。从而，不构成共同犯罪，但是具备严重社会危害性，符合"情节严重"标准的网络帮助行为，也应当被纳入该罪的规制范围。如前文所述，该罪与其帮助的其他犯罪之间是交叉法条竞合的关系，最终只能够适用一个法条定罪量刑，因此将行为人的行为评价为两个不同的犯罪，并不会产生重复评价的问题。在同时构成该罪与其他罪之时，应当根据刑法明文规定择一重处罚。

综上所述，帮助信息网络犯罪活动罪所规制的行为包括两个方面。一是能够同时构成他罪的网络帮助行为，对于这类行为应当按法定刑重的罪定罪处罚。但是，如果他罪的法定刑低于帮助信息网络犯罪活动罪，在量刑时不能高于认定为共同犯罪时所应当判处的刑罚。二是不构成其他犯罪，但能够被综合评价为"情节严重"的网络帮助行为。仅在共同犯罪的框架之下，无法完整描绘出该罪的轮廓。对于实施了网络犯罪帮助行为的行为人，对其定罪应当遵循一个适当的程序。首先判断其行为是否构成其他犯罪，如果构成，

---

① 《河北省衡水市桃城区人民法院刑事判决书》(2016) 冀 1102 刑初 202 号。

则比较其构成的犯罪与帮助信息网络犯罪活动罪之间的法定刑，择一重定罪，然后将剩余的犯罪事实与情节再作评价，若仍然满足帮助信息网络犯罪活动罪情节严重的标准，则将行为人构成的他罪与该罪数罪并罚。如果不构成其他犯罪，则需单独判断是否符合该罪情节严重的标准（见图1）。

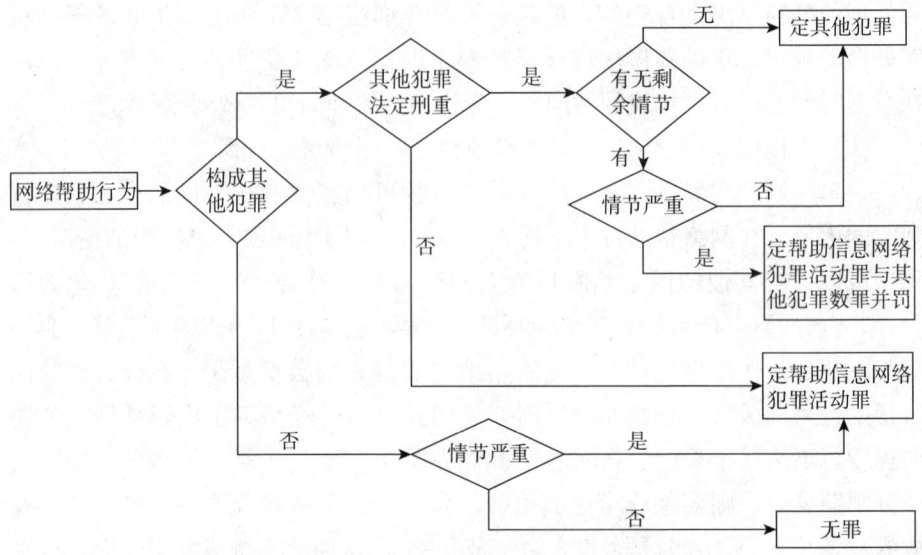

图1 实施网络犯罪帮助行为的行为人之定罪过程

【判例研究】

"恶意好评"致网店降权案的性质界定研究
——以张某、王某网店纠纷案为视角

蔡 荣[*]

关键词

破坏生产经营罪　损害商业信誉罪　传统犯罪　网络异化　刑法应对

内容摘要：面对传统犯罪网络异化的全新挑战，为了解决文本规范与犯罪行为方式转变所带来的司法适用上的疑难问题，刑法上必然需要做出积极回应。网店进行"恶意好评"行为符合破坏生产经营罪的犯罪构成，通过恶意好评行为妨害他人生产经营活动，并造成重大经济损失，可以评价为破坏生产经营的行为；本案同时触犯了损害商业信誉罪，因为行为人利用互联网致使甲公司网店被搜索降权，导致其商业信誉遭受重大损失。因此，本案属于破坏生产经营罪与损害商业信誉罪的想象竞合犯，应当从一重论处，以破坏生产经营罪论处。

---

[*] 作者单位：南昌大学法学院。

一、案件简介及问题提出

随着网络市场的构建与完善,人们逐渐从传统经济生活方式向线上、线下相融合的现代网络经济生活方式过渡。经济生活的互联网化,带来了传统犯罪网络异化的土壤和养分,并由此造成传统犯罪经历从"计算机系统犯罪"到"网络工具犯罪",再到"网络社会犯罪"的代际变迁,与之相适应,规制网络犯罪方面的刑法规范也需要随之进行调整和更改。如今,面对传统犯罪网络异化的全新挑战,刑法规范必然需要做出积极回应。为了解决文本规范与犯罪行为方式转变所带来的司法适用上的疑难问题,使刑法规范对新型网络犯罪行为及时应对,科学的刑事立法与合理的刑法解释仍将是未来的主导性方向,尤其是解释的合理性,更是坚守罪刑法定原则前提下的关键所在。本文结合典型案例,对破坏生产经营罪与损害商业信誉罪的法益内涵及行为类型进行探讨,进而探求对网店进行"恶意好评"行为的犯罪定性问题,并沿着由典型到一般的逻辑思维线索对引申出的网络犯罪的刑法应对予以相应的构想。基本案情如下:

张某、王某二人分别在某购物网站上以甲公司和乙公司的名义注册经营店铺,两公司均是利用自动充值系统,为用户提供话费自动充值业务的服务。为了谋求更好的竞争利益,王某找到李某,让李某大量购买张某网店的商品,并给予"好评"。此举直接促发购物官网预警系统,使得张某的网店的服务商品被购物网站降权。[①] 在此情形下,因降权而影响张某网店的正常经营,并造成 30 万元的经济损失。案发后,王某和李某被公安机关刑事拘留。[②]

在案件的定性过程中,关于本案中李某、王某的行为性质的认定及罪名如何选择的问题,存在以下几种意见:

第一种观点认为,该行为不构成犯罪。刷信誉行为在网店经营中时有发

---

① 根据《淘宝规则》的相关规定,卖家存在通过不正当方式获得商品销量、店铺评分、信用积分等不正当利益,妨害买家权益等虚假交易行为的,将视情节予以一定处罚;搜索降权是指商品能够被搜索到,但在搜索结果中排名靠后,具体表现如下:1.人气排名和所有宝贝排序,商品排名靠后;2.价格、信用和销量排序,商品默认被隐藏。

② 案件来源:《专题:恶意好评致他人网络经营受损的刑法定性》,载《人民检察官》2015 年第 3 期。

生，大多数只是被认定为不正当竞争行为，不会上升为刑事处罚。恶意好评行为本质上也是刷信誉行为的一种反运用，对正常刷信誉行为都不会促发刑事追责，而这种被"好评"行为反而被追究刑事责任，将并不具有刑罚处罚性的行为认定为犯罪行为，会造成法律适用标准不一，有刑事犯罪圈任意扩大的风险。

第二种观点认为，张某、王某构成破坏生产经营罪。认为恶意给网店好评，致使促发淘宝监督机制，导致网店被降权，破坏了网店的正常经营活动，而且行为人主观上具有破坏他人生产经营活动的犯罪故意，客观上实施了破坏生产经营的行为，成立破坏生产经营罪。

第三种观点认为，该行为构成损害商业信誉罪。李某、王某出于不正当竞争的目的，对张某进行恶意好评，造成的直接后果是使得网店的搜索排名被降权。而在网络购物中，搜索排名评价体系是对网店商业信誉罪直观的表现。因此，网店遭受降权就是商业信誉遭到了损害，应当以商业信誉罪定罪处罚。

二、相关问题的法理分析

（一）破坏生产经营罪的定性剖析

破坏生产经营罪，是指由于泄愤报复或者其他个人目的，毁坏机器设备、残害耕畜或者以其他方法破坏生产经营的行为。

1. 破坏生产经营罪法益内容的界定

犯罪的本质就是法益的侵害，通过对法益的侵害实现犯罪的目的。对罪名所包含法益的讨论，是法益解释机能和分类机能在解释学上的具体运用。刑法分则中，章节的设定是依据所保护利益的不同进行划分和编排的。1997年刑法将破坏生产经营罪从1979年刑法中的"破坏社会主义经营秩序罪"一章移到如今的"侵犯财产罪"一章，罪名位置的变动则反映了破坏生产经营罪所保护的法益内涵的变化，因此产生了认识上的分歧。坚持传统的观点认为，虽然本罪的章节发生变化，但其所保护的法益仍然是国家、集体和个人生产活动的正常秩序。① 这种观点符合生产经营罪立法原意初论的判断，但是无法解释在新旧刑法中罪名章节的变化。由此产生了历史解释与体系解释的位阶问题。历史解释有利于探究罪名的立法目的，就历史解释而言，那些并不侵犯财产权益的破坏方式也可以构成本罪，而按体系解释的立场，只有同时侵犯财产权和破坏生产经营活动的行为才能构成本罪。② 体系解释以对体系秩序的协调为基准，即法律规定的编排都是有意义的。③ 在确定罪名所保护的法益时，应当以具体罪名所属的类罪名为指导，不应当超出同类法益的范围。根据体系解释，重视类罪名所保护法益的财产保护说则认为，已经将破坏生产经营罪修改至侵犯财产罪这一章，该罪所保护的法益自然是财产的所有权。④ 这种观点是符合将罪名放在刑法这个整体中考量的体系解释的要求的。但是，从罪名看，"破坏生产经营"并没有体现对财物所有权的侵害；从法律条文本身来看，法条中"毁坏机器设备，残害耕畜"的描述可以理解成对生产资料的破坏，从文义解释上可以看出对财物所有权的侵害。但是，如果仅仅是对生产资料本身的破坏，完全可以通过故意毁坏财物予以刑法规制，故意毁坏财物罪和破坏生产经营罪在刑罚的轻重上也并无二致。那么，如果仅仅是出于保护生产资料的立法目的，并没有单独设立一个罪名的必要。"财产保护说"虽然看到了立法上的变化，但并不能充分论证这一变动的合理性。

　　通说的观点认为，破坏生产经营罪是复杂客体，侵犯正常生产经营活动秩序的同时，又侵犯公私财产所有权。⑤ 刑法并不否认一个罪名中包含了数个法益，抢劫罪也同样包含了既对人身安全又对财产安全的法益保护。"复杂客体说"很好地解决了单个法益保护说所存在的问题。但是，复杂客体又带来了新的问题，当破坏生产经营行为没有侵犯财产权，仅仅妨害了正常生产经营活动的秩序，能否认定为破坏生产经营罪。换言之，在复杂客体之中，存在各个法益之间的关系问题，是主次关系还是并列关系，用什么标准来确立

---

① 肖扬：《中国新刑法学》，中国人民公安大学出版社 1997 年版，第 518 页。
② 刘树德：《实践刑法学·个罪Ⅱ》，中国法制出版社 2009 年版，146 页。
③ [德] 英格博格·普珀：《法律思维小学堂》，蔡圣伟译，北京大学出版社 2010 年版，第 77 页。
④ 皮荷芳、刘雯露：《浅析破坏生产经营罪》，载《天津市政法管理干部学院学报》2003 年第 2 期。
⑤ 高铭暄、马克昌：《刑法学》，北京大学出版社 2011 年版，第 524 页。

二者之间关系。放在认为是复杂客体破坏生产经营罪中,则要考虑生产经济活动的正常发展和公私财物的所有权,这两个法益在该罪中的位阶问题。

笔者认为,复杂客体应当存在主次之分,财产所有权的保护应为主客体。原因有二:其一,破坏生产经营罪为财产犯罪,法律条文只有当它处于与它有关的所有条文的整体之中才能显出其真正的含义。① 体系解释是刑法安定性保障的外在要求,其通过解释使得刑法条文相互协调从而实现刑罚的可预期性。② 体系解释以刑法规范之间的协调为主旨,强调刑法体例编排的重要意义。因此,破坏生产经营罪的法益判断不应当超脱于财产犯罪所保护的法益范围,其主客体应当是财产所有权的保护。其二,如果承认没有侵害公私财物,仅仅妨害了正常的生产经营活动秩序也可以评价为破坏生产经营罪,那么,破坏生产经营秩序罪就可能成为扰乱市场秩序罪的兜底罪名,这与其作为财产犯罪的体系分布是不相符的。因此,破坏生产经营罪的客体应当是复杂客体,包括财产所有权的保护和正常生产经营秩序的发展,就两个客体的主次关系而言,对于正常经营活动秩序的法益保护,应当建立在对公私财物的法益保护基础之上。换言之,如果没有对财产所有权的侵害,就不能认定为破坏生产经营罪。需要强调的是,同"窃取型"和"抢夺型"财产犯罪中,财产所有权的侵害直接表现为对财物占有的丧失,进而在财产犯罪中强调对占有权的保护不同,毁弃型财产犯罪中对财物所有权的侵害表现在占有、使用、收益、处分所有权的各个方面的侵害。包括效用的减损和收益的下降。对使用权、收益权、处分权的侵害同样是对财产所有权的侵害。

2. 破坏生产经营罪中"其他方法"的合理界定

刑法第276条对破坏生产经营罪的行为方式表述为:"……残害耕畜或以其他方法破坏生产经营的……"这种罪状的表述行为是典型的"列举+概括"式的犯罪行为表述方式。有学者认为:"以列举设置罪状的形式其目的就在于追求条文的明确性,而'以其他方法……'这一模糊用语使这一立法目的根本无法实现。"③ 笔者对这种观点持不同的意见,刑法的明确性无疑应当是罪刑法定原则在刑事立法上最直观的体现。在立法过程中,进行罪状的描述应

---

① [法]亨利·莱维·布律尔:《法律社会学》,许钧译,上海人民出版社1987年版,第70页。
② 苏彩霞:《刑法解释方法的位阶与运用》,载《中国法学》2008年第5期。
③ 徐文斌:《刑法条文设置的科学性研究》,上海人民出版社2011年版,第240页。

当尽可能地实现刑法条文语言含义的明确性。但同时我们应该认识到,法律调整生活事实多种多样,而法律条文的数量要尽可能精简以具备条理性。法律所调整的生活事实的无限性与法律条文的有限性之间的辩证统一,必将使得成文法规范包含一般性、普遍性的评价标准。为了解决这种矛盾,就应当借助于法律概念的开放性和模糊性,即可以将法律适用于新的事实。① 法律语言的模糊性既是语言表述规范的无奈,也同样是立法技术上精妙之处。因此,"其他方法……"的立法规定正是立法者为应对僵硬的法律条文和丰富的现实生活之间的差距,对新出现的犯罪类型所采用的适应性举措。

但对于具有适应性意义的"其他方法"的范围,立法部门并没有在刑法规范中予以明确的标准,而是留给司法过程去解决。在解释这种例示法表述的法律规范时,根据同类解释规则的基本要求,只要是与所列举方法相当的方法即可。而以何种标准判断"其他方法"中与"毁坏机器设备"所具有的相当性,即对同类解释规则的"类"作何判断是运用同类解释的关键所在。这种相当性不仅仅指行为方式的相当,从对新型犯罪的适应性上看,形式上的相当并不能真正发挥刑法规范的适应性作用。建立于形式主义基础上的犯罪构成体系无法进行实质的违法性判断。② 不能仅在构成要件符合性阶段进行形式判断,因为过于强调形式判断,将削弱"其他方法"在立法目的上的适应性功能的作用;从采取"列举+概括"这样立法技术的用意来看,这样的立法安排本身就是为了应对立法时所难以预见、今后的社会生活中可能出现的犯罪类型而设定的。因此,应当对"其他方法"进行目的性解释,根据法益保护的目的、社会危害性、应受刑事处罚性来进行相关性的判断,以弥补我国刑法规范罪状描述的过于具体而带来的对社会变化发展适应性不足的弊端。

从历史沿革的视角分析,"破坏机器设备、残害耕畜"的列举模式完全是照搬1997年的立法原文,当时的生产经营方式比较单一,列举的行为方式的确具有相当的典型性和多发性。但是,随着生产经营模式和社会经济的发展,单纯的列举已经完全不能适应当前的社会经济体制。③ 因此,对"其他方法"

---

① [德]伯恩·魏德士:《法理学》,丁晓春、吴越译,法律出版社2013年版,第88页。
② 劳东燕:《刑法基础的理论展开》,北京大学出版社2008年版,第150页。
③ 孙黎文:《破坏生产经营罪若干疑难问题研究》,华东政法大学2011年硕士学位论文。

的解释通过形式的相当性很难适应当今市场经济现状，一味地寻求同列举式相当性会不当地缩小处罚范围，放纵犯罪，刑法的漏洞由此产生。而目的性解释天生具有填补刑法漏洞，确保刑法严密性和开放性的基本功能。因此，在对破坏生产经营罪中"其他方法"的内涵界定过程中，基于目的解释方法应当对"其他方法"的范围作更加抽象的理解。

对"其他方法"范围的界定，应当回归法益保护的目的性探究。正如学者所言："离开刑法的法益保护目的就不可能解释构成要件，不可能对构成要件符合性作出判断。"① 破坏生产经营罪属于财产犯罪，财物所有权的保护为其主法益。对破坏生产罪中"其他方法"范围的界定不应当超脱财产犯罪的体系框架。对法律条文的解释，必须使法律条文之间保持协调一致。保持法律协调是实现刑法正义的基本要求。按照协调性的基本要求，位于侵犯财产罪章节之下，破坏生产经营罪中的"其他方法"的解释，也应当具有"毁坏机器设备"所体现出来的对财物所有权的法益侵害。因此，"其他方法"应当是指同"毁坏设备"具有相当性的毁坏财物的方法。

有学者认为，破坏生产经营罪的行为方法不限于那些破坏生产资料的方法，干扰利用生产资料进行生产经营活动的情形，也会严重破坏生产经营活动，而此时破坏的对象就是生产经营活动本身。② 这正是站在目的解释论立场上，根据以"其他方法"破坏生产经营活动的危害结果的相当性为依据进行实质违法性判断，对具有处罚必要性的行为进行合理归罪。但是，笔者认为上述观点有失偏颇，强调实质违法性的判断，并不意味着必然导致归罪的任意性。目的解释方法的肆意必然导致对罪刑法定原则的践踏，应当以法益的具体内容对"目的"的内容本身先行界定。具体分析如下：

首先，张明楷教授在论及目的性解释更具操作性指出："保护法益是刑法的整体目的，《刑法》分则各章的目的是第二层的刑法目的，《刑法》分则各章之下的第三层次的刑法目的，可以从节名和相关规定得以明确，《刑法》分则各本条的目的是第四层的目的，可以从各本条的具体规定得以明确。"③ 刑法的目的是保护法益，对目的解释方法的运用要首先明确"目的"的内容，

---

① 张明楷：《实质解释论的再提倡》，载《中国法学》2010年第4期。
② 黄晓亮：《恶意好评致使网店被降权处理的刑法评价》，载《人民检察官》2015年第3期。
③ 张明楷：《刑法目的论纲》，载《环球法律评论》2008年第1期。

即所保护的法益为何。破坏生产经营罪的所保护法益，是对用于生产经营的财物的所有权的保护，只有当其他方法侵犯了生产资料的所有或占有时，才能认定为"其他方法"。而不能仅仅认为其他能够破坏生产经营的手段都囊括在其他方法之中。只有既造成了生产资料财产权利的破坏，又破坏生产经营并造成经济损失的，才能认定为破坏生产经营罪。

其次，该观点还认为，破坏生产经营罪的行为对象就是生产经营。支持的理由是，"生产经营"貌似抽象，实际上乃是由人和物组成的。① 犯罪对象是指实行行为所指向的人或物。人包括自然人和法人，物是指不以人的意志为转移的客观存在，包括有形的和无形的物。犯罪对象本身并不包括行为和社会关系，论者将行为的对象认定为生产经营活动本身，是混淆了犯罪对象和法益的表里关系，将作为法益的生产经营活动秩序本身理解为犯罪对象。概而论之，破坏生产经营罪的行为类型应当是：行为人通过对用于生产经营活动工具的破坏，实现对生产经营活动本身的破坏。

最后，罪名的选择是在事实与规范之间进行逻辑推理的结果，罪名往往体现着犯罪的行为特征或者危害结果。例如，我们将达到相当社会危害性的盗窃行为直接规定为盗窃罪，罪名起着这种直观的、易于查找的索引作用。但是，罪名本身并不是确定和解释该犯罪具体构成要件的依据。虽然罪名与罪状的基本功能都是对犯罪的识别功能，但罪状是从实质角度进行，而罪名从形式上对犯罪类型的高度概括。② 在确定具体的犯罪构成要件时，应以刑法分则明文规定的罪状、总则条文的相关规定以及其他相关条文的内容为依据，而不能直接以罪名依据确定构成要件。③ "破坏生产经营罪"罪名本身并没有反映"财产所有权"的法益保护，也没有体现"破坏生产资料"的行为特征，所以不应仅依据"破坏生产经营罪"这一罪名对犯罪的构成要件类型作直观的理解。上述观点正是基于这样的逻辑思路，将"以破坏生产经营为目的"作为破坏生产经营罪的主要构成要件要素，从而将一切干扰生产经营活动的手段行为都评价为"其他方法"。综上所述，对"其他方法"的目的性解释，应以罪名所保护的法益的具体内容进行判断——破坏生产经营的行为既损害

---

① 陈兴良：《刑法各论精释》，人民法院出版社2015年版，第640页。
② 赵宁：《罪状解释论》，上海人民出版社2014年版，第35页。
③ 张明楷：《刑法分则解释原理》，中国人民大学出版社2009年版，第76页。

了正常的生产经营秩序，又造成了经济利益的损失。没有作为生产资料等财物的财产损失的，不能认定为破坏生产经营罪的"其他方法"。

3. 破坏生产经营罪中行为表现方式的认定

相较于同样属于"毁弃型"犯罪的故意毁坏财物罪，本罪主要着眼于毁坏生产资料的手段行为。换言之，本罪实际上以故意损害财物的方式破坏他人生产经营。而对毁坏含义的理解，刑法理论上存在如下不同学说：（1）质的毁弃说。从物质上破坏、毁损财物的一部或者全部，因而侵犯财物本来效用的行为才是毁坏。①（2）有形侵害说。通过对财物的有形作用，毁损财物的无形的价值，以及毁损财物的物体完整性的行为，就是毁坏。②此说也旨在限制处罚范围，但是对"有形""无形"的判断缺乏依据。（3）效用侵害说。毁坏并不限于物理性的损坏，而是指有害于物之效用的一切行为。③从对毁坏行为的定义来看，毁坏是指使某一财物的使用价值完全丧失，包括物理性破坏和功能性破坏两种情形。④诸如"向贵重餐具撒尿"等行为，这样使其在心理上抗拒而不再使用的行为，甚至使权利人丧失占有的藏匿的行为也相当于毁坏。

笔者认为效用侵害说之一解释较为妥当，其主要理由如下：第一，基于对物质毁弃说的批判，如限定于物理性损坏，则处罚犯罪过于狭窄；第二，毁弃型财产犯罪与其说是为了保护财产本身的价值，毋宁说是对被害人财物占有的保护，效用的丧失使得被害人对财物的占有失去意义，也属于毁坏财物；第三，并无非法占有的意思，将他人的财物藏匿，是他人丧失正常使用的可能，也同样是对他人财产法益的破坏，而仅有的物理毁损显然无法包含这种丧失占有的毁弃行为。

（三）损害商业信誉罪的司法认定

1. 损害商业信誉罪的法益

关于损害商业信誉罪所保护的法益，认识上不统一，主要有以下几种

---

① 王作富：《刑法分则实务研究》，中国方正出版社2013年版，第1031页。
② 张明楷：《刑法学》，法律出版社2011年版，第911页。
③ [日]西田典之：《日本刑法各论》，刘明祥、王昭武译，中国人民大学出版社2007年版，第213页。
④ 陈兴良：《规范刑法学》，中国人民大学出版社2008年版，第793页。

观点：

第一种观点认为，本罪的客体侵犯的是"社会主义市场经济秩序"；① 第二种观点认为，侵犯的客体是商业信誉和市场正常的竞争秩序；② 第三种观点认为，侵犯的客体是他人的商誉权；③ 第四种观点认为，侵犯的客体是被侵犯人的人格权和名誉权；④ 第五种观点认为，该罪的客体为复杂客体，既包括商誉权也包括社会主义市场经济秩序。⑤

笔者认为，第一种观点有不当之处。其欠缺在于误将破坏市场经济秩序罪类罪名的法益直接作为损害商业信誉罪的直接客体。法益是具有作为犯罪分类标准的机能。刑法分则根据法益将犯罪分为十类。但是，破坏市场经济秩序作为类罪名法益的分类机能并不能适用到类罪名之下的损害商业信誉罪之中，因为同损害商业信誉罪一样，其他破坏市场经济罪也是对市场正常经济秩序的法益的维护。因此，将损害市场经济秩序作为损害商业信誉罪的直接客体不能实现该罪对其他同类罪名的法益区分。在此情形下，损害商业信誉作为个罪的独立性将丧失。

第二种观点认识存在偏差。首先，虽然该观点认为侵犯的法益为复杂客体，认识到损害商业信誉罪独立性又不失其类罪名的法益侵害。本罪的客体是表述为商业信誉、商业声誉还是商誉权，商业信誉并不等于商誉权，商业信誉、商业声誉是商誉权的标的，前者是"法益说"的立场，后者是"法律关系说"的立场。⑥ 商誉权是商业主体依法享有商誉不受侵犯的权利，法律对商誉的保护通过商誉权来实现。因此，刑法应当保护的是商誉主体的商誉权，而不是商誉本身。其次，损害商业信誉罪行为人虽多为出于不正当竞争动机而对竞争对手进行商誉诋毁的同业竞争者，但是，不正当并不是出于不正当竞争的竞争动机并不是刑法所规定的法定的构成要件要素，当行为人动机而损害被害人商业信誉的，客观上也没有造成对市场竞争秩序的破坏。但造成

---

① 肖扬：《中国新刑法学》，中国人民公安大学出版社1997年版，第445页。
② 高铭暄、马克昌：《刑法学》，北京大学出版社2011年版，第448页。
③ 李永升：《侵犯社会法益的犯罪研究》，法律出版社2014年版，第277页。
④ 王庆民、徐莹、蒋熙辉：《论损害商业信誉、商业声誉罪》，载《中国刑事法杂志》2000年第4期。
⑤ 王作富：《刑法分则实务研究》，中国方正出版社2013年版，第1031页。
⑥ 雪瑞麟：《犯罪客体论》，中国政法大学出版社2008年版，第101～104页。

了被害人商业信誉的减损，能够成立该罪。

第三种观点也同样不够全面。一方面，损害商业信誉罪的直接客体是对商誉权的侵害；另一方面，类罪名法益的体现应当是检验法律解释合理性的标准之一。从体系解释的意义而言，如果某些侵犯商誉权的行为并没有影响市场经济的正常秩序，我们就不能认定其构成损害商业信誉罪。市场经济秩序作为类罪名法益，对损害商业信誉罪的范围予以限定。侵犯商誉权并造成了市场经济正常秩序的破坏才能成立侵犯商业信誉罪。

第四种观点将商誉权与人格权和名誉权混淆了。商誉权与名誉权、人格权的主体、行为方式、内容、评价标准都是存在区别的。不能将商誉权同名誉权与人格权等而视之。

笔者赞同第五种观点，即被行为人侵害的他人的商誉权才是本罪所保护的法益。侵犯商业信誉罪对市场经济秩序的扰乱是通过对商誉权的损害而产生的间接影响。但是，损害商业信誉罪除了侵犯了对方商誉之外，同时也破坏了国家对正常市场秩序的管理制度。也就是说，虽然有人认为国家对正常市场秩序的管理制度为本章的同类客体，不适合作为直接客体，但并不妨碍其在具体法益分类功能之外，对所保护法益的范围进行限定。一方面，从损害商业信誉行为的作用力来看，其虽直接造成了市场管理制度的破坏，而与直接对正常市场秩序造成破坏不同的是，市场秩序的破坏是通过商誉权的损害和市场管理制度的破坏间接起作用的；另一方面，将同类客体作为损害商业信誉罪直接侵犯的法益并不会影响法益的分类机能的丧失，商誉权的法益保护已经能够完成损害商业信誉罪的法益分类机能。因此，在复杂客体中，商誉权的法益保护保证了个罪的独立性，而市场经济秩序的法益则划定了损害商业信誉罪的处罚范围。

2. 损害商业信誉的犯罪对象

对损害商业信誉罪的犯罪对象，认识上也并不统一。一种观点认为，犯罪对象为"他人"，即商品的生产者和经营者，包括法人和自然人。必须针对特定的人或者单位实施。[①] 还有学者认为，本罪的犯罪对象为商业信誉和商业声誉。[②] 商誉是指商品的生产经营者随着商品生产并进入流通领域后形成的，

---

① 周道鸾、张军：《刑法罪名精释》，人民法院出版社2003年版，第330页。
② 周光权：《刑法各论》，中国人民公安大学出版社2011年版，第278页。

反映社会对其生产、销售、服务等方面的综合评价。① 通说理论认为，犯罪对象是物、人或组织。物包括有形的物和无形的物，是一种不以人的意志为转移的客观存在。第二种观点基于此提出：商誉作为长期商事活动形成的评价内容，本身就可内生为商事主体的无形资产，因此，可将商誉评价为一种无形的物而成为损害商业信誉罪的犯罪对象。同样是基于犯罪对象的通说理论，第三种观点认为，本罪的犯罪对象是生产经营者和商品本身。作为犯罪对象的物应当是具体的物，而作为社会评价的商誉不能认为是犯罪对象。

无形财产同无形财物是不同的概念，网络虚拟财产作为无形财物能够成为财产犯罪的犯罪对象的观点逐渐被理论所接受。但作为无形物中的"无形"只是形态上的有无，其作为财产犯罪的中的"财物"，因而具备侵犯财产罪中所侵犯财产的物质属性。② 相对于无形财物的物质客观性，无形财产中的"无"并不是指没有存在形态，而是没有一种客观的能够为人类所感知的客观形态，无形财产的存在形态是主观性的，这种特征意指主体认识和理解客体的过程中存在着个人的价值判断和选择，其共通性和普遍性并不显著。③ 知识产权即为典型的无形财产。所谓无形财产，是指不具有形体状态，但能为人们带来某种收益的财产。④

商誉从定义上看也应当属于无形财产。首先，考虑到商誉作为犯罪对象相比之生产经营者以及商品作为犯罪对象，缺乏作为行为对象可被人们所直接感知的客观性。换言之，其缺乏承载行为直接作用力的物质属性。其次，在条文表述上，刑法也规定为"损害他人商业信誉"，可见，结果的承受者依然是特定的生产者或经营者。最后，损害商业行为在实施过程中也是直接将生产者、经营者和商品产品进行诋毁。因此，相比较于"商誉"这个相对抽象的概念而言，将更具客观和现实性的生产经营者和商品作为损害商业信誉罪的犯罪对象，更加合理。

3. 损害商业信誉罪的客观方面

该罪的客观行为内容为：捏造并散布虚伪事实，损害他人商誉的行为。捏造是指编造并不存在的事实；散布是使不特定或者多数人知悉虚伪的事实；

---

① 张明楷：《刑法学》，法律出版社2011年版，第664页。
② 周旋：《我国刑法侵犯财产罪之财产概念研究》，上海三联书店2013年版，第18页。
③ 陈烨：《刑法的特殊财产类型研究》，武汉大学2014年博士论文。
④ 王礼仁：《盗窃罪的定罪与量刑》，人民法院出版社2008年版，第122页。

他人应当是指特定的生产者和经营者。一种观点认为，从字面含义来看，本罪的行为为复数行为。捏造与散布是并列实施的损害商誉的行为，虽有捏造而无散布，或者有散布而无捏造均不符合本罪的客观特征。① 另一种观点认为，行为人明知其所散布的事实是他人捏造的，足以损害他人商业信誉、商品声誉的虚伪事实，出于恶意而予以散布的，可以认定构成本罪。② 还有观点认为，捏造不是本罪的实行行为，散布才是本罪的实行行为。③ 该观点认为，只有捏造而没有散布行为不能构成本罪。

笔者支持后一种观点，理由如下：其一，实行行为是指会实际产生危害结果的行为，如果行为不能直接产生危害后果，则不应当认定为实行行为。捏造虚伪事实行为本身并不能产生危害后果。例如，A捏造某食品公司违规使用食品添加剂的行为，但是写好之后并未对外公布，外界也不知晓有这样一个捏造行为。其行为并没造成损害他人商业信誉的危害后果，不能认定为实行行为。其二，散布行为才是具有损害他人商业信誉危险的行为。只有当上例中的A将所捏造的行为公布于众，才可能造成食品公司的商业信誉受损。再如，虚假的事实并非A捏造，而是其无意间得到的一个小道消息，而将其公布于众，也会造成食品公司的商业信誉受损的危害结果。其三，捏造行为如果为实行行为，则开始实施捏造行为就是着手。在理论通说上着手的认定标准是使所侵犯的法益面临紧迫的现实危险。但仅仅是捏造行为并没有造成这种对商誉权侵犯的紧迫危险。

概括来说，可以将本罪的具体行为方式分为三类：一是行为人捏造并散布虚假事实的行为；二是行为人本人捏造，利用他人散布虚假事实的行为；三是行为人利用他人捏造并散布虚假事实的行为；四是行为人散布他人所捏造的虚假事实的行为。其中，第二种和第三种行为中的他人应当是不存在犯罪故意的第三人。

---

① 许娟：《损害商业信誉、商业声誉罪之法理分析》，载《社会科学论坛》2006年第6期。
② 高铭暄：《新型经济犯罪研究》，中国方正出版社2000年版，第377页。
③ 张明楷：《刑法学》，法律出版社2011年版，第741页。

三、本案的法理分析

结合本案的争议焦点,以上述法理分析结论为指引,对张某、王某的"恶意好评"行为的认定,应当就案件的基本情况进行具体把握,从行为方式的判断、法律后果的界定、行为与损害结果因果关系的认定、罪数关系等方面进行综合分析,得出结论。

(一)"恶意好评"行为应受刑罚处罚性的认定

王某、李某通过多次购买他人店铺的虚拟产品,对在售后评价中予以"好评",致使淘宝官方促发信誉监督机制,导致被害人店铺商品被淘宝官方予以降权处分,并造成了重大经济损失。其一,行为人主观恶性较大,并造成了相当的危害后果,即使是在网络空间中的犯罪行为也会造成现实的损害,即造成的经济损失和对正常生产经营秩序的破坏是现实存在的,换言之,"恶意好评"这种出现在网络交易市场中的行为对他人法益和社会法益的侵害程度不一定轻于传统的犯罪行为,尤其是在网络市场中充斥着假货和虚假宣传,又无法通过购买前的实体体检进行辨明的话,对市场经济秩序和交易各方财产安全的风险无疑在网络空间被愈加放大。其二,仅仅用淘宝官方的惩罚措施或者其他部门法律不能进行有效调整,甚至很多时候都只是电商平台自身的处罚机制在起作用,而这样的惩处显然不能起到具有威慑性的法律效果。从犯罪学角度方面,轻微的经济制裁只能被行为人认作犯罪成本而不能对其行为起到根本的抑制效果。如不动用刑法会影响正常的网络市场的生产经营秩序,具有对该行为一般预防和特殊预防的必要性。其三,对其适用刑罚处罚也不会激起民众对犯罪的普遍同情,不违背人们正常的法感情,因此,应当认定为具有应受刑罚惩罚性,要对"恶意好评"行为承担刑事责任。

(二)"恶意好评"行为法益侵害的认定

从法益侵害上来看,李某对张某的网店实施的恶意好评行为造成了诸多的法律后果。第一,网店遭遇降权处分,生产经营活动遭到破坏。"恶意好评"行为致使网店客户访问量下降,交易机会的减少,同现实阻止他们进入店铺造成不能进行正常的经营活动具有同样的法益侵害性。第二,致使网店无法正常经营,不能开展销售交易活动。虽然网店形式为数字化的虚拟的,但其并不缺乏作为一个商铺所具备的经济价值与经营功能。网店的创建、维护、经营都需要网店店主投入大量的人力、财力、物力,具有价值性和管理可能性。① 因此,网店应当受到同实体店铺一样的法律保护。网店作为具有经济价值的生产资料,对其效用的减损就是对网店本身财产权中使用权的侵害,属于破坏生产经营罪中对财产法益的侵害。第三,前面对搜索排名重要性的释疑中提到,商品搜索排名作为淘宝为消除网络隔阂造成的信用猜疑,消费者对网店卖家的监督机制,根据消费者评分和评价对商品搜索排名进行排序,以实现商家信誉和商品质量的直观化。因此,在这样特殊的环境下,网店的搜索排名的先后直接关系到网店信誉评判,网店被降低搜索排名就表明其商业信誉被低估,侵犯了被降权网店的商誉权。

由上文分析可知,恶意好评行为致使网店遭受降权处分,造成巨大的经济损失,造成的法益侵害包括:扰乱了正常的市场经济秩序;损害了网店的财产权益;侵害了网店的商誉权。

(三)"恶意好评"行为的相当性判断

1. 符合破坏生产经营罪的犯罪构成

就客观方面来看,"恶意好评"的行为方式为:通过给竞争对手刷好评,触发淘宝官方预警机制,导致"被好评"网店的降权处分。随着交易行为的网络化,网店的出现可以看作是超越传统商铺的互联网模式经营,是网络交易活动进行的重要载体之一。虽然网店形式为数字化,但其并不缺乏作为一个商铺所具备的经济价值与经营功能。网店的创建、维护、经营都需要网店店主投入大量的人力、财力、物力。网店提供商品并与消费者展开经营活动,有电子账单与会计账目记录。因此,李某通过"恶意好评"致使甲公司网店遭受降权处分,搜索排名的靠后,商品被默认隐藏,在淘宝市场上难以找到该店铺,相当于现实中阻止他人进入该店铺;根据"效用侵害说"的观点,对网店本身效用的破坏,属于破坏生产经营罪中对生产资料的破坏行为。依据实质解释论的观点,"恶意好评"行为的法益侵害后果同"毁坏机器设备"等破坏生产经营的行为方式与社会危害性上具有相当性,同现实社会中打砸

---

① 张明楷:《非法获取虚拟财产的行为性质》,载《法学》2015 年第 3 期。

他人的店铺,致使他人不能正常生产经营的情形在行为方式上和行为结果上类似,能够评价为破坏生产经营罪中的"其他方法"。

就主观方面来看,如前所述,破坏生产经营罪条文规定的出于泄愤或者其他的个人目的仅仅是犯罪动机,并不影响构成要件的成立。因此,出于不正当竞争的目的实施的破坏生产经营的行为并不影响主观要件的满足。李某、王某对自己实施恶意好评行为,客观上会造成对他人生产经营活动的破坏,给他人造成经济损失有明确认知。属于犯罪故意,符合破坏生产经营罪主观要件。

2. 符合损害商业信誉、商业声誉罪的犯罪构成

就客观方面来看,李某雇佣王某,捏造张某网店"通过虚假交易,刷好评欺骗消费者"的客观事实,淘宝在不知情的情况下启动监督机制,导致网店遭受降权处分。降权处分的公示程序和网店搜索排名靠后的直观表现,使得被害网店搜索排名的下降的事实为大众所知晓,淘宝在这个过程中则充当了"散布虚假事实"的第三人;因此,存在捏造并散布虚假事实的损害商业信誉的行为和危害结果,王某、李某"恶意好评"行为同样符合侵犯商业信誉罪中,捏造并散布虚假事实的客观行为要件要素。损害后果方面,造成重大经济损失,达到立法追诉标准。

就主观方面来看,王某和李某出于不正当竞争的目的,对捏造并利用他人散布事关他人商业信誉、商业声誉与真实情况不符的事实并客观上损害他人商业信誉、声誉造成 30 万元经济损失有明确认识,存在犯罪故意。

(四)"恶意好评"行为与危害结果的因果关系分析

"恶意好评"行为与损害结果之间的因果关系判断存在疑问:第一,李某的实行行为只有"恶意好评"这一行为,该行为并不能直接造成张某网店 30 万元的经济损失;第二,在"恶意好评"与"搜索降权"之间还介入了淘宝网的监督行为;第三,"搜索降权"也并不是直接关闭张某网店,也并不能直接带来经济损失。因此,对李某行为与损害后果之间因果关系的认定,将是能否对李某、王某归罪的关键所在。

笔者认为:(1)李某的恶意好评行为导致淘宝促发监督机制,其中并不能认为淘宝监督的介入为异常行为,《淘宝规则》作为淘宝买卖双方的行为规范,予以公示和认可,李某的恶意行为就为了引起淘宝监督的介入,淘宝监

督介入是正常行为,其介入本身并不异常,并不能切断恶意好评行为与降权处分间的因果关系。(2)"恶意好评"行为是给予甲公司网店商品好评,直接效果是抬高了该网店的信誉,看上去似乎同损害商业信誉罪背道而驰,实际上这种好评的结果是暂时的,其目的是为了促发淘宝监督机制,破坏他人正常经营活动,以达到不当竞争之目的。(3)商品降权的直接后果在于搜索排名的降低和隐藏,根据淘宝网店评价机制,搜索排名与商品信誉的直观表现,降权处分就意味着对商业信誉的诋毁。(4)根据网络交易习惯,搜索排名的先后直接关系到店铺的访问量及销售情况,因此降权处分与经济损失之间有着必然的联系。(5)《淘宝规则》规定的降权处分期限为30日,依照救济程序申诉也需要5个工作日的时间,从一定程度上看,甲公司遭遇降权处分而遭受一定的损失是必然的。因此,王某、李某的恶意好评行为与甲公司网店遭受的经济损失存在行为与结果上的因果关系,二人要为其行为所造成的甲公司网店的经济损失和对生产经营秩序的破坏承担责任。

综上所述,王某出于不正当竞争的目的,雇佣专业刷信誉的李某,通过与张某的网店进行虚假交易,恶意给予其商品好评,捏造该网店刷好评的虚假事实,以促发淘宝的监督机制,导致被害网店遭遇搜索排名降权处分,造成该网店30万元经济损失和信誉诋毁。行为方式上符合破坏生产经营罪的犯罪构成,扰乱正常市场经济秩序并造成财产损失的严重后果,行为和结果之间存在可归责的因果关系,应当构成破坏生产经营罪;同时,二者的行为又造成了网店商业信誉的损害,侵害其网店的商誉权,在行为方式上也符合损害商业声誉、商业信誉罪的犯罪构成,行为与损害结果之间也存在可归责的因果关系,也应当构成损害商业信誉罪。李某、王某的行为既构成破坏生产经营罪,也符合损害商业信誉罪,同一行为符合两个罪的犯罪构成,二者属于想象竞合,应当从一重处罚,定破坏生产经营罪。

四、结语

结合本案来看,面对网络平台的形成和发展,网络社区的逐渐构建与完善,网络市场的建立与成熟,"平台型"网络犯罪与传统犯罪的联系越来越紧密,从利用信息网络作为媒介的犯罪到直接在网络空间内的犯罪,对法益的侵害也从单个法益发展对多个法益的侵害。"恶意好评"行为就侵犯了财产所有权法益和市场经济秩序、商品信誉等法益。面对传统犯罪的网络异化。在司法实践上,将传统罪名体系延伸到网络空间,更多的是要对刑法规范中描述罪状的术语进行语义的合目的性解释,还需要颁布可供司法适用的、传统犯罪在网络犯罪行为新类型下的定性定量标准。这就需要结合网络犯罪的罪情与罪状,根据信息时代的刑事立法发展,作出与时俱进的解释。[①] 只有这样,才能应对独立性愈强的网络社会的犯罪行为,从解释学层面,对网络空间发生的新型犯罪予以合理规制。

---

① 于冲:《网络犯罪司法解释的现状考察与司法路径》,载《刑法论丛》2015年第2期。

【法律适用】

刑法追诉时效的法律适用问题研析
——以樊某抢劫杀人案为例

韩 光[*]

关键词

追诉时效　终止日期　溯及力　程序从新原则

内容摘要：刑法追诉时效规定是程序性规定，不涉及犯罪与刑罚实体内容，应遵从程序从新原则，不受从旧兼从轻原则的限制。追诉时效终止时间是公安司法机关立案之日，即日起犯罪嫌疑人享有的因超过追诉时效而不受追诉的特殊"奖励"消灭，国家开始启动追诉程序。新刑法追诉时效的规定具有溯及力，只要案件在新刑法实施前未过追诉时效，时效持续至新刑法实施之后，则需要按照新刑法确定追诉时效期限。

---

[*] 作者单位：成都市人民检察院。

一、案情介绍

（一）案情简介

1996年7月11日上午八时，张某、郭某、钟某、樊某四名嫌疑人按照事先协商的抢劫计划一起乘坐出租车（司机李某，即被害人）。在一四下无人的路段，樊某从背后用手勒住李某脖子，郭某用事先准备好的水果刀刺李某的胸部，导致李某当场死亡。案发后，四名嫌犯将该车抢走，下落不明。后J市公安局于1996年7月12日立案侦查，但未对樊某采取强制措施。

1998年4月22日，本案同案犯郭某被J市法院判处死刑。1998年3月，张某从J市看守所越狱在逃。钟某被取保候审，至今未追究刑事责任，现在逃。

2018年2月14日，Y市看守所因一起治安案件对樊某进行询问过程中，樊某交代了20多年前发生的上述抢劫杀人案件。樊某于2018年2月14日被J市公安局刑事拘留，2018年3月20日J市检察院以涉嫌抢劫罪批准逮捕犯罪嫌疑人樊某。

（二）法律适用焦点

因同案犯樊某逃避侦查，导致此案件时间跨度长达20多年，更是涉及1979年刑法和1997刑法两部法律，因此在案件办理过程中产生了一些法律适用难题：1.追诉时效如何确定？2.追诉时效的溯及力原则如何适用？

二、观点聚讼：追诉时效的适用意见

对嫌犯樊某20多年后到案，是否过了20年的追诉时效，能否追究其刑事责任，存在以下三种意见：

第一种意见认为，本案未过20年的追诉时效。本案案发的时间为1996年，案发后公安机关随即启动了侦查程序，对到案的两名同案犯（张某、钟某）采取了强制措施。公安机关因技术侦查原因未将嫌犯抓捕到案，但其逃避侦查的行为并没有使整个案件的追诉时效中断，故本案还未过20年的追诉时效。

第二种意见认为，本案已过 20 年的追诉时效，但还有追诉的必要，应该层报最高人民检察院核准追诉。根据从旧兼从轻原则，对于 1997 年 9 月 30 日前实施的犯罪行为，追诉期限问题应当适用 1979 年刑法第 77 条规定。① 此案虽已立案，但嫌犯在抓捕过程中逃往外地，公安机关不能对其采取强制措施，根据 1979 年刑法规定，该案已过追诉时效。但因嫌犯长期逃避侦查，且没有悔罪之意，也未通过赔礼道歉、赔偿损失等获得被害人谅解，其犯罪行为造成的社会影响没有消失，不对其追诉会影响社会稳定，因此，应当层报最高人民检察院核准追诉。

第三种意见认为，本案未过追诉时效。对于在 1997 年刑法实施以前已发生的犯罪行为，并在当时已启动立案侦查程序，嫌犯是在 1997 年刑法实施以后到案的，其追诉时效应当依据 1997 年刑法中关于追诉时效的规定确定停止期限。因过了追诉时效，只是终止审理程序，至于嫌犯的犯罪定性、行为是否可罚则不予处理，因此，追诉时效是不涉及实体定性的程序性规定。根据"程序从新"原则，本案追诉时效在公安机关启动立案侦查时终止，因此本案未过追诉时效，应当予以追诉。但是，对嫌犯的定罪量刑实体内容应当受到"从旧兼从轻"原则的制约。

三、观点析疑：追诉时效终止日期的确定

笔者赞同第三种意见，且第一、第二种意见存在释理不明、法律适用错误、法律属性定性错误等问题。

（一）对相关适用意见的评析

第一种意见认为，本案未超过追诉时效，主要理由在于公安机关随即启动立案侦查程序、对嫌犯未采取强制措施且其逃避侦查的行为未中断追诉时效。但这两个理由所依据的是 1979 年刑法抑或是 1997 年刑法并未阐明，如

---

① 1979 年刑法第 77 条规定：在人民法院、人民检察院、公安机关采取强制措施以后，逃避侦查或审判的不受追诉期限的限制。1997 年刑法第 88 条对此进行了修改，将"采取强制措施"修改为"立案侦查或在人民法院受理以后"，由此可知，公诉案件追诉权的启动在于立案侦查，自诉案件则在于法院受理。

果是依据 1979 年刑法,则公安机关并未对嫌犯采取强制措施,并不符合"不受追诉期限的限制"的前置条件;如果依据 1997 年刑法,则未阐明追诉时效何时终止,并且"逃避侦查的行为并未中断追诉时效"稍显画蛇添足。但是,根据结论推断,其背后的逻辑起点是依据 1997 年刑法,但仍须阐明追诉时效的终止日期以及追诉时效适用溯及力原则的问题。

第二种意见是将追诉时效规定置于从旧兼从轻原则的制约之下,追诉期限问题适用 1979 年刑法第 77 条规定,间接承认了追诉时效是实体性规定。但是,这与现行刑法第 12 条规定"如果当时的法律认为是犯罪的,依照本法总则第四章第八节的规定应当追诉的,按照当时的法律追究责任"相悖。因为依照此规定,追诉时效具有溯及力,也即是"从新原则"。但理论界对追诉时效的终止日期如何计算存在争议,并且追诉时效的法律属性及如何处理溯及力原则适用问题也须明确。

(二)追诉时效终止日期的确定

追诉时效的终止日期如何计算关涉国家公权力何时介入、犯罪嫌疑人及被告人是否受到刑事追诉。现行 1997 年刑法中并没有对这一问题作出明确规定,以致争议至今,产生了两种对立的观点。一种观点认为:"追诉时效停止时点为进入立案程序。理由是追诉是指追查、提起诉讼,只要行为人所犯之罪经过的时间到案件开始进入刑事诉讼程序时尚未过追诉期限,对其就可以追诉,将追诉期限的终点时间确定在审判之日,有放纵犯罪之嫌。"[①] 相反的观点认为:"追诉不只是起诉的含义,而是包括了侦查、起诉、审判的全过程,因此,追诉期限应从犯罪之日计算到审判之日为止。换言之,只有在审判之日还没有超过追诉期限的,才能追诉。"[②]

追诉时效的立法目的就在于促使公权与私权(权力与权利)的及时行使,而不是让权力和权利"沉睡"。[③] 追诉时效停止在立案,或者审判,并不存在放纵犯罪的问题,只是体现刑罚不同的严厉程度而已,这也是立法者综合考虑不同的法律价值之后作出的选择。"时效制度就其本质而言,不过是在这两

[①] 高铭暄、马克昌主编:《刑法学》,北京大学出版社、高等教育出版社 2010 年版,第 346 页。
[②] 张明楷:《刑法学》,法律出版社 2011 年版,第 568 页。
[③] 参见曲新久:《追诉时效制度若干问题研究》,载《人民检察》2014 年第 17 期。

种对立的秩序和相互冲突的利益中作出的在立法者看来是适当的选择。"① 所以，以"有放纵犯罪之嫌"作为第一种观点的支持理由并不充分，有主观猜测之嫌。

当然，第二种观点通常会认为以立案作为追诉时效的停止时间点，虽然有利于打击犯罪，但是由于各种原因，会导致"立而不侦""侦而不破"的问题，此时即使犯罪人没有逃避侦查，也受不到追诉时效的保护。② 其实，"侦而不破"的问题并不是仅仅出现在追诉时效终止时间点计算的问题上，可以说这是我国刑事诉讼领域先天就存在直到现在仍没有解决的问题。原因在于，我国刑事诉讼法并没有对公安机关的办案期限作出明确的规定（侦查羁押期限有明确限制），由于案情各异、事实复杂程度、困难程度不同及其他客观障碍的出现，公安机关立案后，为查明犯罪事实的办案期限没有作出统一限定。但这不证明就失去了救济途径，可以适用刑事诉讼法第 16 条撤销立案。因此，以侦查机关怠于侦查、长期不移送的问题作为观点支持理由并不充分，这是一个价值选择的问题，也是立法遗留的风险。

还必须澄清，"追诉"是一个程序性概念，与"追究刑事责任"实体性概念存在差异。"追诉"是启动刑事追诉程序，而"追究刑事责任"在程序上则表现为立案侦查、审查起诉、审判、执行等多个程序。现行刑法第 87 条中"不再追诉"，就是指不再立案侦查及起诉。这在实体上就表现为不再追究刑事责任，但是这并不意味着嫌犯的行为不是犯罪行为、不具有可罚性，这只是立法者对嫌犯是否承担刑事法律后果作出的价值选择。

因此，根据文意解释的方法，将"追诉"解释为开始刑事追诉活动（立案）是符合国民认知的。相关联的"追诉时效"就是指公安司法机关在追诉时效期间内开始发动刑事追诉活动（立案）即可，并不要求在追诉时效期间内完成追究刑事责任的全部程序，也即是说，追诉时效的终止时间点在立案，此时追诉时效停止计算。

此外，从刑事规范体系解释、现行司法解释佐证、有利于司法实践等角度均能得出追诉时效在立案时停止计算的结论，具体论证如下：

---

① 柳经纬：《关于时效制度的若干理论问题》，载《比较法学》2004 年第 5 期。
② 参见黄国盛、林莉莉：《刑事案件追诉时效应在一审判决作出时停止》，载《福建法学》2013 年第 5 期。

第一,根据刑法第 88 条第 1 款的规定,在人民检察院、公安机关、国家安全机关立案侦查或者人民法院受理案件后,逃避侦查或者审判的,不受追诉期限的限制。此规定是提示性规定,意在对第 87 条中"追诉"作出进一步的说明解释。由此可知,公安机关立案即是启动追诉程序,是国家追诉权行使的标志,立案后追诉期限没有限制。

第二,2017 年 2 月 23 日,最高人民法院作出的《关于被告人林少钦受贿请示一案的答复》明确"应当依据司法机关立案侦查时的法律规定认定追诉时效",虽然此规定在形式上说明了根据何时的法律认定追诉时效,但实际上明确了追诉时效终止时间的计算问题。换言之,只要在立案侦查阶段没有超过诉讼时效,即使在审判阶段超过诉讼时效,依然要追究刑事责任。此外,2013 年 1 月 1 日,最高人民法院、最高人民检察院发布的《关于办理行贿刑事案件具体应用法律若干问题的解释》(法释〔2012〕22 号)第 13 条将刑法第 390 条第 2 款规定的"追诉前",解释为检察机关在对行贿行为刑事立案前。根据体系解释的规则,在同一部法律中,除非明确规定外,同一的术语应当具有基本相同的含义,因此,对追诉时效中"追诉"的理解具有重大参照意义。

第三,如果追诉时效终止时间点是提起公诉之日或者审判之日,则有滋长司法恣意的风险。① 因为在移送检察院提起公诉之前,由于司法机关人员事先就知道在审判前过了追诉时效,嫌犯将不再追诉。这样在徇私枉法、钱权交易的诱惑下极有可能借口案情复杂、补充侦查、精神病鉴定等事由拖延而不移送审查起诉,最终导致案件因超过追诉时效而终止审理。所以,将追诉时效的终止日期定在立案,能够最大限度地避免司法恣意行为。

第四,追诉时效制度的设立目的就在于督促公权、私权及时行使。而刑法之所以能够在追诉时效经过之后不再追诉,其根据在于刑法自身的宽恕。② 实质上是立法者在价值冲突中衡平考虑作出的选择,从某种程度上或可以称为对嫌犯的一种特殊"奖励",当然称为宽恕更为恰当。将立案侦查阶段作为追诉时效终止的时间节点正是实现追诉时效目的的体现。并且立案后逃避侦查,不再受追诉时效的限制是嫌犯自我放弃"奖励",因此,要承担不利的

---

① 参见阮能文:《追诉时效终止日期的认定》,载《中国检察官》2017 年第 2 期。
② 参见孙强:《追诉时效的正当化根据》,载《国家检察官学院学报》2013 年第 5 期。

后果。

第五，对其他分歧观点的回应。有观点指出，将侦查阶段作为最终的时效评判阶段，即使后来之后发生法律上或者事实上的变化，也不能对前期的时效问题带来任何影响。① 这个理由作为否定侦查阶段评判追诉时效并不充分，因为即使在起诉、审判阶段审查追诉时效，同样面临着法律或者事实的变化带来的问题，并且随着程序的向前推进，追诉会给嫌犯带来更深的身心痛苦。

上述内容从文意解释的方法、体系解释的方法、司法解释资料佐证、目的解释的方法、立法价值和根据的角度，论证了将立案侦查作为追诉时效终止节点的结论是妥当的，有利于司法实践中追诉时效的准确适用。

四、观点解构：追诉时效的溯及力适用分析

罪刑法定原则从本质上禁止溯及既往，而禁止溯及既往主要适用于实体性规定而不适用程序性规定。② 所谓实体性规定，就是指犯罪与刑罚的规定，虽然刑法是实体法，但是其中也包括一些程序性规定。

（一）追诉时效规定适用从新原则

时效的规定属于程序性规定，因为时效的规定不属于犯罪构成要件、刑罚效果的内容，不影响刑事禁止与命令的具体内容，只是影响司法机关在怎样的时间范围内追究行为人的刑事责任，不受从旧兼从轻原则限制。③ 另外，法国学者也提出："如果我们不局限于考虑公诉时效之完成对犯罪人产生的结果，而是考虑取得这种结果的方式，也就是说，时效完成之后不能再在法院对犯罪人进行追诉，那么我们就应当确定：与公诉时效有关的法律首先涉及的还是诉讼程序问题，因此有关公诉时效的法律仍然是形式法律（程序

---

① 参见陈伟：《法定刑调整后的追诉时效问题及其澄清——以最高人民法院"答复"为中心的考察》，载《环球法律评论》2018年第2期。
② 参见曲新久：《刑法的精神与范畴》，中国政法大学出版社2000年版，第397页。
③ 参见曲新久：《论从旧兼从轻原则》，载《人民检察》2012年第1期。

法)。"① 即使看起来对于被告人不利（或者说不便）的程序规定，原则上也应当采取从新的原则。② 所以，刑法中关于追诉时效的规定在法律属性上应当属于程序性规定，在溯及力适用上应当采用从新原则。这一结论在我国刑法和刑事诉讼法中都得到了明确的印证：

第一，我国刑法第12条规定："如果当时的法律认为是犯罪的，依照本法总则第四章第八节的规定应当追诉的，按照当时的法律追究刑事责任，但是如果本法不认为是犯罪或者处刑较轻的，适用本法。"此条规定有两个方面的含义，其一，如果当时的法律不认为是犯罪，则认定无罪；其二，如果当时的法律认为是犯罪，则又有两种情形：一种是按照当时的法律追究刑事责任；另一种是，如果新法不认为犯罪或者处罚较轻的，则适用新法。但是，这两种情形都有一个前置性规定："依照本法总则第四章第八节的规定应当追诉的。"换言之，启动刑事追诉程序的前提是依据新法规定是否超过追诉时效。因此，在一个案件跨越新旧两部法律时，关于追诉时效的认定要遵守从新的原则。

第二，《最高人民法院关于适用〈中华人民共和国刑事诉讼法〉的解释》第241条第8项规定"对犯罪已过追诉时效期限且不是必须追诉的，应当裁定终止审理"，这也说明，超过追诉时效，也只是终止审理程序，并不会否定嫌犯的行为不构成犯罪，也不会否认嫌犯行为的刑事可罚性，更不会宣告嫌犯无罪。如前文所述，这只是依靠程序给予嫌犯的一种特殊"奖励"或者宽恕，并不涉及实体的内容。

第三，对相关疑问的回应。最高人民法院作出的《关于被告人林少钦受贿请示一案的答复》明确"应当依据司法机关立案侦查时的法律规定认定追诉时效"，从形式上看好像认定追诉时效所依据的是旧法（立案侦查时的法律），其实不然。因为此答复的作出的时间是在现行刑法有效期间，并且也没有对刑法中关于时效的规定作出修改，因此并不存在依据旧法认定追诉时效，依据的仍然是同一部刑法。当然，有人提出这一规定具有普遍适用性，以后如果对现行刑法中追诉时效的规定作出修改后，是依据作出立案侦查时的法

---

① [法] 卡斯东·斯特法尼等：《法国刑法总论精义》，罗结珍译，中国政法大学出版社1998年版，第9页。

② 参见曲新久：《论从旧兼从轻原则》，载《人民检察》2012年第1期。

律还是依据修改后的刑法认定追诉时效，笔者认为，这是一个适用法律时选择的问题，根据高位阶的法律优于低位阶法律的适用原则，应当选择修改后的刑法，毕竟此答复只具有司法解释的性质。

（二）追诉时效的溯及力适用规则

追诉时效是个程序性规定，关键问题在于计算追诉时效何时终止，但是对于案件中的实体问题仍然要遵从从旧兼从轻的原则。当一个案件跨越新旧两部刑法时，刑法溯及力与追诉时效适用先后顺序仍然存在争议。一种观点认为，按照新法规定的追诉时效制度判断是否已过追诉时效，然后再比较新旧刑法的轻重，适用溯及力原则。另一种观点认为，先解决溯及力问题，再解决追诉时效问题。先按照"从旧兼从轻"原则确定其行为所应该适用的分则条文，再确定追诉时效期限。

根据前文对刑法第12条的分析，笔者认为第一种观点更符合法条的含义：（1）如果行为根据旧法的规定构成犯罪，则应按照新法关于追诉时效的规定判断是否应当追诉；（2）如果已过追诉时效，则适用旧法；（3）如果未过追诉时效，在新法不认为是犯罪或者处刑较轻的情况下，则适用新法。① 具体而言，存在以下三种情况：

第一，在1997年刑法实施之前没有立案，且按照1997年刑法规定已经超过诉讼时效期限的，则追诉时效已经消灭，应予保持稳定，不能因为1997年刑法对追诉时效作出新规定而重新启动追诉。当时效经过后，追诉权即已消灭，这是由既定事实所导致的法律效果，对犯罪人已经产生了一种不被追诉的既得权利，出于维护法的稳定性的考虑，已经期满的时效不能重新开始。换言之，关于追诉时效制度的法律规定，只适用于该法律实施时尚未完成追诉活动且仍在追诉时效以内的案件。根据1979年刑法第77条规定，追诉时限停止计算的条件之一是"采取强制措施"，而1997年刑法第88条将其修改为"立案侦查"，即是追诉时效终止在立案之时。如果行为人在1992年9月30日实施盗窃犯罪后潜逃，公安机关没有发现此案，因此并没有立案，根据普通盗窃犯罪的最高法定刑为3年可知，至1997年9月30日追诉时效届满，

---

① 参见付强、杨陈炜：《刑法追诉时效的溯及力原则适用问题分析——以追诉时效延长制度为视角》，载《中国检察官》2008年第4期。

则不得再对行为人进行追诉。

第二,在新刑法实施前没有立案,且犯罪未过追诉时效,1997年刑法实施后公安机关立案追诉,追诉时效的认定应当适用1997年刑法。但是,关于实体罪行的认定,仍然要遵守从旧兼从轻的原则。假如1979年刑法第190条规定私放在押人员罪最高法定刑为7年以下,则追诉期限为10年;1997年刑法规定私放在押人员罪最高法定刑为10年以上,则追诉时效为15年。如果行为人私放在押人员的时间是1987年11月1日,中间没有追诉期间没有中断的情况,根据1997年刑法的规定,至1997年11月1日追诉期限届满。但是新刑法于1997年10月1日实施,按照新刑法的规定的诉讼期间应为15年,亦即是至2002年11月1日追诉期间届满,因此,在1997年11月1日之后仍然可以对行为人追诉,但是涉及定罪量刑的实体内容时仍然适用从旧兼从轻的原则。

第三,在新刑法实施之前已经立案未采取强制措施,嫌犯逃避侦查,追诉时效未中断且时效未过,在新刑法实施之后归案或仍在逃避侦查的,应当适用新刑法关于追诉时效的规定,不受追诉时限的限制。例如,行为人在1992年10月6日实施了普通型敲诈勒索犯罪行为后潜逃,公安机关于当天立案。根据1979年刑法的规定,普通型敲诈勒索罪的最高法定刑为3年,所以此案的追诉时效是5年,又由于未采取强制措施,所以不适用1979年刑法第77条不受追诉时效限制的规定,此案至1997年10月6日追诉时效届满。但1997年刑法于1997年10月1日起实施,按照新刑法的规定,嫌犯在立案后逃避侦查,不受追诉时限的限制。所以,此案适用新刑法规定,追诉时效并非5年而是不受追诉时效的限制。

前文已论述追诉时效是刑法给予犯罪行为人的宽恕,是立法者基于衡平考虑作出的选择。同样,对追诉时效的规定作出修改除了考虑各种客观因素外,同样要基于衡平考虑作出价值选择。新刑法将追诉时效终止的时间点提前至立案,取消了必须采取强制措施的限定,也昭示了对逃避侦查的犯罪行为人的权利(免于追诉)的合理剥夺,也可以称为特殊"奖励"的收回。所以,如果行为人在新刑法实施前犯罪,追诉时效未过,并持续到新刑法实施之后,这时行为人的犯罪行为就要受到新刑法中追诉时效规定的评价,当然,定罪量刑上仍然要作出有利于犯罪行为人的选择,坚持从旧兼从轻原则。

五、结论：追诉时效在樊某抢劫杀人案件中的适用

具体到开篇所述案例，因行为人于 1997 年 7 月 11 日实施了犯罪行为，本案于同年 7 月 12 日立案，但并未对嫌犯樊某采取强制措施，因此此案仍需计算追诉时效的终止时间，并不适用于 1979 年刑法第 77 条规定。按照当时刑法的规定，樊某犯抢劫罪（致人死亡），法定最高刑为死刑，因此追诉时效为 20 年，即是至 2017 年 7 月 11 日届满。但是，此案追诉时效持续到 1997 年刑法的实施，并未超过追诉时效，因此应当依据新刑法关于追诉时效的规定进行评价。

因 1997 年刑法将立案作为追诉时效终止计算的时间点，因此，即使当时公安机关并未对嫌犯樊某采取强制措施，但只要已对该案立案，就符合 1997 年刑法第 88 条的规定，因此本案不受追诉时限的限制。即使嫌犯樊某于 2018 年 2 月 14 日被抓获归案，但并未超过追诉时效，依然可以对其启动追诉程序。

从胡某某故意杀人案谈无罪改判死缓的抗诉经验

靳国忠 钟 政[*]

关键词
刑事抗诉 证据矛盾 证据审查

内容摘要:刑事抗诉是法律赋予检察机关的重要职权。通过刑事抗诉纠正确有错误的裁判,是检察机关履行法律监督职能的重要体现。司法实践中,面对在案证据存在部分矛盾且缺乏关联性的情形,检察机关应重点做好排除矛盾证据、补充收集DNA等关联性证据、固定视听资料证据、查证口供等可采性证据、论证无法查清的其他证据、验证可能出错的疑点性证据等工作。庭审中,公诉人应综合运用证据,实现由庭前承办检察官内心确信向庭上法官内心确信的转移,力图解决争议、揭示真相、证明事实,实现司法正义。

一、基本案情

被告人胡某某,男,1970年9月出生,案发前系北京市房山区大石河公路局材料厂临时工。因涉嫌犯故意杀人罪于2009年1月20日被逮捕。

---

[*] 作者单位:北京市人民检察院刑事审判监督部。

【法律适用】

北京市人民检察院第一分院以被告人胡某某犯故意杀人罪,向北京市第一中级人民法院提起公诉。

北京市第一中级人民法院于 2011 年 6 月 20 日作出一审判决,认为公诉机关指控被告人胡某某犯故意杀人罪的证据不足,指控的犯罪不能成立,判决被告人胡某某无罪。

在法定期限内,北京市人民检察院第一分院提出抗诉。北京市高级人民法院于 2012 年 12 月 19 日作出刑事裁定,以原审判决证据不足为由,撤销北京市第一中级人民法院原审判决,将本案发回北京市第一中级人民法院重新审判。北京市第一中级人民法院于 2013 年 1 月 21 日立案,依法重新组成合议庭,因本案涉及个人隐私,不公开开庭进行了审理。

北京市第一中级人民法院经审理查明:被告人胡某某于 2007 年 12 月 31 日 15 时许,来到北京市房山区城关镇北斜街××号李某某(女,殁年 19 岁)经营的一无名理发店。后在该理发店内与李某某发生争执,胡某某掐住李某某的颈部将其按倒在地,用拳猛击李某某的头面部,又用皮带、布条等物猛勒李某某的颈部,致李某某机械性窒息死亡。后胡某某将李某某的天语牌 A650 型手机一部掠走,经鉴定,该手机价值人民币 576 元。被告人胡某某于 2008 年 12 月 13 日被公安机关查获归案。

北京市第一中级人民法院认为,被告人胡某某故意非法剥夺他人生命,致人死亡,其行为已构成故意杀人罪,且罪行极其严重,依法应予惩处。北京市人民检察院第一分院指控被告人胡某某犯故意杀人罪的事实清楚,证据确实、充分,指控的罪名成立。公安部 DNA 工作专家出庭发表的专家意见,本院予以采纳。鉴于本案不排除被告人胡某某系临时起意的激情犯罪,可在量刑时对其酌予从轻处罚,故判处胡某某死刑,可不立即执行。据此,根据被告人胡某某的犯罪事实、性质、情节、对社会的危害程度及悔罪表现,依照刑法第 232 条、第 48 条第 1 款、第 57 条第 1 款、第 61 条、第 51 条、第 64 条的规定,依法以故意杀人罪,判处被告人胡某某死刑,缓期二年执行,剥夺政治权利终身。责令被告人胡某某退赔掠走李某某的天语牌 A650 型手机折价款人民币 576 元,发还被害人李某某之母田某某。

一审宣判后,胡某某以其没有杀人为由提出上诉。其辩护人提出:原判认定胡某某故意杀人的事实不清,证据不足,本案仅有胡某某在一审开庭前的有罪供述,无其他直接证据证明胡某某实施了杀人行为,原判认定胡某某犯故意杀人罪不能成立。

北京市高级人民法院认为，原审人民法院根据胡某某犯罪的事实、犯罪的性质、情节及对社会的危害程度所作的判决，定罪及适用法律正确，量刑及责令胡某某退赔李某某手机折价款人民币 576 元发还李某某之母的处理适当，审判程序合法，应予维持。据此，依照刑事诉讼法[①]第 225 条第 1 款第 1 项之规定，裁定驳回胡某某的上诉，维持原判。

二、主要问题

在一审法院判处被告人无罪，在案证据存在部分矛盾且缺乏关联性的情况下，如何开展抗诉工作？

三、抗诉做法

起诉认定的证据链为：1. 证明胡某某与被害人有身体接触和作案时间的《生物物证鉴定》；2. 证明被害人死于扼颈他杀的《尸体检验鉴定书》；3. 从尸体颈部提取的勒颈用布条、皮带、电源线等物证；4. 证明尸体被一只床腿压住半个身位和床单遮挡情况的《现场勘验检查笔录》及录像；5. 证明穿大衣作案的被告人进出案发现场时间的小区监控录像《视听资料》；6. 证人指认录像中"大衣人"走路像胡某某的《辨认笔录》；7. 证明胡某某冬季有穿军大衣习惯的单位负责人及胡某某家人的证人证言；8. 公安机关根据尸温、环温、胃内容等材料，证明被害人死亡时间的《尸表检验》及《破案报告》。

结合胡某某庭前稳定一致的有罪供述，与前述八项证据可以相互印证，一审指控认为，被告人胡某某故意杀人一案，事实清楚，证据确实、充分，足以认定。

原一审判决无罪的理由主要基于以下几点：

第一，本案存在矛盾证据。起诉书认定胡某某的作案时间是当日 15 时许，而证人石某某某证明当日 16 时 20 分左右，其路经理发店上班时，隔着门窗隐约看见被害人李某某还活着。两证之间相差 1 小时 20 分左右，相互矛

[①] 刑事诉讼法于 2018 年进行了修正，该处为 2012 年修正的刑事诉讼法。

盾。由于犯罪时间是犯罪构成的要素事实,因此可能导致全案事实不清,证据不足。第二,DNA证据缺乏关联性。从被害人李某某胸部提取的胡某某脱落细胞,究竟是胡某某原供述所称的当天下午犯罪时所留,还是其翻供辩称的中午嫖娼所留,存在与证明杀人行为不具有关联性的疑问。法院认为,此证据可以作为嫖娼证据,但不能作为杀人证据。第三,小区监控录像中身穿大衣的被告人,不具备人脸识别条件,缺乏证据的关联性和证明力。第四,证人通过走路姿态辨认"大衣人"像胡某某,证明力较弱。第五,在胡某某庭前有罪供述中,有两个始终未供的情节。一是用电源线勒被害人颈部;二是用现场单人床其中一床腿压住被害人胸部。存在"因不知而不供"的可能,加之胡某某在一审庭审中已经翻供,否认其实施了犯罪,因此原有罪供述不足以采信。

同时,原一审法院还提出:本案没有目击证人,没有犯罪现场所留血迹、足迹等痕迹物证,没有在关键物证勒颈布条和皮带上检测出被告人的DNA,没有从插入被害人阴部的塑料瓶上提取到指纹,没有提取到被告人作案时所穿的军大衣,口供中有诸多细节与在案证据不一致等。北京市第一中级人民法院遂以证据不足,不排除有其他人作案可能为由,判决被告人胡某某无罪。

针对以上证据争议,经全面审查,二审承办检察官制定并采取了以下七方面工作,经总结概括为七个字:"排、补、固、查、论、验、用"。力图解决争议、揭示真相、证明事实,实现司法正义。

(一)排除矛盾证据

1. 确认是否存在相关问题

经审查发现,起诉指控存在以下相关问题:

第一,起诉书认定的"15时许"作案时间,与在案其他证据不符。"许"是非常接近的意思,即接近15时。而《尸表检验》《破案报告》根据尸温、环温、胃内容三项指标检测认定的死亡时间是当日"17时左右"。法医通常对认定死亡时间"左右"的解释是前后1小时以内,均为准确的认定时间,而起诉书认定的15时与之相差2小时,未涵盖在解释的时间段内。除此之外,起诉书认定的作案时间,与小区录像中被告人进入案发现场的时间15时45分,相差40多分钟;与被告人离开现场时间16时36分则相差1小时30分;与被告人供述当日下午3、4时左右,虽有一定交集,但误差仍有1小时左右。所以，起诉书认定的作案时间缺乏证据支持。

第二，对证人路经现场的准确时间，没有直接进行调查核实，而是"以退代补"。对于证人证言证明的16时左右、16时20分左右，路经现场看到被害人活着的证言，采取不移送法院的做法，反被法院开庭时质证并作为矛盾证据的反证。

公安机关侦查也存在两方面问题：

第一，移送起诉意见书认定同为15时许，不准确。第二，没有对可能存在的矛盾证据进行实质性补充侦查，而是仅出具了一份《工作说明》证实，"该证人没有从小区录像中辨认出她本人路经现场的画面，因而不能确定证言内容真实"，继而中止工作。《工作说明》证明证人当天没有路经现场，与证人"当天路过现场"并看到被害人身影也存在不一致问题。为辨析真伪，排除这一矛盾问题，应当是二审抗诉首要进行的工作。

2. 查明两个时间节点，确认或排除矛盾证据

第一个时间节点是：准确认定被告人实施犯罪的时间。根据上述所列三个证据《视听资料检验报告》《尸表检验》《破案报告》以及被告人庭前供述，相互印证并综合判断得出：被告人实施犯罪的时间，应为《视听资料检验报告》记录的其进入和走出案发现场的时间，即当日15时45分至16时36分，期间共计51分钟。确认犯罪时间段，替代确属认定的犯罪时间点，是解决可能出现的与证人证言前后矛盾的前提。

第二个时间节点是：准确查明证人路经案发现场的时间。通过让证人石某某对小区监控录像进行自我辨认，画面清晰证实：石某某距现场门前十余米的对面经过，确切时间是16时21分。这一时间比被告人走出现场的时间16时36分提前了15分钟。51分钟犯罪大时间段，与15分钟犯罪小时间段，结束的时间一致，所以两个时间节点具有包容关系。无论证人路经现场门前时是否实际见到了被害人还活着，都不影响对犯罪时间的认定，且不会出现前后矛盾问题。在没见到被害人的情况下，51分钟内被告人都有可能实施杀人行为；在见到被害人的情况下，被告人只能在15分钟的时间内实施杀人行为。

同时，证人石某某准确的自我辨认证据，否定了此前公安机关作出的《工作说明》内容，澄清了模糊事实，为排除矛盾证据提供了可信依据。为固定证人石某某的自我辨认结果，承办检察官还两次前往案发地，另行对案发

【法律适用】

地居委会主任走访调查,并由其对录像中证人路经现场的画面进行再辨认,结果与证人自我辨认一致。

既然以上两个关键时间节点被查清,排除了矛盾证据这只拦路虎,使本案诉讼程序得以继续进行,并得到了抗诉审合议庭的认同和采纳。

(二)补充收集DNA关联性证据

DNA证据结果的科学性毋庸置疑,被告人对此也不持异议。胡某某在翻供时,并没有翻成他从来就没有与被害人的身体接触过,可能正是由于存在DNA证据的原因,所以他不得不"翻"得比较复杂,即中午嫖娼时与被害人接触过,因意外中断,晚上再去时,见到被害人已经死亡。DNA证据可证明有接触行为,但什么时间接触的,是中午嫖娼时,还是下午犯罪时,这就是DNA证据需要解决的关联性问题。中午接触,与杀人无关;只有证明DNA是在犯罪时间段内接触所留,才能证明与杀人相关联。结合被害人生前是卖淫女这一特殊身份,就使得这一关键性DNA证据,证明嫖娼有余,证明杀人不足,这也是法院原一审难以下判的理由之一。

对此,抗诉期间承办检察官的主要做法是:委托"专家辅助人"对在案《鉴定意见》进行文证审查,以科学的视角作出分析意见,以解决上述问题。二审期间,承办检察官在多次与法医专家座谈的基础上,委托聘请了公安部DNA法医专家,对在案DNA生物物证鉴定进行文证审查后,作出"可疑男性DNA主体人,是被害人死前最后接触其乳房的人"这一结论。专家分析意见的理论依据是:可疑男性脱落细胞沾附被害人乳房后,一经被害人着衣活动,因静电吸附等原因不可能再提取到该男性的DNA。如若被告人辩称中午与被害人身体接触,晚上见到被害人被他杀,期间间隔数小时,则不可能在被害人尸体胸部提取到被告人的DNA。只有接触后,被害人随即死亡,才能在尸体静态下提取到被告人的DNA。

死前最后接触说,结合被害人死亡时间是当日下午,且根据小区监控录像显示在犯罪时间段内只有被告人进入案发现场,足以证明胡某某的DNA即是当日下午犯罪时所留。这一专家分析意见,以科学的视角解决了对DNA证据关联性质疑的问题。

庭审阶段,经专家辅助人出庭作证,达到了与DNA原证组合运用,增强证明力和弥补关联性不足的证明目的。刑事诉讼法第 192 条第 2 款①规定："公诉人、当事人和辩护人、诉讼代理人可以申请法庭通知有专门知识的人出庭，就鉴定人作出的鉴定意见提出意见。"这一规定发挥着不可替代的科技证明作用。尤其在当今强调客观性证据优先运用的司法背景下，补强这一关键证据尤为重要。这一证据被写入重审判决书主文中，亦是本案诉讼监督的一大工作亮点。

（三）固定视听资料证据

针对原一审判决认定公安机关调取的小区录像证据因不具备人脸识别条件，缺乏证据关联性和证明力的问题。经审查认为，一审公诉在固定并确认这一关键证据时，可能存在以下两方面问题：一是没有将这一重要视听资料证据提交法庭质证；二是没有抓住被告人庭前有罪供述稳定的有利时机，及时"以证取供"，通过被告人对该录像进行自我辨认，将录像证据与口供相互印证，固定为关联性更强的视听资料证据，并认定录像中的"大衣人"就是其本人这一关键事实。

二审期间，承办检察官运用联系的方法串并用证和查补新证，起到了固定视听资料证据的目的：

1. 充分利用现代科技，穷尽对录像中"大衣人"的人脸辨认工作。

2. 充分运用在案其他与小区录像相关联的证据，综合串并，相互印证，得出指向唯一的证明结论：（1）小区录像证明，被告人穿过膝大衣进、出案发现场的具体时间是当日 15 时 45 分至 16 时 36 分，期间共计 51 分钟；（2）《破案报告》证明，被害人死亡时间为当日 17 时左右。法医专家对"左右"的解释为前、后各一小时，足以涵盖录像中"大衣人"的作案时间；（3）被告人的家人及单位领导提供的证人证言证明，被告人在冬季有穿军绿长大衣的习惯，与录像中的"大衣人"衣着特征一致；（4）胡某某邻居对小区录像辨认后证明，"大衣人"的走路姿势像本村村民胡某某；（5）胡某某在一审开庭前供述证明，其于案发当日下午 3 至 4 点左右，穿军绿长大衣进入理发店，后因纠纷而杀人，离开时天已经擦黑，该供述中的衣着特征及犯罪时间与前述证据可以相互印证；（6）委托北京市人民检察院技术处对录像中"大衣人"

---

① 该处指 2012 年修正刑事诉讼法，对应 2018 年修正的刑事诉讼法第 197 条第 2 款。

进行身高比例检测,经《现场实地勘察测绘检验报告》证明,与胡某某的实际身高一致。

综合以上六证分析,指向唯一。足以得出录像中的"大衣人"就是被告人胡某某的结论,并且可以排除在同一时间、同一地点,可能有另一"大衣人"进入现场作案的合理怀疑。

运用联系的方法,对单一录像证据与在案其他证据进行串并分析,起到了固定证据的作用,排除因不具备人脸识别条件而使证据证明力受到质疑的问题。

(四)查证口供可采性证据

由于本案是依据供、证相互印证的定案证据模式,因此口供在证据体系中具有基础性地位,这也是由此种证据体系特征所决定的。在命案认定的三种证据模式中,唯有供、证印证模式,对口供有依赖性。据统计,依据这种供、证印证模式定案,在命案证明中占有80%以上比例。由于口供具有易变性,所以,众所周知的绝大多数冤假错案也都是因供证印证模式的证据发生变化造成的。因此,可谓"成也口供,败也口供"。在新刑事诉讼法实施以及纠正冤假错案的双重背景下,"去口供化"论者大有人在。笔者认为,一味强调去除口供,可能存在以下不当之处:(1)没有法律依据;(2)"不得强迫自证其罪"原则,不等于"不得自证其罪",不能成为"沉默权"的依据;(3)可能造成80%以上命案不破,命案不诉,或命案不判,危害社会治安稳定。

因此,依据刑事诉讼法以及"两高"三部出台的《关于办理死刑案件审查判断证据若干问题的规定》《关于办理刑事案件排除非法证据若干问题的规定》,对供证印证模式定案,只能强化,不能废弃。强化是指,不能仅限于基本要素事实的供证印证一致,还要通过其他精细的强化手段,提高证明口供真实性及合法性的证据标准,以达到"已经排除合理怀疑"的程度,最终实现可采性,成为定案的根据。

本案中,在查证口供真实性方面,挖掘出"非亲力不可知"的情节,并运用客观性证据加以证明,是促使口供被采信的又一突出亮点。所谓"非亲力不可知,或称非所为不能供"的情节,是指如果不是被告人亲身经历,他就不可能知晓;如果不是被告人亲手所为,他就不可能供出犯罪事实及情节。一言以蔽之:若被告人能供出,则可证明犯罪是其所为。

本案抗诉期间，承办检察官审查发现了四项"非亲力不可知"的事实情节：（1）关于"掐颈致死"情节，因尸体颈部被皮带、布条缠绕，见不到掐痕。只有亲手实施者才能供出这一致命手段，并被记录颈部掐痕的尸检鉴定所证实；（2）关于"勒颈皮带是从被害人裤子上拽下来的"供述，经被害人朋友对该皮带实物辨认，证实确系被害人生前所有；（3）关于"勒颈布条是从现场布帘上从上至下扯下来的"情节，经案后实物比对，勒颈布条确系现场布帘上的一部分，且由于布帘底部有横向布边，符合"从上向下撕扯"的特征；（4）关于被害人下身被插入塑料瓶的情节。现场录像证明，尸体下身被床单遮掩，侦查人员撩起床单才能看到尸体下身情况。而胡某某供称："进入案发现场 10 几秒钟就退出来了，没有对现场进行任何翻动。"在此情况下，胡某某不可能清晰供认出这一具体情节。本案发现尸体并报案的三个证人，没有一人证明看到了尸体下身插有塑料瓶的情况。这也说明，仅仅是进入现场的人，是不可能看到这一情形的。

从口供中发现这样的事实情节，并运用在案其他证据，特别是客观性证据加以印证，应当是证明口供自然、真实的有效方法，这对增强承办检察官内心确信、排除疑惑，可以起到事半功倍的作用。加之，胡某某供述的犯罪时间，犯罪地点，穿大衣作案，与被害人胸部有直接身体接触，用手掐、用皮带和布条勒被害人颈部的杀人手段，致被害人当场死亡的原因和结果以及在逃离现场前用塑料瓶插入被害人尸体下身等主要事实、情节，均已得到在案其他间接证据的证实。以上是立证口供的真实性。

（五）论证无法查清的其他证据

前述四项工作主要通过审查发现，复核、补充完善证据等"做"的方法进行，对于不能查清或无法查清的其他争议事项，则只能通过"说"来解决，说理、论证同样是实现诉讼目的的必要组成部分。

本案在庭审前承办检察官必须说清、论明的事项有以下几点：

1. 被告人翻供是否具有合理性的问题

（1）中午接触说，被 DNA 专家出具的《文证审查分析意见》所否定。如果属实，被告人如实供述最有利，无需编造自己杀人的事实；（2）因愧对死者自揽其罪说，不符合逻辑和规律，且与全案证据矛盾，不足以采信。

【法律适用】

2. 关于口供中存在的"两个始终未供的情节",对口供真实性是否构成影响的问题

(1) 关于"用电线勒颈"情节。第一,与在案证实的用手掐,用皮带、布条勒的杀人手段,和致被害人机械性窒息死亡的原因一致,并不矛盾。第二,现场勘查录像证实,缠绕在被害人颈部的电源线在勒颈皮带、布条之下,如果认定用手掐,用皮带、布条勒是胡某某所为,那么,在此之前用"电源线勒"应与胡某某是同一人。因为在排除共同作案的前提下,其他人没有另行对被害人实施犯罪的时间和空间。因此,无论胡某某对"电线勒颈"情节是否供认,都对认定其为被告人不构成影响。

(2) 关于"床腿压胸"情节。第一,"床腿压胸"情节与掐勒致死的死亡原因无关,较之致死因,应属次要情节;第二,根据现场尸体位置一半在床里,一半在床外的情形分析,应属被告人杀人后的藏尸行为,应属次要行为。《人民检察院刑事诉讼规则(试行)》第390条第1款第1、4项规定的"属于单一罪行的案件,查清的事实足以定罪量刑或者与定罪量刑有关的事实已经查清,不影响定罪量刑的事实无法查清的"以及"犯罪嫌疑人供述和辩解的内容中主要情节一致,只有个别情节不一致且不影响定罪的"可以确认犯罪事实已经查清。据此认为,胡某某未供的两个情节虽未被查清,但不影响全案事实的认定。

3. 关于在关键物证中没有检测出被告人的DNA,没有直接证明杀人的痕迹性物证的问题

承办检察官再次将扣押的勒颈皮带、布条委托公安部二所进行鉴定。随着鉴定技术、设备、试剂的不断发展,案发7年后仍具有鉴定条件和可能。但是,由于两物证被血渍污染过多、物证保存时间较长等原因,只检测出了被害人的DNA,仍未检测出被告人的DNA,但也未检测出其他人的可疑DNA。虽然在关键物证上没有检测出被告人的DNA,但由于经过两次检测都没有检测出除被害人以外其他人的DNA,因此,仅凭在关键物证上没有被告人的DNA这一情节,不能得出本案存在其他人作案可能的疑问,本案二审期间进行重新鉴定仍具有重要意义。

4. 关于在"塑料瓶"上没有检测出被告人指纹的问题

经审查,被告人在其中一份口供中曾经供认,其在实施杀人后,离开现场前,戴上手套将塑料瓶插入被害人阴部。因此,检测不到被告人指纹也就

不足为奇。

5. 关于被告人作案时所穿大衣未在案的问题

根据被告人采取掐、勒被害人颈部致其死亡的手段，结合案发现场没有血迹的情形，可以推断被告人所穿军大衣也不会沾染被害人血迹。因此，没有沾染被害人血迹的大衣即使在案也只能证明被告人犯罪时的外部特征，并不属于证明杀人的关键物证。加之被告人一年后才到案，原犯罪时所穿的大衣未提取实属正常，对本案证据体系不构成影响。

（六）验证可能出错的疑点性证据

如果把以上五项工作看作是审题、解题、证题、论题的话，本节工作就是必不可少的验题。

防错、检验是确保案件质量的庭前必备环节。通过庭前自我防错、检验，力图达到承办检察官先行"内心确信"的目的。实践中，某些冤假错案的发生，与公诉人疏于防错检验，仅凭形式证据定案，没有达到深信不疑的心证有关。

针对本案供、证印证的证据体系特征，站在辩方的角度，最后审视有罪供述的合法性、是否属于自愿供述、有无刑讯逼供等情形，是形成承办检察官内心确信的关键。

第一，对于被告人供述，不存在诱供、刑讯逼供等问题，四次庭审均没有变化，并有讯问同步录音录像和亲笔供词辅以证明；第二，针对口供中的两个未供情节，侦查机关没有采取"以证取供"的方法强行弥补，而是采取"可为而不为"的形式，如实记录原貌，反证口供的自然真实，这是构成承办检察官内心确信的证据基础；第三，翻供不合逻辑；第四，对于已供"非亲力不可知"的内容，被告人不能作出合理解释。

因此，被告人庭前供述真实自然可信，可以确信犯罪行为是被告人所为。非法证据排除，是防错检验的重点，也是防止"真凶归来"式冤假错案发生的必备措施。具备底线防错意识和措施，既是确保案件质量的需要，也是司法责任制改革的需要，必须予以重视。

（七）法庭综合运用证据

法庭综合用证，以实现由庭前承办检察官内心确信，向庭上法官内心确信的转移。本案庭审能够获得二审合议庭多数意见支持，核心就是让事实、证据说话。例如，在法庭调查阶段，仅当庭播放视听资料证据就有五项：证明被告人进、出案发现场的小区监控录像，证人路经现场的自我辨认录像，证人辨认证人的录像，证明尸体及案发现场的现场勘查录像，证明被告人供述真实自然的同步录音录像。同时申请鉴定人出庭、DNA 专家辅助人出庭质证等，将二审补充形成的新的证据体系完整呈现在法庭，使原一审指控证据由口供与八项间接证据点对点形成的证据特征，变成二审由小体系、大体系相互印证的证据特征，由于后者明显加入了大量补充新证，对原有证据体系起到了证明标准闭合的作用。

本案通过庭审，达到了定罪量刑的事实都有证据证明、证据经法定程序查证属实、已经排除合理怀疑的证据裁判要求，足以认定本案被害人之死是胡某某所为。最终，本案历经刑诉 7 年，由原审无罪改判死缓。

【刑辩讲堂】

《刑事辩护实务》暨《北大刑辩讲堂》简介

　　《刑事辩护实务》暨《北大刑辩讲堂》，是由北京大学法学院和北京市律师协会合作开设的新式课程。一方面，在授课内容上，课程旨在将刑事辩护的理念和技术引入教学，将知名刑辩律师的办案经验规律化、可授化，由此让学生接触刑事辩护的现状，了解刑事辩护的专业性，激发学生关注和参与中国刑事法治事业的热情。另一方面，在授课形式上，本课程也在探索法学教育中理论与实践相结合的新路。通过撰写每周一案的控辩意见，唤起学生在教学中的主体性意识，推动学生由被动接受知识者向主动训练能力者转变。

　　本课程的授课对象由北大本科生、研究生和北京市青年律师共同组成，由法学教授和知名刑辩律师同堂授课。课程采取每周一案的方式，授课律师提前一周发放真实案件材料，学生提前阅卷，在课下进行小组讨论，撰写控辩意见。在课堂上，首先由在校生和青年律师发言报告，再由授课律师结合自身办案经验对案件进行剖析讲解，最后由法学教授进行点评。课程还会不定期地邀请检察官、法官参与课程讨论。

　　总之，围绕着同一起案件，针对在校生与青年律师合作撰写的控辩意见，律师、学者及法官检察官等从理论与实践的各个角度展开全方位的分析和解读。

共同杀人：主从认定与死刑适用

《刑事辩护实务》暨《北大刑辩讲堂》第一期第八次课程

时　　间：2015 年 11 月 9 日（周一）
讨论案件：故意杀人罪案件
授课律师：刘卫东[①]
授课教师：林　维[②]
主 持 人：车　浩[③]
综 述 人：黎　玥[④]

2015 年 11 月 9 日晚上六点半，由北京大学法学院与北京市律师协会合作开设的《刑事辩护实务》暨北京市律师协会阳光小班《北京大学刑辩讲堂》第八次课，在北京大学二教 319 教室顺利开展。本次课程讨论的是一个故意杀人案例，被告人甲某、乙某、丙某、丁某被控构成故意杀人共同犯罪。本次课程分为三个阶段，第一个阶段由各小组代表发言；第二个阶段由刘卫东律师结合办案经历讲授辩护经验；第三个阶段由林维教授进行分析总结。

在课程的第一个阶段，第五组同学作为公诉人，第一、二、三、四组同学分别作为被告人乙某、甲某、丙某、丁某的辩护人，各自发表了精彩的公

[①] 单位：北京市冠衡律师事务所。
[②] 单位：中国社会科学院大学。
[③] 单位：北京大学法学院。
[④] 单位：北京大学法学院。

诉词和辩护意见。

首先上台发言的是担任本案公诉人的第五组,代表发言的是李金龙同学和徐芳律师。作为公诉人,在梳理四人密谋—实行—匿证的犯罪事实之后,他们从定罪与量刑两个层面对被告人展开控诉。他们认为:首先,在定罪方面,被告人甲某、乙某、丙某、丁某共同杀害被害人A致其死亡,依法构成故意杀人罪,系共同犯罪。具体而言,被告人丙某、丁某系正犯。被告人甲某系造意者和雇佣者,同时实行了教唆行为和帮助行为,共犯关系竞合,系教唆犯。被告人乙某系帮助犯。其次,在量刑方面,被告人甲某为本案的主犯,其犯罪动机卑劣、手段残忍、具有极大的主观恶性和人身危险性、犯罪后果严重、犯罪情节恶劣,建议判处被告人甲某死刑,立即执行。被告人丙某、丁某亦为主犯,且均有累犯情节,但其作用较甲某要小,建议判处被告人丙某、丁某死刑,缓期两年执行。被告人乙某系从犯,应当从轻、减轻处罚或者免除处罚,建议判处无期徒刑。

随后,第一组的王伦律师和綦晓芳律师代表本组为被告人乙某进行了无罪辩护,理由如下:第一,客观上,乙某不存在故意杀人的实行行为,也不存在故意杀人的帮助行为和教唆行为。乙某骗约被害人出门的行为并非出于帮助杀人的故意。其事后给钱的行为系正常商业行为,不能因此倒推出其实施了事前授意的行为。第二,主观上,乙某不存在与甲某的犯罪意思联络,且没有杀人的故意。认定乙某授意杀人的证据即丙某的口供存在重大疑点,前后矛盾,情理不合。第三,本案中作案凶器刀、绳索和GPS定位工具等重要物证缺失,并未形成完整证据链。综上,该组同学认为本案事实不清,证据不足,提请法庭对被告人判处无罪。

接下来是担任被告人丙某辩护人的第三组,代表发言的是周国祥同学和赵斌律师。他们同样选择作罪轻辩护。他们认为:第一,被告人丙某不是犯意提起者和谋划者。第二,被告人丙某所实施的预备行为均为甲某、乙某授意下实施,且主要的作案工具(刀)并非丙某准备。第三,致死的刀刺行为系丁某而非丙某实施,其实施刀刺行为时被害人已经死亡,且丙某并没有参与实施焚尸行为。第四,被告人丙某存在自首、立功、积极退赃等情节。第五,本案中存在证据瑕疵。综上,第三组认为,被告人丙某不是主犯,不符合主观特别恶劣、手段特别残忍、后果特别严重的条件,不应当适用死刑,提请法庭从轻处罚。

接着上场的是代表第四组的王淇律师和塔巴热克同学。他们作为被告人丁某的辩护人，发表了罪轻辩护意见。第一，现有证据无法认定致死的前胸伤系丁某所致。第二，丁某在本案中仅基于帮助故意实行了帮助行为，系帮助犯，而非共同正犯。第三，丁某没有参与整个行为的谋划。第四，丁某仅有间接故意，主观恶性小于其他同案人员。综上，丁某在本案中处于次要地位，仅起辅助作用，结合赔偿情况，不应对丁某判处死刑，提请法院从轻处罚。

最后上场的是代表第二组发言的陈永福律师和李泽林同学。作为被告人甲某的辩护人，他们选择为甲某作罪轻辩护。在定罪方面，第二组认为，被告人甲某只起到了辅助作用，是从犯而非主犯。一方面，各被告人供述存在矛盾，本着"存疑有利于被告""孤证不能定罪"的原则，不能仅凭乙某的口供认定甲某提议、组织、策划了杀人行为。另一方面，也没有直接证据能够证明甲某客观上实施了杀人行为。甲某在本次共同犯罪中只是负责联络、踩点和处理尸体，仅起到了次要、辅助作用，属于从犯而非主犯。在量刑方面，第一，被告人甲某系从犯，应当对其从轻处罚。第二，甲某再犯可能性小，不具有相当的社会危险性和人身危险性。第三，基于少杀、慎杀的刑事政策，应当对其审慎适用死刑。之后，第二组就刑事附带民事诉讼中原告所主张的赔偿范围进行答辩，就死亡赔偿金、丧葬费、误工费、交通费、精神抚慰金的计算发表意见，并表示被告人愿意积极履行赔偿责任。

随后，课程进入了法庭辩论阶段。控辩双方围绕四被告人各自在共同犯罪中的地位和作用这一焦点问题，就事实和法律问题展开激烈交锋。双方唇枪舌剑，妙语连珠，你来我往，互不相让，智慧的火花在教室中激荡。

课程的第二个阶段，刘卫东律师首先对本案的背景作了简要介绍，并按照发言顺序，对各组同学的表现进行了点评。

作为公诉人的第五组的亮点在于：首先，从共同犯罪的分工和作用的角度进行控诉，明确认定了各被告在共同犯罪中的地位和作用，展现了扎实的学术功底。其次，"找法"准确，检索到最高人民法院刑三庭对于《在审理故意杀人伤害及黑社会组织犯罪案件中切实贯彻严宽相济刑事政策》的意见中提出的"共同犯罪中，多名被告人共同致死一名被害人的，原则上只判处一人死刑"的规定，并在此基础上展开控诉。刘律师同时指出该组对乙某在共同犯罪中的地位认定存在偏差。第一组作为乙某的辩护人，其辩护亮点在于准确地发现了本案中对乙某不利的关键点,牢牢抓住租车、出资、约人等问题,展开了大胆的辩护,值得赞扬。但是,该组在最大受益人的认定值得商榷。第三组担任丙某的辩护人。刘律师高度赞扬了该组同学的认真细致,指出该组在准确找法的基础上,抓住了现有证据无法确定致死的关键刀刺系谁所致这一关键问题作出了十分有力的辩护,表现出了对案卷的全面把握和对细节的高度重视。担任丁某的辩护人的第四组,其辩护亮点在于围绕致死原因缺乏定论这一关键点,结合理论,从事实和法律角度展开了辩护。但其在丁某在共同犯罪中的地位认定上存在问题,法律检索也尚欠全面。就第二组为甲某所作的辩护,刘律师指出,第二组能够准确把握现有证据无法证明甲某系造意者,值得肯定,但是未能就这一问题进一步展开十分遗憾。刘律师同时肯定了第二组就刑事附带民事起诉书的答辩,但也指出存在数额认定偏高。

结合第二组的辩护意见,刘律师围绕本案的几个关键问题就本案的主要辩点作出了分析:第一,什么是犯罪起因。本案中,甲某与本害人素不相识。而在被害人与乙某之间,一方面被害人曾对乙某实施了强奸行为,另一方面乙某和被害人之间就公司经营存在分歧,乙某面临对公司巨额资金失去控制的风险。而一旦犯罪计划成功实施,乙某即可全面控制公司,系最大受益者。因此,乙某具有更强的犯罪动机,犯罪起因系乙某与被害人之间的个人恩怨和经济纠纷。第二,谁是造意者。刘律师结合被告人乙某的庭上供述,指出乙某系杀人犯意的提起者而非甲某。且即使认定甲某系造意者,其也不应承担比实行犯更重的刑事责任。第三,谁是雇凶者。刘律师提醒大家注意,雇凶的款项系以"合作"的名义从乙某处支出,雇凶者应为乙某而非甲某。此外,刘律师还对被害人过错、处理尸体的行为不应影响对杀人行为的认定等辩点进行了简要分析。最后,刘律师指出,在认定各被告在共同犯罪中的地位时,应当考虑被害人的情感。被害人在刑事附带民事起诉书中将乙某列为第一被告人。因此,认定乙某承担主要责任符合被害人心理期待,有利于安抚被害人。刘律师同时提醒大家,可以就民事赔偿与被害人进行协商争取和解,获取更轻量刑的机会。

刘卫东律师将自己对案件的看法穿插在对各组同学的点评之中,言辞犀利,发人深省,趣味性与知识性相结合,教室里不时响起掌声和笑声。

课程的第三个阶段由林维教授讲授。林维教授结合而不针对本案,就刑事辩护律师在死刑案件中的辩护进行了深入浅出的分析。

第一，控辩双方都应知己知彼。公诉人重"建"，辩护人重"破"，双方存在激烈对抗，都应知己知彼。林维教授指出了同学们在这方面的不足，并进一步强调：作为公诉人，应在了解辩护逻辑的前提下展开控诉，提前对辩方可能的攻击进行防守，在守住薄弱点的前提下展开攻击。作为辩护人，也应在理解公诉人思路的基础上安排辩护策略。尤其在共同犯罪中，在公诉人已经就主从犯问题作出有利认定的情况下，辩护人可在辩护中灵活用力，不再在该问题上作过多纠缠。

第二，刑事辩护应当特别注重细致，尤其是在死刑复核案件中更是如此。林维教授建议同学们进行思维延展和细化的训练，锻炼对于细节的把握能力。在证据之间存在矛盾时，可以制作阅卷笔录或证言对照表的方式全面把握案情细节。具体到本案中，谁造意、谁带刀、谁致死、谁付款等细节都需要通过反复阅卷全面把握。林维教授高度评价了第四组同学对于刀尖方向这一细节的重视，肯定"刺了与否""刺了几刀""是否致命"等都是会影响死刑复核结果的重要细节。结合本案和实务中的一个具体案件，林维教授进一步指出影响复核结果的不仅有事实证据问题和法律认定问题，还有细节问题。任何一个可能让法官产生一丝犹豫，扰乱法官内心确信的细节，都有可能影响最后的复核结果。

第三，辩护策略应当精心设计。林维教授指出，策略的选择涉及一系列复杂安排。在无罪与罪轻策略之间进行选择时，应当巧妙而慎重。尤其是在选择无罪辩护策略时，需要对事实、法律等问题，甚至对于辩护人和被告人的分工作出技巧性的妥善处理。尤其在死刑复核案件中作无罪辩护时，为被告人安排一个有悔改表现而又不认罪的角色十分重要。在共犯案件中，辩护策略选择更为复杂。既存在被告人共战公诉人的情况，也存在数被告之间两两对抗的情况。本案就属于后者。在这种情况下，公诉人要特别善于制造矛盾，"挑拨离间"。而辩护人则要注意发现同案被告之间关系的多种"可能性"。在"敌人"既存的情况下，辩护人不仅要论证己方当事人是无罪和罪轻，还要证明"敌人"有罪或罪重。而在"不分敌我"的情况下，不要人为地制造多余的敌人。具体到本案，第三、第四被告不仅存在着对抗可能，也存在着共进退的可能。此种情况下，辩护人可以本着当事人利益最大化的原则，结合本案致死原因不明的具体情况，妥善安排辩护策略，"一致对外"。

第四，刑事辩护律师应当准确理解法律，要首先说服自己才能说服法官。

林维教授指出一些同学所提出的立功等量刑情节缺乏事实支撑，应当尽量避免，否则不仅无法起到积极作用，还会造成缺乏专业性的印象。接着，林维教授结合第一份笔录系"询问笔录"还是"讯问笔录"的问题，对实务中"自首"的认定进行了深入细致的分析。同时，针对第三组同学提出的因工作失误而产生的证据瑕疵的问题，林维教授指出，实务中这样的"无用"细节虽然无法确实地影响事实认定，但是可以起到制造戏剧效果，打乱公诉节奏的作用。

最后，林维教授介绍了实务中共同犯罪中各被告的死刑核准的一般标准。林维教授指出，首先，在教唆非常明确的情况下，一般会依"造意为首"的原则处理，核准可能性较大；若教唆并非十分明确，则要具体问题具体分析。如雇凶杀人的案件中，视具体情况有可能会核准实行犯而非造意者死刑。其次，在共同正犯的场合，致死伤系谁所为对于是否核准十分重要。而尸体的处理方式对于是否核准则影响不大。再次，对于前科对复核的影响，林维教授指出，一般会考虑本犯而非累犯。前科会作为认定人身危险性的依据，仅在可核准可不核准的情况下对于结果产生影响。最后，林维教授提醒同学们注意，被害人谅解对于是否核准死刑十分重要，从重和从宽处罚情节也会不同程度地影响复核结果。

共同诈骗：冒领青苗补偿的刑法定性

《刑事辩护实务》暨《北大刑辩讲堂》第一期第十一次课程

时　　间：2015 年 11 月 30 日（周一）
讨论案件：诈骗案件
授课律师：谭淼[①]
授课教师：王新[②]
主持律师：孙明经[③]
综 述 人：付明燕[④]

2015 年 11 月 30 日晚上六点半，由北京大学法学院与北京市律师协会合作开设的《刑事辩护实务》暨北京市律师协会阳光小班《北京大学刑辩讲堂》第十一次课，在北京大学二教 319 教室顺利开展。本次课程分为三个阶段，第一个阶段由各小组代表发言并展开辩论；第二个阶段由谭淼律师结合办案经历讲授辩护经验；第三个阶段由王新教授进行分析总结。

在课程的第一个阶段，第二组和第三组同学作为公诉人，第一、四、五组作为本次的辩护人，各自发表了精彩的公诉词和辩护意见。

---

① 单位：北京炜衡律师事务所。
② 单位：北京大学法学院。
③ 单位：天驰君泰律师事务所。
④ 单位：北京大学法学院。

首先发言的是第二组的控方代表,发言人为曾焱梅同学和张剑栋律师。其对涉案123亩土地的变性流程和某甲、某乙的诈骗行为进行了简单介绍,并主要围绕诈骗对象、诈骗行为和诈骗故意进行了阐述。第二组认为某甲、某乙的诈骗对象为青苗补偿款,该款项的性质为公共财产;其诈骗行为是采用虚构事实、隐瞒真相的方法占有145万元的青苗款;其诈骗故意体现为行为人具有非法占有的目的,某甲和A公司的经济纠纷并不能阻却前者非法占有目的的成立。在共同犯罪的认定上,第二组认为某甲是主犯,某乙为从犯,并认为被告人具有自首、退赔获得某政府谅解等酌定从宽处罚情节。

随后上场的是同样作为控方的第三组,发言的是周境宜同学和瞿凯俊律师。在对案情进行简介后,第三组根据诈骗罪的构成要件,指出某甲之所以构成诈骗罪是因为其实施了指使某乙等人冒领补偿款的行为,且青苗补偿款的发放责任在A公司;受骗方是某政府,履行代为发放款项的职责并处分财物,最终受损失方仍是A公司。在量刑问题上,第三组认定某甲具有自首、退赔情节。此外,对于某乙的控诉,从共同犯罪行为和共同故意出发,第三组认为其与某甲构成共同犯罪。最后,第三组同样提出了对某甲、某乙的量刑建议。

接下来是辩方同学发言。首先报告的是来自第四组的匡红宇同学和韩骁律师,他们为某甲辩护。第四组针对控方的三种控诉意见,提出了相应的辩护策略。其一,针对指控某政府同时是受骗方和财产损失者的控诉意见,第四组认为本案中某政府是履行辅助人,同时证据可证明某政府没有尽到审核义务,其陷入错误认识与某甲的行为没有因果关系,其实际上是自陷风险;而在主观上,根据《关于123亩土地变性的协议书》及众人口供,某甲有理由认为涉案145万青苗款属于自己应得报酬,不具备非法占有目的。其二,针对第二种控诉思路即三角诈骗,第四组理由同上,指出作为履行辅助人的某政府不具有独立的法律地位,某甲不具有非法占有目的,且由于货币占有即所有,受害人不是A公司而是某政府。其三,针对被害人是村民的控诉意见,第四组认为,相关村民未按时申报,其自身存在错误,且存在救济途径,故村民没有丧失对青苗款的请求权。因此,某甲等人不构成诈骗罪。同时,第四组还提出某甲具有初犯、因退赔而获得谅解、立功等情节。

随后报告的是第五组,发言人为陈玥同学和张弢律师。同样作为某甲的辩护人,他们的主要辩点围绕以下两点展开:其一,涉案145万青苗款实质为某甲所有,并非他人财产;其二,某甲不具有非法占有目的。就第一点而言,第五组认为,根据《关于 123 亩土地变性的协议书》及某甲和某政府相关工作人员口供,A 公司和某甲是委托代理关系,A 公司向某政府汇付的 145 万元,仅为替某甲代付的款项,某甲是款项的实际所有人;而针对第二点即某甲的非法占有目的,第五组认为,根据此前论述,涉案款项为某甲实际控制和占有,其对此当然不具备非法占有目的。

最后发表辩护意见的是第一组,其发言人为刘鸣赫同学和巩志芳律师,他们负责为另一被告人某乙辩护。在进行了本案事实梳理和控方意见回顾之后,他们分别对某甲和某乙发表了辩护意见。对于正犯某甲,第一组主要从排除非法占有目的角度入手,提出两点理由。其一,某甲已经进行公示而未有村民来认领补偿款,所以其认为款项是发放青苗款之后的结余,不具有占有村民补偿款的故意;其二是根据与 A 公司签订的《关于 123 亩土地变性的协议书》的相关内容,某甲有理由认为是涉案 145 万元系自己的合理报酬,且本案证据无法排除 A 公司代表某丙对某甲前述行为知情的可能性。针对某乙的辩护,第一组指出,在行为上,某乙仅实施了签字、招工和代领青苗款的行为;而在认识上,某乙是错误地认为款项属于某甲,自己的上述行为具有正当性。因此,第三组认为,由于某乙陷入错误,被甲利用,其仅是某甲冒领行为的工具,系刑法中典型的间接正犯工具而非本罪的共同正犯,此外,由于其行为危害后果轻微,并通过退赔得到谅解,不应认为是犯罪。

随后,五组同学围绕青苗款的性质以及行为人是否具有非法占有目的进行了激烈辩论。双方唇枪舌剑,妙语连珠,你来我往,互不相让,智慧的火花在教室中激荡。

课程进入第二个阶段,谭淼律师先展示了自己的辩护意见,并结合本案辩护意见提出了自己对于刑事辩护实践的思考和建议。首先,谭律师提出,在理解案件事实的过程中,对所有不利于自己的证据都应当认真审查,而不是直接忽略;其二,大多案数件的争议点有限,最好能将全部事实提炼为一至两个争议点。随后,他结合案件事实,对本案的核心争议点,即被害人是谁这一问题展开论述,提出辩护律师应当注意事实中看不见的内容。同时,在判断事实时,要尽量使用排除法,学会将可能存在的各种事实都列出并一一排除,最终得出双方都认同的事实。对此,他特别提出了"有破有立,先破后立,破中有立"的 12 字箴言。在证明标准问题上,谭律师认为,由于定罪量刑事关重大，法院不应再采用发放青苗补偿款时使用过的宽松的证明标准，以防止冤假错案的发生。

在阐述案件事实时，谭律师提出了自己独特的"寓观点于叙事之中"的辩护技巧，认为以事实为依据、以法律为准绳其实就是马克思主义唯物辩证法的基本观点。因此，我们应当实现事实认定和法律适用的辩证统一，透过案件事实来谈案件定性而绝不能将事实和法律割裂。谭律师最后根据自身的学习和实践经验，旁征博引地阐述了学习军事战略学、马克思主义唯物辩证法、历史学等对提升刑事辩护水平的重要作用。

课程的第三个阶段由王新教授讲授。王新教授首先简单总结了谭淼律师的发言，并十分赞同其"寓观点于叙事中"的辩护技巧。对于同学们的表现，王新教授指出，虽然本案事实并不复杂，但在五组同学的报告中，事实总结较为零散。因此，王新教授建议，同学们在事实取舍中需要把握重点。王新教授认为，从行为焦点出发能够更快地把握案件事实和其后的法律认定，而本案中，行为焦点为某甲等人冒领145万元的行为，争议对象则为涉案145万元的所有权。随后，王新教授结合本案中的《关于123亩土地变性的协议书》和某甲、某丙等人的讯问笔录，对上述问题进行了相关的分析，并认为该协议书实质上是包干合同，其间的委托关系成立与否也可能涉及职务侵占罪。随后，对职务侵占罪的"职务"一词的含义，王新教授引用了张明楷教授在《刑法学》和陈兴良教授对指导性案件评论中的观点进行了相应解释。最后，王新教授建议同学们今后对案件事实的阐述不要太过复杂，要学会快速筛选重要案件事实，并根据相应的证据论述焦点问题，只有这样才能更好地突出蕴含于其中的事实争议和法律问题。

孙明经律师在稍后的主持环节中赋诗一首："透视真实刑案，发掘控辩焦点；归纳交锋思路，解析法理释难；展示雄辩风采，共铸法治明天。"寥寥数语精辟而生动地揭示了本课堂精髓，博得了同学们的满堂喝彩。

【沙龙实录】

从气枪案谈非法持枪罪

北大冠衡刑事法治沙龙之三

主持人：车浩（北京大学法学院）
嘉　宾：陈兴良（北京大学法学院）
　　　　梁根林（北京大学法学院）
　　　　劳东燕（清华大学法学院）
　　　　江　溯（北京大学法学院）
　　　　李世阳（浙江大学光华法学院）
　　　　刘卫东（北京冠衡律师事务所）

时　间：2017年11月23日晚6：30
地　点：北京大学法学院303会议室

车浩：各位老师、各位同学、各位朋友，今晚是北大冠衡刑事法治沙龙系列活动的第三期，本期活动的主题是"从气枪案谈非法持枪罪"。近年来，围绕个案展开的学术讨论的气氛越来越热烈，刑法教义学和解释学在整个刑法学理论研究当中的地位也越来越重要。中国法院每年都要处理上百万起刑事案件，各种重大的、疑难的、复杂的新型案件、影响性案件不断涌现，这个过程中实务部门急需刑法理论的支援。如果回避实践的需求,淡漠地应对公众对于焦点案件的关注,不能给出有针对力、解释力的观点和方案,某种意义上可能意味着部门法学研究者的失职。2016年岁尾之际,天津赵春华因摆设地摊被判非法持枪罪案件对刑法理论和实务提出了挑战。这个案件的案情很简单,被告人赵春华在街道上摆设地摊进行营利活动,经过鉴定之后,摆摊使用的9支枪形物中的6支为以压缩气体为动力的能正常发射的枪支,一审法院以非法持枪罪判赵春华有期徒刑三年六个月,二审法院改判有期徒刑三年、缓刑三年。尽管这个案件很简单,但经过媒体报道后引发了社会各界关注,成为一起引发街谈巷议的、有影响力的案件。为此,我们今天做这样一期沙龙,请到各位学者和实务界专家一起就这个案件讨论,包括案件背后的一般性问题和非法持枪罪的解释和适用等等一系列的问题。

首先向大家介绍一下今天晚上参加这次活动的各位嘉宾、老师:北京大学法学院的陈兴良教授;北京大学法学院的梁根林教授;浙江大学光华法学院的李世阳副教授;北京大学法学院的江溯副教授;北京冠衡律师事务所主任刘卫东律师;清华大学法学院劳东燕教授。

按照沙龙的程序和规则,每位嘉宾20分钟到30分钟,然后跟现场的听众有一个互动。首先有请陈兴良老师发言,大家欢迎。

陈兴良:各位老师、各位同学,今天晚上北大冠衡刑事法治沙龙讨论的是赵春华非法持有枪支案。

赵春华案发生在2016年底,现在差不多到了2017年底,最终的判决结果也出来了,距今将近一年。赵春华案件在媒体披露以后,引起了社会公众的广泛关注,同时也引起了刑法学者对这个案件的一些理论研究。据我所知,围绕着赵春华这个案件进行刑法理论分析的文章在有关法学专业刊物上已经发表了多篇。《华东政法大学学报》今年第6期也有一个专栏,发表了若干篇关于赵春华案件的分析文章。在这里,我想就赵春华案法律适用问题来作个分析。

如果单纯地从法律规定来看,赵春华持有的9支枪支中有6支达到了公安部出具的枪支标准。而根据《最高人民法院关于审理非法制造、买卖、运输枪支、弹药、爆炸物等刑事案件具体应用法律若干问题的解释》第5条第2款第3项规定,非法持有、私藏以火药为动力发射枪弹的非军用枪支2支以上的属于刑法第128条第1款规定的"情节严重"。而根据刑法第128条第1

款规定,非法持有枪支情节严重的处三年以上七年以下有期徒刑。根据刑法第128条规定,非法持有枪支有两个量刑幅度,一般情形是三年以下,情节严重是三年以上七年以下,法定最高刑是七年。根据司法解释规定,非法持有枪支2支就属于情节严重,就应当判处三年以上七年以下有期徒刑。而本案当中,非法持有的枪支一共是6支,判处三年有期徒刑已经是最低刑,因为根据司法解释规定,非法持有两支就必须判处三年以上,现在6支判处三年已经是最低刑。因此,如果仅仅从法律包括司法解释的规定来看,本案一审判了三年,二审改判为三年适用缓刑的判决结果没有问题,完全是在依法办案。

　　一个完全合乎法律规定的案件,为什么在判决结果于媒体上曝光以后几乎是天怒人怨,引起了轩然大波?其中一定是有哪个环节出了问题,到底是哪个地方有问题?既然都是合乎法律规定的,为什么这样的判决结果会引起公众的愤怒?这就引起了我们的思考。

　　刑法第128条第1款非法持有、私藏枪支、弹药罪的规定本身,表明在我国非法持有、私藏枪支是一种危害公共安全的犯罪行为。但是我们可以看到,有些国家公民持有枪支是合法的,公民持有枪支行使的是一种宪法赋予的权利,而在我们国家持有枪支是非法的,甚至是犯罪行为。这两者之间存在着很大的差距。如何看待公民持枪的问题,持枪是不是公民的一种合法权利,这个问题不能一概而论,应当根据每个国家不同的历史传统和法律制度来加以评判。在那些公民可以合法持有枪支的国家又出现了滥用枪支、利用枪支来滥杀无辜等等一系列社会问题,这些问题也导致了这些国家社会治安的严重恶化,公民的权利得不到有效保障,而因此引起了反思。在我们国家,对于枪支历来是实行一种比较严格的管制政策。这一点,应该说是符合中国国情的。而且由于对枪支加以严格管制,涉枪方面的犯罪数量是极少的。因此,我们不能够因为赵春华案件对有关枪支管理的政策和法律提出根本的质疑,这一点是我们需要明确的。

　　但是,在现有法律将非法持有枪支规定为犯罪的情况下,对于这些犯罪如何加以惩治,尤其是如何区分不同的情况使有关犯罪人受到合理的法律制裁,这一点值得我们思考。我们可以看到刑法第128条规定非法持有枪支第一档法定刑是三年以下,第二档"情节严重"的法定刑三年以上七年以上。但是,刑法对这里的"情节严重"并没有一个明确的界定,实际上是授权司法解释来进一步地界定这里的"情节严重"。因此，刑法关于非法持有枪支罪的罪刑设置实际上具有一定的框架立法的性质，也就是说它只是创制了一个框架，具体的细则有待于司法机关通过司法解释的方法加以明确。我们可以看到，刚才我们讲的《最高人民法院关于审理非法制造、买卖、运输枪支、弹药、爆炸物等刑事案件具体应用法律若干问题的解释》就对刑法第128条第1款所规定的情节严重作出了界定。根据这个界定，非法持有、私藏以火药为动力发射枪弹的非军用枪支2支以上的属于刑法第128条第1款规定的情节严重。根据这个司法解释，非法持有枪支1支就要处三年以下有期徒刑，而如果非法持有枪支2支以上的就要处三年以上七年以下有期徒刑。我们都知道非法持有枪支罪是典型的持有型犯罪，这种持有型犯罪具有三个特征：

第一，是其他犯罪的预备行为，具有预备行为正犯化的性质。也就是说，在刑法没有将非法持有枪支视之为犯罪的情况下，持有枪支行为就应当作为其他犯罪的预备行为加以处罚。如果持有枪支目的是为杀人，就应当认定为故意杀人罪的预备犯。但是，如果你利用枪支实施杀人行为，这种情况下对于非法持有枪支行为不再单独处罚，而是按照故意杀人罪加以处罚。现在刑法将这种其他犯罪的预备行为设置为一个独立罪名，这就是刑法教义学上所说的预备行为正犯化的问题。

第二，所违反的是枪支管理法规，具有行政犯的性质。非法持有枪支罪虽然规定在了危害公共安全上，但实际上这种犯罪是以违反枪支管理有关的法律规定为前提，因此具有行政犯的特征。而行政犯和刑事犯或者自然犯是有所不同的，在犯罪的成立的诸多要件上，可能都具有它的特殊性，尤其是类似于违法性认识问题都是需要特别再考察的。

第三，并不要求造成一定的法益损害后果，因而具有抽象危险犯的性质。也就是说，你只要持有枪支就构成该罪，而不要求造成一定的结果。从这个意义上说，非法持枪罪是一个抽象危险犯。

基于以上三个特征，可以看到非法持有枪支罪虽然被刑法规定了犯罪，但对它进行定罪处罚时要考虑到和其他犯罪的协调问题，比如非法持有枪支罪和故意杀人罪，故意杀人罪几乎是刑法中最重的一个犯罪，根据我国刑法规定，故意杀人罪最低刑是三年有期徒刑，最高可以判死刑。按照司法解释的规定，非法持有两支枪支，即使没有实施任何违法行为，甚至不具有犯罪目的，也要判处三年以上七年以下有期徒刑。这个司法解释对于非法持有枪支罪情节严重的这种数量规定明显地加重了非法持有枪支罪的处罚严厉性。所以，这个问题值得我们关注。如果我们从字面上考察，刑法第128条第1款说非法持有枪支的处三年以下徒刑，按照通常的说法没有罪量的要素规定，只要持有就要处三年以下有期徒刑。第二个法定刑升格的事由是情节严重，但是我们这个司法解释把情节严重完全解释为就是一个数量，相当于数额较大、数量较多，根本没有考虑情节。而且即使解释为"数量"，也是2支就可以构成情节严重，基本上1支就是三年以下，如果2支以上就到了三年以上七年以下。这种对于情节严重的解释，使得大量的非法持有枪支案件都处到三年以上七年以下。这个司法解释作出的实体性的根据是什么？为什么是2支而不是5支、不是10支？这个2支的数量应当说是相当低的，规定2支有没有一个根据，根据在哪儿？这一个司法解释对情节严重的规定本身就直接导致了对这个犯罪的惩罚严厉性程度的提升，这是从司法解释角度来分析的。

　　第二是从枪支的鉴定标准来看。非法持有枪支犯罪认定首先要判断什么是枪支。我国枪支管理法第46条对枪支作了这样的规定：本法所称枪支是指以火药或者压缩气体等为动力，利用管状器具发射金属弹丸或者其他物质，足以致人伤亡或者丧失知觉的各种枪支。这个规定虽然较为抽象，但还是给出了枪支的基本特征，其中最重要的特征我认为是枪支的性能特征。根据枪支管理法对枪支的定义，枪支必须要具有足以致人伤亡或者丧失知觉的性能。也就是通常所说的，能把人打死打伤，否则不可能叫作枪支。你有枪形物，但是动力很小、破坏力很弱，不能把人打死打伤，这样的东西即使从外观来看好像是枪，也不能认定为枪支。所以枪支管理法对于枪支的界定还是揭示了枪支的本质特征。当然，由于枪支的定义本身是比较抽象的，在具体一个案件当中判断某一个枪形物是不是属于枪支管理法所规定的枪支还需要作一个鉴定，枪支的鉴定尤其是枪支的鉴定标准，应当是以枪支管理法关于枪支的定义为根据的一种细则化。所以，公安部为了统一判断标准，就出台了《枪支鉴定标准》，其中2011年发布的《公安机关涉案枪支弹药性能鉴定工作规定》第3条就作了这样的规定：对于不能发射制式弹药的非制式枪支按照《枪支致伤力的法庭科学鉴定判据》的规定认定。枪支分为制式枪支和非制式枪支，所谓制式枪支是指军用枪支，由军工厂成建制生产出来的，一看就是枪支，不需要鉴定。现在需要鉴定的是非制式枪支，民间制造的这些枪形物到底是不是枪支，以往按照这个标准来鉴定：将枪口置于距离厚度25毫米的干燥松木板 1 米处，弹头穿透该松板时即可认为足以致人死亡，弹头或弹片卡在松木板上即可认定足以致人伤害。具有上述两种情形之一的即可认定为枪支。这个标准相对来说容易把握，也很直观，并且紧紧扣住了枪支管理法对枪支界定的特征：足以致人重伤死亡。根据射击干燥松木板法认定具有致伤力而鉴定为枪支的临界点是每平方厘米 16 焦耳，这是 2001 年的标准。2008 年公安部颁布了《枪支致伤力的法庭科学鉴定判据》，这个规定取代了 2001 年的鉴定标准，该鉴定判据放弃了 2001 年枪支鉴定杀伤力的方法，改采用枪口比动能检测法。根据该鉴定判据第 3 条规定，制式枪支、适配制式枪支子弹的非制式枪支、曾经发射非制式子弹致人伤亡的非制式枪支直接认定为具有致伤力。什么意思？这些枪直接打死过人、打伤过人，就不需要鉴定是否具有伤害力，直接认定为枪支。未造成人员伤亡的非制式枪支致伤力判据为枪口比动能的每平方厘米 1.8 焦耳。2001 年标准是每平方厘米 16 焦耳，现在降低到每平方厘米 1.8 焦耳，降得相当多。也就是过去不认定为枪支的，现在都认定为枪支，枪支范围由于鉴定标准改变而大大扩大了。

  这个的标准是怎么得出的？参加枪支判定鉴定判据制定的专家曾经说，这个数据是基于对生物体要害部位之一——眼睛的致伤力的考量得出的。而根据试验结果，并考虑到各种差异性，在 1 米距离内，对人体最薄弱的部位（眼睛）具有致伤力就认定为枪支。根据这个标准，这些认定为枪支的没有达到 16 焦耳以上的，除非你正好打到眼睛，可能把眼睛打瞎，但打到其他部位是不可能造成伤害的。而我们都知道，你这个枪正好打中眼睛的概率太小，是一个极小概率的事件。因此，根据这个枪支标准，实际上大部分枪支如果是在每平方厘米 16 焦耳以下，不仅不能致人死亡，除了眼睛以外甚至不能致使人的身体部位造成伤害。我国台湾地区标准是每平方厘米 24 焦耳，比 2001 年的标准还要高。因此在台湾地区是仿真枪，到我们这儿就成了枪支。有一个被告人在网上从台湾地区购买仿真枪入境，被认定为走私枪支，一审被福建高院判无期徒刑。被告人辩称说："你用我走私进来的这个枪打我，能把我打死打伤我就认这个罪。"实际上，这个枪除非打眼睛，打其他部位不可能造成伤害，更不用说死亡。

  刑法第 128 条第 1 款关于非法持有枪支罪的罪刑设置，有一个司法解释，该司法解释使得进入"情节严重"从而处以三年以上七年以下刑期的标准非常低，两支枪支就足以认定情节严重。由于 2008 年的枪支鉴定标准，又把枪支的范围大大扩大了。这就在很大程度上扭曲了非法持有枪支罪的立法规定。这就是一个非常典型的例子，刑法是这般规定的，但我们在具体案件中所适用的已经不是刑法典里所记载的规定，过程中有大量的司法解释、各种认定标准给掺杂进来，使得这个规定变形扭曲。本来比较宽松轻缓的规定，经过这样的司法解释就变成了非常严厉的法律规定。

  本案之所以出现社会公众无法认同的判决结果，和法律规定经过这两个司法解释和立法机关的鉴定标准加工以后出现的规范扭曲有很大关系。更为重要的是，本案又是一起极为特殊的案件，被告人赵春华刚刚以2000元的价格从他人那里接手了一个以打气球为业务的游戏摊，以此作为谋生手段。经营的游戏摊应当有正式的工商执照，属于合法经营，因此本案所涉及的并不是一般的非法持有枪支。如果一个犯罪分子或者一个违法分子非法持有一支枪支，判处三年有期徒刑甚至更重，可能不会引起公众这么大的反响。这个案件的被告人是经营一个游戏摊，通过用气枪来打气球的游戏活动来谋生。所以，这个枪支不是一般意义上的枪支，而是在娱乐场所中使用的枪支。对于娱乐场所的枪支管理问题，枪支管理法第47条有一个明确规定，单位和个人为开展游戏活动，可以配置口径不超过4.5毫米的气步枪，具体管理办法由国务院公安部门制定。但是，我国目前没有看到公安部门为游戏活动中使用的气步枪制定专门办法。从这个规定可以看出，枪支管理法制定时已经考虑到游戏场所使用枪支的特殊性，要对它进行特殊管理。在这个案件当中，不知道赵春华游戏摊中的枪支口径是否超过了4.5毫米，根据这个规定，说在游戏活动、娱乐活动中可以使用不超过4.5毫米的气步枪，是一个例外的规定。虽然赵春华的游戏摊枪支口径有没有超过4.5毫米我们不知道，即使超过也是违反行政法规的问题，而是否据此可以构成非法持有枪支罪是一个值得研究的问题。

  因此，赵春华案件尽管从表面上看好像都合乎法律规定，但这个案件之所以造成社会效果相当恶劣的结果，祸根实际已经在规范当中埋下，包括司法解释和枪支管理法。我们大家都知道司法公正分为一般公正和个案公正，一般公正是指法律的公正或者规范公正，要求法律和规范本身是公正的，而个案公正要求在每个案件上是公正。通常情况下法律规定是公正的，这样的公正的法律规定适用个案也是公正的，但有可能在适用中出现了不公正，那是具体适用不公正。就赵春华而言，法律规范上已经不公正，这样一种不公正的法律规范适用于赵春华案件,而赵春华案件又具有特殊背景和特殊性,因此出现个案不公正的结果是必然的。

赵春华案以及近年来在媒体上披露的类似案件,都反映出我国刑法在立法和司法上存在的各种问题,既有立法上的问题,也有司法上的问题。司法上的问题既有司法解释上的问题,也有个案处理上的问题,这些问题都反映了在司法活动中存在着的是非不分、情法不辨的问题,司法人员机械地适用刑法,而没有考虑公众的情感,因而不能获得社会认同。因此,赵春华这个案件确实应该引起我们的深刻反思,通过对赵春华个案的反思提炼出在法律上具有公正性的规则,以便将来对于有关的立法和司法解释进行必要的修改。事实上,在赵春华案件出来以后,最高人民法院已经考虑要对枪支鉴定标准进行修改,要提高鉴定标准。但还有来自公安部的很大阻力。2008年鉴定标准出台主要是为了当时北京奥运会维稳,为了解决社会治安问题,就把枪支鉴定标准降得很低。最高人民法院将非法持有枪支情节严重规定为2支,我想也会有来自公安部的很大压力。所以,规范上的不公正问题需要解决,只有这样才能使我们处理的案件不仅合乎法律规定,而且也合乎情理的要求,能够获得社会效果。

这就是我的分析,谢谢大家。

车浩:谢谢陈兴良老师,陈老师刚才从非法持有枪支罪持有的目的性限缩解释,从枪支认定标准的合理性的责任排除和量刑尺度上的把握等等几个方面,对赵春华案件以及由此推开的一般性涉枪类犯罪的问题发表了全面和深刻的意见,特别是谈到如何能获得公众认同这个问题,的确,这个案子会带给我们很多的反思。

接下来,我们有请北京大学的江溯老师发言,大家欢迎。

江溯:特别感谢有机会来参加这样一个活动,正如陈兴良老师刚才介绍的那样,今年《华东政法大学学报》第6期刊登了关于赵春华案的专题,我是最后一个交稿的,我写的是关于规范性构成要件要素错误的问题。我一直在纠结,规范性构成要件要素错误到底是归入构成要件错误还是归入禁止错误。关于这个问题,在德国有争议,我一直觉得将规范性构成要件要素归入到禁止错误里面是不是更合理?但始终没有把问题想清楚,最后采取了通说。

之所以写这个题目,主要是在这个案件里目前关注点或者当时案件发生之后的关注点,更多的是关注客观构成要件,特别是枪支认定标准的客观构成要件问题。我更关注的是这个案件里的主观构成要件问题，也就是说在这个案件里，被告人赵春华是不是具有非法持有枪支的故意？关于这个问题，如果我们看二审的裁判理由和二审的辩护理由，会发现两者形成了一个鲜明的对立。

二审裁判理由论证被告人赵春华具有非法持有枪支的故意时是这么写的：赵春华明知其用于摆摊经营的枪形物具有一定的致伤力和危险性，无法通过正常途径购买获得而擅自持有，因此具有主观的故意。而二审的辩护意见里也涉及对被告人是否具有主观故意的问题。二审的辩护意见是这么讲的：非法持有枪支罪是故意犯罪，要求被告人明知行为对象是枪支，若无法证明明知，将产生阻却故意的后果，即无法认定有持有枪支的故意，因此缺乏犯罪的主观构成要件。赵春华一直认为自己摆摊用的是玩具枪，而不是非法持有枪支罪所要求的枪支。赵春华对于其行为存在认识错误，且其认识错误是必然的，几乎所有普通人都不可能正确认识，因此可以阻却犯罪故意，进而阻却刑事责任的成立。我们可以看到二审裁判理由和二审意见正好形成对立，一方认为主观故意没有问题，理由是因为她对自己持有的枪形物具有一定的杀伤力、危险性有认知，而且这个枪支不是通过正常途径购买获得的，因此有主观故意；另一方认为自己持有的是玩具枪或者枪形物，没有城管部门或者工商管理部门甚至过路群众告诉她这个是枪支，所以她一直以为自己持有的是玩具枪。这两种观点形成了对立。

在这个案件里，就非法持有枪支而言，赵春华到底有没有非法持有枪支的故意呢？刑法对犯罪故意作出了明确的规定，理论上通说认为刑法上的犯罪故意是实质性故意，所谓实质性的故意是"故意"里既包含事实性故意或者构成性要件的故意，也包含罪责的故意。就构成要件的故意而言，只有当行为人认识到了一个犯罪所有的客观构成要件要素时，我们才能认为具有构成要件的故意。如果行为人对客观构成要件要素认识没有问题，但对于行为的违法性发生认识错误的话，这时候是一个禁止错误。这个案件里我们所要讨论的非法持有枪支客观的构成要件要素主要有两个：一个是这个案件里有没有认识到这是一个枪支；第二个要素是所谓的违反枪支管理规定。这两个要素都是规定在非法持有枪支的构成要件里，所以我们要探讨赵春华到底有没有故意就得探讨：第一，对枪支是不是存在故意；第二对违反枪支管理规定是不是存在故意。

首先,她对这里的枪支是否存在故意?这里面涉及更细致的问题是枪支客观构成要件要素的性质。在客观构成要件要素里,一般区分成描述性的构成要件要素和规范性的要件要素。为什么进行这样的区分?是因为对描述性构成要件要素和规范性构成要件要素在判断方法和判断标准上不一样。就描述性构成要件要素而言,判断方法是事实判断,并不需要一个非常复杂的程序进行规范或者价值判断,只需要进行一个事实判断即可。如果涉及规范性的构成要件要素,就要考察行为人除了认识到事实性或者基础性的认知以外,还要对这样的要素具有的社会意义进行完整的认知。这个案件里,枪支首先是描述性构成要件要素还是规范性的构成要件要素?我们认为是规范性的构成要件要素。我们一般人可能认为只要是具有枪的外形或者枪的形状就是枪支,但这种认识肯定是不完整的。事实上,枪支这样的概念要以一定的法律规范作为前提才能认知,具体到非法持有枪支罪里是以枪支管理法或者公安部的规定作为前提才能认知的。所以,枪支是一个规范性的构成要件要素,既然是规范性的构成要件要素,那么二审判决所指出的她认识到是一个枪形物就不够,如果仅仅是说她认识到这是个枪形物,那么她对于要素事实性或者物理性的特征有认识,还不能说她对于这个枪形物的意义或者社会意义有认知。在这里面,对于规范性的构成要件要素,不仅要求行为人认识到物理性、事实性的枪形物理特征,还要求她对于枪支的完整社会意义有所认知。

那么这里面有一个问题,如果所有被告人或者行为人都说我没有认识到这是枪支,这肯定会出现很大的问题,审判会没法进行下去。但是理论上提供了判断什么情况下可以认为行为人对于枪形物有完整的社会认知标准,这个标准就是所谓的外行人所属的平行判断标准。也就是说,如果把赵春华放到这个标准之下来看她到底能不能像一般人那样有认知,或者她的认知和一般人是不是一样。这里我们可以从三方面理解赵春华的认知是否和一般人一样:首先,摆气枪射击活动,我相信每个人的经历里都有,都不会认为是非法持有枪支的行为,都认为是很正常的娱乐活动。如果不是最近几年大量案件出现,不会认为每一个射击摊是火药铺或者武器铺,我们都会认为是再普通不过的娱乐活动。所以从外行人所属领域平行判断来看,不可能认为这是刑法意义上的枪支。第二,二审裁判理由讲到射击摊包括所用枪支不是通过正常途径获得的。但是判决里又没有对什么是正常途径讲清楚,语焉不详。从案情来看,事实上花了两千块钱从别人那里以合理的价格盘下了这个射击摊。我们没有证据证明说是通过一种非法途径获得的射击摊。哪怕这个射击摊或者枪支事后被证明是非法途径获得的,也不能要求她去查明这个事实。这是第二点。第三点,如陈兴良老师刚才讲到的,这个案件里她有工商执照,而且气枪所用的是塑料子弹,有的时候连气球都打不破,而且还要定期交保护费,在她摆摊期间没有任何主管部门告诉她这是法律所禁止的枪支,过往群众也没有人提醒她。所以,从她所在的阶层或者外行人所在的领域不可能认识到这是刑法意义上的枪支。从这个角度上判断,我个人认为她对于这里的枪支规范性的构成要件要素存在认识错误,而这种认识错误可以阻却她的故意。

第二点,在非法持有枪支里涉及另外一个客观的构成要件要素,就是违反《枪支管理规定》,违反枪支管理规定是一种特殊的规范性的构成要件要素,是一个空白的构成要件。对于这种空白的构成要件,刑法理论的通说是对于空白构成要件的客观要素如果发生错误,那么也是一种构成要件错误。如果是对于填补规范本身发生的错误,那么是一种禁止错误。在这个案件里,我们要进一步考察:首先第一点,赵春华对于填补规范,也就是《枪支管理规定》本身客观的构成要件要素是不是存在故意。从案情可以看到,她根本就没有也不可能认识到,不管是枪支管理法还是公安部的相关规定,根本不可能细致地知道这些规定里面对于枪支的要素或者认定条件、标准作出了怎样的规定。所以很显然,她是对于填补规范或者空白规范的客观构成要件要素发生错误。所以,对于违反枪支管理规定本身也是存在构成要件错误。

即便我们不承认她对于枪支以及违反枪支管理规定本身成立构成要件错误,退一步讲,哪怕我们认为她对于枪支或者违反枪支管理规定都存在故意,我们仍然可以从禁止错误的角度来考虑她的罪责问题。因为禁止错误的判断和构成要件错误不一样,它是在对客观构成要件要素有认知的情况下,对于行为的违法性发生了错误。这个案件里即便认为构成要件错误不能成立,也可以考虑禁止错误,但禁止错误判断标准和构成要件错误不一样,按照《德国刑法典》规定是要看禁止错误到底是可避免还是不可避免,如果不可避免是排除罪责,如果可以避免可以减轻罪责。这个案件里能不能说赵春华存在一种禁止错误,如果存在,这种禁止错误是可以避免还是不可避免的?我认为如果存在着禁止错误也是不可避免的禁止错误,因为根据可避免性的判断标准,在判断是否可避免的时候要考虑到行为人所处的社会地位以及个人情况，还有个人的价值观，包括社会阅历等。从本案的事实来看，我们如果考虑赵春华的社会地位、社会阅历，我们会发现不可能要求她认识到她所持有的枪形物是刑法所禁止的枪支。当然在判断可避免性的时候，还有一个常见的东西，就是说如果是行为人对于自己的行为违法性存在疑问的时候，有一个查询义务。可这个案件里没有任何事实表明她对自己持有枪形物的合法性有任何质疑，所有她也不负有相关的查询义务。即便负有相关的查询义务，这个案件辩护理由说，也不可能去查明，因为天津市公安局对一个普通市民过来要求查询是否是刑法上的枪支是不受理的，所以哪怕查询也没办法查到。

所以在这个案件里，除了非法持有枪支的客观构成要件以外，我认为在这个案件里关于主观构成要件同样值得关注。以往的司法实践里，可能存在的倾向是过分重视主观方面，很多时候不太注重客观的构成要件。而在最近发生的这些案件里，特别是涉及行政犯或者法定犯的案件里，却出现了一些相反的趋势或者相反的倾向。那就是在认定的时候，过分地把眼光集中在客观构成要件上，而忽视了对于行为人主观构成要件的认定。我觉得这同样也是一种错误的倾向。不管是对于什么犯罪，客观的构成要件和主观的构成要件都是认定一个行为是否成立犯罪的基本构成要件，两者不可偏废。

以上就是我的看法，谢谢。

车浩：谢谢江溯教授，围绕着认识错误主线对这个案件展开两个方面的分析。按照他的看法，从外行人平行领域的标准来看，这个案件存在着事实错误，能够排除故意。另一方面也认为这里面存在着违反《枪支管理规定》的违法性认识错误，是不可避免的禁止错误。

下面有请华大学的劳东燕教授继续发言。

劳东燕：关于赵春华案，我也写了一篇文章，今天想讲的主要是这篇文章上的内容，这篇文章发表在《华东政法大学学报》2017年第6期上。文章比较长，我简单讲一下我自己的看法。就赵春华案的判决而言，我个人倒不觉得法官完全没有考虑到赵春华案中的特殊情节，但显然，两审法官都认为，特殊的从宽情节只能在量刑中予以考虑，而不能在定罪中考虑。所以，一审、二审在量刑中适当考虑了这些方面的内容。但我不能接受把赵春华持枪行为定罪的结论，即使是定罪免刑也不能接受。

首先，现有关于赵春华案案子无罪的解决方案比较多，大体上我把既有的无罪化解决方案分为四种。

第一种是辩护律师提出的，否定行为的社会危害性。这种方案的缺陷首先在于社会危害性是内涵模糊的概念，辩护方可以说缺乏危害性，公诉方也可以说有危害性，双方争不出结果来。其次，刑法中规定犯罪构成要件，构成要件本身不是中性的，所以行为的社会危害性需要通过构成要件体现出来，如果不是从构成要件入手而单从社会危害性入手的情况，这种情况下就会使得社会危害性的实质判断跟犯罪构成要件的判断出现游离，所以我觉得这种方案不理想。

第二种方案是构成要件的错误，我们有时候称之为事实的错误。刚才江溯老师主要从这个角度出发，认为赵春华案中枪支本身属于规范构成要件要素，所以显然，行为人不仅要意识到是枪支，而且还要意识到这个要素所具有的法律或者社会意义。从这个角度来讲，赵春华案是可以得出无罪的结论的。但是，我觉得就赵春华案来讲，虽然从构成要件错误的角度得出无罪的结论也许是比较可行的，但这种路径的问题在于只能适用眼下个案，没有办法推广适用到其他类似的涉枪案中。而且，由于赵春华案经过媒体报道后获得很大社会影响，其他类似案件中的涉案被告人很难辩称他误认涉案枪支是玩具枪或者是仿真枪。也就是说，这种解决方案只能解决眼下个案，不能成批解决以后的类似案件。

第三种去罪化路径是所谓禁止性错误路径，也就是从违法性认识错误出罪，被告人对于行为的违法性产生错误认识，这种错误到底是不是合理的，或者是不是不可避免的。赵春华案中，我倾向于根据个案情况应该得出这个错误不可避免，从而不构成犯罪的结论。但这种路径不足之处也很明显，首先我国现行刑法并没有就违法性认识错误的处理作出明文规定，而且实务中通常坚持的就是不知法不免责的立场，并不认为这类错误就能产生阻却犯罪的结果。其次，刑法学理上虽然借鉴德、日的做法，认为不可避免的违法性认识错误可免责，但理论上仍有学者提出，比如车浩老师在一篇文章当中就提出，他认为不可避免的违法性认识错误，应当减轻或者免除处罚的法律后果更为现实。再次，这种去罪化的路径和构成要件的错误路径一样，也只能够适用于眼下个案，无法推广适用到其他类似的涉及枪案件中。也就是说，赵春华案引发舆论的强烈关注之后，以后的涉枪类案件中，行为人就很难主张违法性认识错误。

第四种去罪路径是倡导改变公安部的枪支认定标准路径。当时，无论是二审的辩护意见还是媒体报道，都把关注的焦点放在枪支的标准上，倡议公安部或者相关立法机构把枪支标准给提升。我也承认，如果现行的枪支标准能够得以提高，那么赵春华案及其类似案件可以根本上解决，但是问题就在于：第一，呼吁相关部门来改变枪支认定标准，就当下已经发生的现实个案来讲，永远都是远水救不了近火；第二，从当前比较严峻的社会治安形势来讲，全面提高枪支认定标准是否合理可能也存在相当的争议。

对于赵春华案及类似案件来讲，前面四种无罪路径或者标准模糊，或者没有办法推广适用，或者不能对当下的个案进行现实救济，都不是理想的解决方案。就类似的案件来讲，在刑法解释学上完全可以通过对非法持有枪支罪中的枪支、持有，还有抽象危险这些客观构成要件要素作限制性解释，这样的话，就能够有效地解决赵春华案以及类似案件的去罪化问题。

我个人观点是，首先需要对枪支作限制性解释。刚才陈兴良老师讲到的关于枪支标准降低的基本背景，我倾向于认为在现行制度语境之下对刑法中涉枪罪名中的枪支应当作不同于行政法上的枪支理解，也就是说要区分刑法上的枪支跟行政法上枪支界定标准，这种二元化的理解既能够顾及社会治安需要，又能够有效地解决赵春华案以及类似持枪案中出现的去罪化冲突。具体来讲，我觉得应该把公安部所规定的枪口动能比1.8焦耳的标准解释为是行政法上枪支的认定标准，刑法中的枪支，则应当采用足以致人伤亡或者丧失知觉的标准。至于特定的枪形物是否达到了这个标准，应该由司法机关委托专门鉴定机构进行杀伤力的鉴定。关于这种杀伤力的鉴定，我比较赞成原来的标准，或者国际上的标准（通常是15焦耳左右）。

对行政法上的枪支跟刑法上的枪支进行不同的解释，能够在现行制度语境下兼顾合理性和可操作性，而且能够在法教义学层面找到充分理由和根据。

第一个理由，涉枪类犯罪所保护的法益性质决定了对于刑法中的枪支概念必须作严格的限定，也就是在危害公共安全里面进行考量。现在学理上的一般看法是，所谓的公共安全，应该只限定于人身安全。只有危及不特定或多数人的生命安全与身体健康，也就是说只有那些类型性引起轻伤以上结果的枪形物才有可能被纳入刑法中"枪支"的范畴。因此，赵春华案的"枪支"难以被认定危及公共安全的法益。如果是像弹弓、小石头或者筷子这样的东西击中眼睛部位，也可能引起重伤以上的结果。但不可能认为它的危害性已经达到危及公共安全的程度。同时，如果把枪形物都认定为刑法中的枪支，就偏离了公众心目中枪支的观念形象。这是从法益角度来讲，枪支概念当作严格的限定。

第二个理由，从"以刑制罪"的原理出发要求对刑法中的枪支概念必须作严格的限定。"以刑制罪"的原理意味着刑法分则就特定罪名所设定的法定刑严厉程度反过来会制约和影响犯罪成立要件的解释。这是罪刑相适应原则作为刑法解释原则的产物。刑法涉枪类罪名的法定刑普遍设置得比较高，比如第125条、第127条枪支类犯罪，基本犯的法定刑幅度都是在三年以上十年以下，走私武器罪基本犯的法定幅度是在七年以上有期徒刑。非法持有、私藏枪支罪、非法携带枪支危及公共安全罪等罪名，虽然基本法定刑看起来不高，但是大家要考虑到这类罪名主要是作为实质的预备犯而存在，预备犯如果按照刑法总则的规定，是可以比照既遂犯从轻、减轻处罚或者免除处罚。由此看来，相应的法定刑设置也并不低。如果对于枪支标准设定过低或者过宽，势必使得相应的法定刑设置变得过于严厉，不仅引发个案不正义的问题，也严重违背罪刑相适应原则。

第三个理由，从刑法分则相关法条之间关系的协调性考虑，有必要对刑法中的"枪支"概念作严格的限定，因为涉枪类犯罪侵害到的法益是公共安全，而公共安全说到底涉及的是他人生命和健康。所以，解释涉枪类犯罪的构成要件必须要跟故意杀人罪、故意杀害罪等相关的罪刑规范相联系。只有这样，才能够体现体系解释的基本要求。根据我国刑法的相关规定，故意伤害致人重伤和情况较轻的故意杀人，法定刑都是在三年以上十年以下，所以涉枪类犯罪，既然是危及他人生命和健康的抽象危险犯，从与故意伤害（致人重伤）罪与故意杀人罪法条相协调的角度，枪支的杀伤力程度需要进一步限定为有导致他人重伤或者死亡的现实可能性。也就是说，刑法中的枪支涉枪类犯罪的法律条文，它的法定刑规定反过来制约枪支的解释。如果希望刑法中相关法条相协调，枪支必须类型性地具有导致他人重伤或者死亡的现实可能性。

第四个理由，从刑法规范的保护目的区别于行政法规范保护的目的来看，可以得出对于刑法中的枪支概念应该作严格限定的结论。也就是说，虽然公安部对枪支作了标准，但不意味着司法部门有义务遵从公安部的规章或者内部规范性文件所规定的枪支认定标准。如果法院必须遵从公安部的标准，岂不是说最终定罪与否的标准完全就由公安部掌握，而不是由法院来掌握，这完全违背了行政权跟司法权之间的分界。从我们国家制裁体系的设置来看，刑法中犯罪定义采取的是定性加定量模式。所以，在涉枪类行为是否决定作入罪处理的问题上，定量因素显然不能仅仅通过枪形物的数量来体现，而主要应通过枪形物本身的杀伤力程度来界定。着眼于涉枪类犯罪所侵害的法益与严厉的法定刑设置，并考虑跟其他法条之间的协调，难以认为数量的单纯增加就足以认定相关行为的不法性已经提升到行政法处罚不够，而需要动用刑法来处罚的程度。

第五个理由，涉枪类罪刑规范如果作为行为规范要指导一般公民来遵守的话，这里面对于枪支的界定就不能偏离普通人的认知和理解。超越国民预测可能性的解释，不仅面临正当性的质疑，也会严重影响一般预防的效果。可以看到，比如在枪支犯罪里也有持枪抢劫，大家要知道持枪抢劫的法定刑是十年以上有期徒刑到死刑。也就是持枪抢劫跟抢劫致人重伤、死亡属于相似的加重情节，在不法程度上是可以类比的。从这里面可以推断出，持枪抢劫里的枪肯定要导致致人重伤或者死亡的现实可能性，只有这样界定，才能够使持枪抢劫在不法性程度上与抢劫致人重伤跟死亡相提并论。

与此同时，对于持有枪支罪里的"持有"与"抽象危险"也应该作严格的限定。对持有型犯罪，梁根林老师做过深入研究。持有型犯罪本身跟刑法体系的立法导向密切相关。在一个预防主导的刑法体系中，持有型犯罪承担着规制风险和把危险扼杀在萌芽状态的功能。持有型犯罪像一头披着羊皮的狼，表面上安全无害，实际上蕴含着巨大的危险。在实体法与程序法层面对于传统刑事责任、基本原则有重大的偏离或者突破，客观上存在着削弱人权保障甚至冤枉无辜的内在危险。就实体法层面来说，持有型犯罪处罚的是跟法益侵害非常遥远的行为；在程序法层面，持有型犯罪因使用推定，把大量证明责任转嫁到被告人身上，从而与无罪推定原则形成冲突。也就是说，从持有型犯罪所具有的内在的危险来讲，在刑法中要适用的话，有必要对"持有"的概念进行限定性的理解。我认为，持有的成立需要满足三个要件：

第一要件是"持有"所依附的先在行为或者后续行为本身必须具备犯罪性。也就是说，持有型犯罪的可罚性根据来源于相关联的上游犯罪或下游犯罪。这里面的法益侵害性，往往不是体现在持有行为本身，而是体现在跟持有相关联的犯罪之上。这就要求上游行为或者下游行为必须要具有犯罪的属性，如果先在的行为和后面的行为本身缺乏犯罪性，就不应该认定持有的成立。比如，警察从甲的住处搜出数量较大的毒品，如果甲本人是吸毒者，而且甲能够提供充分的证据证明他住处的毒品是自己吸食而购买的，由于吸食毒品本身不构成犯罪，为吸食毒品而持有本身是吸食毒品的预备行为，当然也不构成犯罪。第二，对于持有时间的限定，也就是对特定物品必须控制跟支配已经达到合理时间，行为人在继续持有与放弃持有之间有选择的机会，并不是说短暂控制就马上构成持有了。第三，对持有目的进行限定，行为人持有特定物品的意图必须属于立法规制的目的范围。持有型犯罪实际上是作为打击关联性犯罪的有力工具而存在，所以认定是否构成持有时，必须要考虑被告人持有特定物品的主观意图是不是恰好处于立法规制的目的范围。比如想去实施抢劫，或者他想去把枪支流转出去，这种目的本身是立法所规制的。但是，如果行为人作为家长或者学校老师，为了保护年幼子女和学生，把后者所控制的枪支转移到自己控制和支配之下，这种情形下不可能构成持有型犯罪，因为这里行为人的主观意图跟立法目的是相背离的。

对于危险要素本身也应该进行严格限定，也就是抽象危险的推定。第一，持有枪支通常认为是抽象危险犯，其中抽象危险的推定必须具备相应的经验基础，也就是枪支本身在经验上必须具备致人重伤或者死亡的高度可能性。如果将枪支认定标准放得过宽，就会使得立法上对于公共安全的危险推定丧失经验层面的事实基础作为支撑。第二，对于抽象危险不能只作形式判断，而必须进行实质性考量。也就是说，抽象危险的认定本身不仅需要符合日常生活的经验法则，而且应当达到危及刑法所保护的公共安全的程度。在特定个案中，如果相应的推定跟经验层面危险预测不相符合，或者虽然有危险，但没有达到刑法惩罚的程度就不能认定抽象危险的存在。抽象危险犯并不是一旦实施行为马上就可以构成。比如危险驾驶罪通常认为也是抽象危险犯，但实务中跟理论上都认为，特殊情况下，行为人即使实施了危险驾驶行为，也可能会被认为不存在相应的抽象危险。第三，对于抽象危险犯中的抽象危险应当允许进行反驳。就抽象危险犯来讲，立法者所作的危险推定，只是免除了控方对于抽象危险要素的证明责任，并不意味着抽象危险是行为一旦认定马上就可以附带存在着的。如果行为人一方能够证明相应的行为根本不具有抽象危险，便不能够成立抽象危险犯，相应的持有型犯罪当然也不能够成立。

总结而言，立足于解释论的维度，对于赵春华去罪化处理至少有三种思路。一个是从刑法上的枪支概念入手，要求认定枪支要达到更高杀伤力标准，从而认为赵春华案中涉及的枪形物不构成刑法上的枪支。第二种去罪化路径是，从持有的成立要求所依附的关联行为必须具有犯罪性，同时持有意图应属于立法规制目的范围的角度，来论证赵春华对于枪形物的控制不构成刑法上的持有。三是可以从抽象危险角度切入，认为赵春华持有枪形物的行为不存在对公共安全法益的抽象威胁。论证理由可从三点入手：第一，从缺乏经验层面的事实基础作为支撑去论证；第二，从行为所造成的抽象危险没有达到刑法惩罚的角度去论证；第三，从现有事实及证据足以反驳抽象危险存在的角度去论证。

总的来说，像赵春华案或者类似刘大蔚案、鹦鹉案，都折射出司法实务对形式判断跟实质判断之间的关系没有处理好。不能说法官完全没有实质的考虑，但往往拘泥于法条本身的含义，并没有对法规范做灵活运用或从教义学角度进行体系性解释。为了确保刑法解释能够有效地发挥功能，在刑法适用中司法者必须注意两个方面的问题。一方面，司法者应当对实质的价值判断保持必要的敏感，确保解释结论的实质合理性。很多时候，如果案件的结论法官凭直觉就觉得有问题的话，往往说明适用法律或者解释法律本身存在的不当之处。另一方面，司法者需要掌握并且学会灵活运用各种解释技术，通过解释技术在合理的价值判断与立法文本之间建立起内在的关联。刑法中现有的理论为赵春华案提供了很多去罪化路径，并不是只能得出有罪的结论。

我就说到这里，谢谢大家。

车浩：谢谢劳东燕老师很精彩的发言，特别提出刑法条文的形式判断和实质判断之间的紧张关系，谈到对枪支持有以及抽象危险的要素作限制性的理解，认为我们目前司法存在着形式化、僵化的危险，应当充分注重实质的价值判断。

下面我们听听刘卫东律师从实务的角度，谈谈对这个案件的一些观点，大家欢迎。

刘卫东：非常高兴能够参加刑辩沙龙。学术讨论上，在各位大家面前我不敢"妄议"，听了几位老师发言以后，几乎找不到什么可以说的。我想能不能换个角度，从刑辩律师的角度，假如我是赵某某的律师要做二审辩护，从哪个角度来辩？或者在现有辩护基础之上能不能有新的辩护？疑难复杂案件的当事人来北京找律师，一般不是找一个律师签委托，往往是找三个四个或者五个八个律师咨询,如果没有真正能够说服他的东西不会轻易跟你签委托手续。咱们这个案子,虽然不涉及经济标的,也不是高官高管的案件,但还是属于社会影响比较大的案件,如果找到我,我能够怎么做?

我仔细看了一下天津中院的判决,这个判决在现有法律框架下是社会公众能够认同的判决。一审判决引起这么大的社会舆论反弹,第一是没有获得社会公众的认同,也离领导人提出的"让人民群众在每一个司法案件中感受到公平正义"的目标差得太远。第二是司法资源的巨大浪费,整个案件从公安、检察院一路走过来真的是一个浪费,反而不利于对那些真正对社会造成巨大危害性的枪支犯罪的打击,值得反思。第三,明显还是罪刑不适应,这么一个案件,一审判三年六个月。

我看了二审判决,辩护观点我比较认同,辩护律师首先讲的是程序上的东西,我们国家越来越强调程序辩护和非法证据排除等等,但真正被采纳、能够被法院认可的辩护理由非常少,在本案中也存在这样的问题。比如辩护律师提到证物提取被污染,该登记的没有登记,从而提出了:"你现在拿到法庭上的枪是不是真正的涉案枪支?"最后这个观点没有被法院采纳,法院认为虽然程序上有一定的瑕疵,但整个勘验、鉴定是没有问题的。第二点程序上的辩护,辩护律师提到鉴定的问题。就是说本案涉及枪支能不能认定为不是刑法意义上的枪支?这个很重要。但现在的判决就是依据鉴定意见:动能比超过了公安部的标准,就认定为是枪支。所以,这点还是没有被认可。但是我们注意到,现在刑事案件辩护中有很多其他领域的鉴定意见有可能不被采纳,典型的是交通肇事的责任界定,即使交管部门提交了鉴定意见,法院依职权可以作出认定,这是非常好的一个突破。我们在这种案件有没有可能采取类似的方法?根据本案的具体情况,法院不会采纳你的鉴定意见,以后是不是有辩护的空间这不好说。另外,类似于在证券类犯罪里涉及鉴定意见的认定与采信。证监会的鉴定意见到底是什么性质的鉴定意见,有时候法院说得好听一点是偷懒图省事,根本没有想过为什么刑诉法要把鉴定结论改为鉴定意见,结论是不可置疑的,而针对意见是可以发表意见的,法院应该依职权最后对这个鉴定意见在本案中起什么作用作出自己的独立判断。当然,说起来容易,可能做起来很难。二审的律师还提到几点,有一个是主观故意的问题。一般来讲,犯罪的主观故意,不用更多刑法、学理上的讨论,用常识、常情就可以推断出来,不用江溯几万字的论证,普通老百姓都能想到。但很遗憾，在本案中并不能推断出主观故意来，然后是社会危害性的辩护也没有被采纳。我觉得两位律师的辩护词写得很精彩，我从判决书里都能够看到，辩护理由能够陈列出来也是因为本案社会影响太大。我曾经在天津办一个案子，1.5万字的辩护词最后只在一审判决书中陈列19个字。所以，这个判决有律师功劳，但更多是舆论、媒体的功劳，不是那两位著名律师去代理，换了普通律师代理也可能有这么一个结果。

以上是我对二审辩护意见做的一个简单的归纳。如果找我代理这个案件，我的观点和二审辩护律师观点相比，如果没有任何新的东西，不可能找到我刘卫东辩护，所以能不能琢磨出新观点，让他感觉找你比找另外的律师更有希望，所以我琢磨了半天，只想到一个点：能不能适用特别减轻制度？这个是我受许霆案的启发，陈兴良老师、张明楷老师在许霆案判决前后专门写过评述文章，强调了特别减轻制度。这个案子的当事人如果到我这儿问我：刘律师，能做到无罪辩护吗？我肯定百分之百告诉他没戏。既然没戏，为什么还要找我？那还得找到药方，除了程序辩护、实体辩护，还有可能在法定刑之下作出更好的辩护，那就是刑法第63条第2款特别减轻制度，虽然没有法律规定的减轻处罚情节下起刑就是三年以上，最后是判三缓三，但是我个人对这个案件的评判是还可以做得更好。但这点我们发现在二审中没有提到。所以，有时候律师辩护，前面可以作无罪辩护，但后面往往会加一条自相矛盾的辩护"退一步讲，即使认定他有罪，这种情况也可以在三年以下量刑"，就是"激活"第63条第2款，但这需要最高人民法院核准。

我在想，类似这种案件，天津法院往最高人民法院呈报，四川也往最高人民法院报一个，福建再报一个，全国各地都往最高人民法院报，全国各地都出现了这种情况，能不能适用特别减轻制度？这样可能推动最高人民法院修改司法解释的规定，起码把2支枪规定为5支或者更多。一般情况，特别情节是五倍起，但这条很奇怪，是两倍起，1支是一般情节，从重情节是2支。推动最高人民法院对该司法解释作一定的修改，甚至有没有可能，在公安部的鉴定标准没法撼动之前，最高人民法院出台类似的，像对待交通肇事案件类似的批复或者解释，明确指出公安机关的枪支界定标准只是作为我们办案当中的参考，如果有这么一种解释，那么公安部的鉴定标准改不改意义不大，但最后肯定还是要改。现在认定枪支标准的动能可能连水枪都能达到，甚至有夸张的说法说小孩尿尿的动能都能达到这个标准。如果按照这种标准认定，中国会成为全球最大的军火大国，这样的民意，有关部门不能一点都不考虑。因此，从这个角度，如果最后的结果能够推动最高人民法院司法解释修改和公安部鉴定标准的修改，那么今天的研讨会真的没有白开。再次感谢各位老师，感谢各位同学。

车浩：谢谢刘卫东律师，从实践各个层面讨论了很多前面理论层面没有谈到的观点。下面有请浙江大学光华法学院李世阳老师发言，这是我们沙龙活动以来第一次邀请外地嘉宾，以后我们会陆续请外地中青年老师来参加活动，下面时间交给李世阳。

李世阳：尊敬的各位老师，同学们，大家晚上好。我是李世阳，首先十分感谢车老师的盛情邀请，让我有幸能够参加如此高端的学术沙龙。今天我报告的题目是非法持有枪支罪的解释困境——基于中国与日本的比较考察。众所周知，"天津大妈涉枪案"被列为四大奇案之一，但从法律的角度，尤其是从刑法的角度出发如何看待这一案件，是一个必须被严肃对待的问题。因为这涉及非法持有枪支罪的构成要件解释问题，涉及司法解释的效力问题，涉及违法认识可能性的判断问题，涉及违法性的判断视角，也就是事前判断还是事后判断的问题。今天报告的主要内容也是向各位汇报一下在这些问题上我个人的一点粗浅想法。我在早稻田大学留学了四年，因此我想向各位报告一下日本关于枪支的管理制度，也许他山之石，可以攻玉。日本对枪支的基本态度是原则上禁止，例外地允许个人持有，而且允许个人持有的枪支仅限于猎枪和气枪。图一（略）展示了日本从2012年到2016年，允许私人持有的枪支数量状况，其总数量维持在21万到25万之间，而日本的总人口数有一亿多，这样的话，持枪人数在总人口中的比例只有万分之三左右。图二（略）展示的是日本2012年到2016年涉嫌非法持有枪支的立案数量，从图中可以看出其数量维持在40到50件之间，这个数量相对于日本所有的刑事案件数量，几乎可以忽略不计。图三（略）展示的是因猎枪、气枪引发的事故的发生状况，从图中可以发现，案件的数量在30件以下，而大部分案件都发生在猎场，因此几乎都不是故意杀人的案件，其中的死亡人数最多为15人，其中对这一数据做出重大贡献的又是自杀。因此，可以说在日本，因枪支而引发的恶性杀人事件及其死亡人数非常少，比较著名的案件有佐世保枪击事件以及秋叶原无差别杀人事件，但死亡人数也只有三人。图四（略）展示的是持枪证被吊销的数量情况，数量在100到150之间，可见，绝大多数持枪者都严格遵守法律的规定，尽到相应的法律义务。

下面我想介绍一下在日本合法持有枪支在法律上程序。

日本虽然允许私人持有猎枪以及气枪，但在法律上从持枪前到持枪后的整个过程所应尽到的注意义务以及危险源管理义务都作了极其严格的规定，此外，持有枪支所耗费的金钱以及时间成本也不少。因此，绝大多数的日本国民通常都不会去申请持枪证，大部分持枪者都是狩猎以及射击爱好者。而且百分之六十以上的持枪者都是中老年人，心态较为平和。而且在日本呈现出了法律的道德化以及道德的法律化，绝大多数国民对于自己的行动都比较克制，对法规范的遵守已经内化为道德。因此日本发生涉枪的刑事案件数量就及其少。有人说，与其担心在日本遭受枪击，不如担心吃饭会不会噎死。

尽管如此，最近几年关于持枪而爆发恶性刑事案件的危险还是存在，有以下三个方面的危机：第一是战后受美国文化影响，自由主义思想流行。第二是社会环境较为压抑，容易爆发出极端恶性案件来，比如最近发生神奈川的杀人事件，震惊了全世界，一个"宅男"连续杀了9个被害人，把他们的尸体藏在自己家中，与这些尸体同眠共枕三个月。三是现在3D打印技术的普及使枪支的制造变得更加容易。这是出现的一些新的危机。

据此，我们可以总结一下中国与日本在枪支管理上的异同点：两国对于枪支的管理态度都是原则上禁止，例外允许。但中国可以说全面禁止公民持有枪支，例外允许单位持有，而日本则一般性地允许公民持有猎枪以及气枪。尽管如此，日本每年发生的涉枪案件数量远远少于中国，因枪支引发的死亡人数更是远低于中国的数量。

两国均有非法持枪罪这一罪名，但日本并没有将这一罪名规定在刑法典中，而是规定在《枪炮刀剑类等所持取缔法》中，以下简要分析一下中国与日本关于非法持有枪支罪在构成要件解释上所面临的问题。

在构成要件的解释上有两大基本指针，第一是法益，第二是罪质，对于非法持有枪支罪而言，其侵犯的法益显然是公共安全，就罪质而言，是一种抽象危险犯。就结构而言，其表述的方式是一种消极的构成要件要素，其中这里的"非法"的判断主要基于枪支管理法，而持有是一种事实状态，很难归结为作为或者不作为，从无行为则无犯罪出发，持有型犯罪应仅限于持有对象是具有高度的、类型的危险性物品这种情形中。于是，焦点聚集在枪支的认定上，我国的枪支管理法第46条规定了枪支的概念，这一概念从枪支的结构以及杀伤的功能两方面进行界定,并未明确地规定枪口比动能达到多少数值才能认得为枪支。日本的法律中关于枪支的认定,也没有规定一个硬性的数值,与中国的枪支管理法关于枪支的认定标准是一致的。然而,日本并不像中国这样有如此丰富的司法解释,日本的最高裁判所是以判例的形式引导下级法院的裁判。中国之所以会出现天津大妈涉枪案这种案件,很大程度上是因为"两高一部"关于枪支的认定标准,规定了一个硬性的数值,即枪口比动能大于1.8焦耳每平方厘米的均认定为枪支,这个力道相当于三米远的地方朝人用力撒豆子。显然不具有导致人身伤亡的类型危险性,用于射击气球的玩具枪本身显然没有制造法所不允许的危险,因此难以成为持有型犯罪所持有的对象。这一司法解释显然违反了枪支管理法的基本精神。

紧接着,我想谈一谈中国刑法在违法性认识可能性的认定上的困境以及自己的一点粗浅想法。虽然不知法者不免责这一法谚广为人知,但刑法学界一般认为违法性认识对于故意犯的成立是必不可少的,即使没有明确的、准确无误的违法性认识,至少也应具有违法性认识的可能性。于是,焦点集中在违法性认识可能性的判断上。在这一点上,有一种传统的观点区分了自然犯与法定犯,并认为自然犯的违法性认识是不言而喻的,而法定犯的违法性认识则弱于自然犯。事实上,区分自然犯与法定犯几乎不可能,尤其是在中国目前刑法中不作任何区分地将所有的犯罪一揽子地规定在一部刑法当中,可以说所有的犯罪都是法定犯,这也是罪刑法定原则在逻辑上的推论。然而,这种立法模式不利于引导国民形成违法性认识,不利于培养国民对于法规范的忠诚。整部刑法典也会变得过分臃肿并混乱不堪。在这一点上,有必要学习日本采用刑法典与单行刑法相结合的立法模式,这样可以局部地就某一个需要动用刑罚规制的现象专门地立法并加以宣传,以此引导国民分类地熟知这一领域的专门规定。事实上,从1979年到1997年这一期间,出现了很多单行刑法,但在1997刑法修订时,都全部单行刑法纳入一部刑法典当中。之后又不断地以刑法修正案的形式各种打补丁,长此以往,必将导致刑法典的崩溃,更遑论对于国民违法性认识的培养与引导。

事实上,在刑法上,有很多关于可能性的判断,比如预见可能性、结果回避可能性、作为可能性、不能犯、期待可能性等都涉及可能性的判断。在这里,我想作一个统一的说明。但凡涉及可能性的判断,都必然存在事前判断和事后判断这两个视角,从行为当时,以社会一般人的视角出发的判断是事前判断，与此相对，从裁判当时，以司法者尤其是法官的视角出发的判断是事后判断。仅仅立足于事前判断的话，将导致只重视行为不重视结果，而只立足于事后判断，又会反过来，只重视结果而不重视行为。因此应当将事前判断与事后判断对应起来，即事前判断设定了判断的范围框架，事后判断的范围则不能超越事前判断的范围，这是客观归属论的基本思想，也是二元的行为无价值论的必然推论。在涉及可能性的判断时，应采用事前判断与事后判断的对应原则。在赵春华涉枪案件中，之所以会造成这种让社会舆论一片哗然的效果，归根结底就是因为仅仅立足于事后判断而完全忽视事前判断，这种判断很容易沦为一种不食人间烟火的判断。

最后，我想简要谈一谈信息时代背景下对错误可避免性判断的冲击，我们现在所处的时代是互联网3.0的时代，获取信息与数据的渠道多种多样，对于很多行政犯与经济犯而言，公民从网络上获取相关法条、案例、文献的渠道比起之前的时代，不可同日而语。在这种时代背景下，可以说行政犯与经济犯中不可避免的错误的范围越来越狭窄，不知法者不免责这一格言得到进一步稳固。

以上是我的报告，不正之处请各位批评指正，感谢各位的静听。

车浩： 非常感谢李世阳老师带来的信息，之前邀请他的时候有过沟通，这么多嘉宾，尽量从不同角度相互补充。李世阳老师是从北大毕业的博士，是梁根林老师、陈兴良老师的高徒，同时在早稻田大学取得法学博士学位。在梁根林老师最后总结发言之前，我利用主持人的职务之便发个言，谈一下对这个问题的一点想法。

刚才几位老师谈到，由陈老师组稿，在《华东政法大学学报》上四位学者写了4篇文章，我也参与了，而且由于受邀写个导读，所以提前拜读了其他老师的大作。我主要谈一下和其他几位老师观点不一致的地方。

第一个问题，陈兴良老师提到可不可以考虑把持枪目的是用于违法犯罪作为一个非法持有枪支罪的主观要素，作为非法定的目的犯。劳东燕老师提到持有成立要考虑到嫌疑人的主观意图。这都是在主观目的上做文章，进行限缩解释。这个问题我之前一直在苦苦思索，就是可不可以像他们所说的那样，采用这种限缩解释的方法？最终我的结论是否定的。为什么这么说？首先要明确，持有枪支犯罪的立法目的是什么。从以往类型上看，第一是降低证明已然之罪的负担，第二是预防实施未然之罪的预备。说白了，就是你手里拿这个东西,过去是用来干什么的,现在证据不好证明,但有可能作为将来的犯罪中的一个预备,这是持有型犯罪立法的基本原理。

这种情况下,我们反观非法持有枪支罪,与它作对比的是非法持有毒品罪。非法持有毒品犯罪完全体现了立法者在持有型立法上的意图。实际上是说,当你对一个人定非法持有毒品罪时,目的是为了堵截这个人,没有办法证明他把毒品买卖、运输等刑法已经有的犯罪。这种情况下,既不能说明他过去是在做这个事,也不知道他将来拿这个毒品要干什么。这种情况下,堵截性地规定非法持有毒品罪。也因此得出的结论是,如果你能够确定无疑地证明比如持有非法毒品用于自吸,就排除了过去已然犯罪的负担和未然犯罪的预备,因此,持有毒品的目的和用途可以作为一种出罪理由。

那么,我就琢磨,与这种罪相比,非法持有枪支罪能不能按照这个逻辑说:枪支和毒品差不多,都是按照违禁品实行管理,立法者设立了这个罪,是不是限于那些证据上难以查明持枪目的的持枪行为?如果能够证明说我是摆摊的,我不是违法犯罪的,而使我出罪?如果按照非法持有毒的逻辑,似乎应当是这样的。但是,我又考虑,一个人手里持一把AK47,确定证明拿这把枪就是为了自娱自乐,因为我喜欢枪,是枪迷爱好者,过去未实施过涉枪犯罪,如果这些在证据上都确定能够证明,这个人能否就出罪?我个人是感到不安的,我相信很多人也不会赞同容许一个人在大街上拿着AK47随便逛。为什么在刑事政策上会感到不安全?非法持有毒品罪的场合被认可的逻辑,为什么在非法持有枪支罪的场合就不妥当?同样是持有型犯罪,同样是持有违禁品,这个差异原因何在?

这就要回到持有型犯罪的基本原理。恰恰是毒品和枪支之间的差异,影响到持有毒品和持有枪支这两种持有状态的差异,即使同样能够证明持有者是用于自用,但却不能同样地实现立法者的规制目的,特别是在消除预备实施未然之罪的可能性这一点上,持有毒品和持有枪支不能等量齐观。为什么这么说?因为毒品是一次性消耗品,如果能够证明行为人持有毒品是用于自己吸食的情况下,被消耗的毒品就不能再次用于实施其他毒品的犯罪,进而也就排除了实施未然之罪的可能性。这种情况下,自持毒品既不是上游犯罪的结果也不是用于下游犯罪预备,就承受住了持有型犯罪的双重考验,可以出罪。但是枪支不一样,枪支不是一次性消耗品,即使能够证明持有枪支不是为了实施犯罪,而纯粹是用于自娱或收藏,可一个人在使用枪支摆摊、射击、游戏的同时，也完全有可能把枪支用于违法犯罪活动。也就是说，这种自娱或收藏的目的不能排除把枪支用于将来未然之罪的可能性，它不会因为用于自娱而无法再去持枪抢劫。这种情况下，持有枪支跟持有毒品不一样。也因此，在这种情况下，我觉得不管是作为游戏摊主持有枪支还是枪迷爱好者持有枪支，在认定非法持有枪支罪构成要件这一点上，不能以持枪目的作为出罪的一个根据。这是第一点。

第二点，劳东燕教授、陈兴良老师提到以客观上致人伤亡为标准，对刑法上的枪支作严格的认定，陈兴良老师也认同现在的标准超出了枪支管理法关于致人伤亡的认定。我同意先前标准降低需要理由，但问题不在于枪支的客观杀伤力，而是枪形物会给公众足以带来危机感，非法持有枪支罪放在危害公共安全罪这一章节里，不是由于实际造成的伤害而使得立法者将其规定在那个章节下，而是因为持枪会给社会公众带来不安全感、不安定感，这不需要实际的使用。如果实际使用造成伤害，自然有更严重的条件规制它。在他没有实际使用之前之所以要禁止它，是因为即使不使用，枪形物外观足以带来社会不安全感、不安定感，因此既要惩罚你，又要让惩罚尺度轻于那些使用枪支而造成后果的人。从这点来看，即使客观致伤力相对轻微，只要手持枪形物的外部形象足以让公众感生畏惧感，就可以认定为枪支。一个人在中关村大街上拿着一支大家都认为是枪的东西，即使客观杀伤力很小，你看会不会引起大家的尖叫和逃跑？不可能有人到跟前认一认，或者让你把这个枪打一枪看看，到底是什么东西，致伤力有多大，才决定要不要害怕，要不要跑。这是不可能的，只要你把这个枪往肩上一背，大街上一走，公众就会望风而逃，不会实际考虑打一枪杀伤力有多大。所以在这点上来说，无论杀伤力有多大，造成的公众的不安感和法益危害都是一样的。

第三点，关于非法问题，赵春华案还是要出罪，但出罪的角度我认为在构成要件上要区分违反枪支管理规定和非法。即使违反枪支管理法规定，未必是违反了整个法秩序。作为国民传统生活娱乐一部分的射击游戏，即使违反了实体法规定，也应当在整体法秩序当中正当化。这部分内容我在之前的文章和这次的论文中已经论述得很详细了，这里就不多说了。

最后，关于枪支认定标准。我前面谈到不赞成用客观杀伤力的标准作为枪支认定的根本标准，但不意味着我赞成现在的1.8焦耳标准，这是两个层次的问题，跟其他国家与地区比，例如中国香港7.077焦耳、中国台湾地区

20焦耳、俄罗斯49焦耳、美国21焦耳,中国大陆枪支标准的确过低了。但是问题在于,公安部门有权力根据对社会治安形势的理解和判断调整禁枪的刑事政策,制定他认为合适的必要的标准。这个权力本身没有问题,问题仅仅是在目前枪支标准过低而入罪案件大量出现的情况下,特别是赵春华案件绝非孤立的情况下,公安部有义务和责任要就枪支管理标准的制定向公众作一个合理的说明。特别是2008年之前,非制式枪支标准是16,2008年之后降到1.8,不到原来标准的1/9。因此公安部门必须要向公众正式说明和解释,在2008年前后,中国社会治安状况和涉枪犯罪到底出现了哪些重大变化,以至于需要如此大幅度地修法,大幅度地降低枪支认定标准。枪支管理部门当然可以修改枪支认定标准,世界上不存在唯一正确的枪支标准正解。但是,由于枪支认定标准关涉到无数公民的行动自由,包括今天来旁听的就有全国各地涉枪案的家属,如果没有必须修改标准的重大原因就不能忽高忽低,应该给公众稳定的预期。在没有合理说明的情况下作大幅度调整,让公民动辄得咎,无所适从,我只能说,这展现出公权力的任性和傲慢。

利用主持人的便利,谈了一些我对这个案件的一般性看法,最后请北京大学法学院梁根林老师做一个总结发言,大家欢迎。

梁根林:其实沙龙没有总结,大家都是自由讨论。刚才听了各位老师的发言,总体上我是认同的,一些想法和基本逻辑是一致的。

关于赵春华案,我想谈这么几点。首先,我完全同意刚才陈老师讲的,刑法关于非法持有枪支罪的规范设置具有它的正当性、合法性,当然这一立法设置也有反面参照物——即美国的枪支泛滥造成的社会危机、社会分裂以及普遍恐惧。美国不断发生的枪击事件以血淋淋的事实,证明我国刑法对于枪支进行管制是必要、合法、正当的,是于国于民有利的,因此必须肯定其规范设置的正当性。同时,我们也必须尊重天津法院已经生效的裁判,我们是在这个前提下讨论非法持有枪支罪在中国的命运、非法持有枪支罪法律的适用,怎么使条文能够更好地适用实现个案正义。

说到个案正义,我想首先提及两点。一是一百年前沈家本就司法裁判提出了司法公正的准则,即司法裁判应该"裁之以义而推之以仁"。也就是说,不仅要符合公义,而且还充满仁怀。二是三年前中共中央《关于推进全面依法治国的决定》非常明确提出我们要实现良法善治,司法公正的根本要求就是"让人民群众在每一个司法案件中都感受到公平正义",亦即实现个案正义与具体法治。在我看来，司法裁判满足具体法治和司法公正的根本要求就是一百年前沈家本提出的司法裁判要"裁之以义而推之以仁"。

近年来不断见诸报端的司法奇案，包括今天讨论的气枪案，之前的代购案、玉米案、兰草案、鹦鹉案等，都反映出我国司法面临着司法个案正义的困境，我们的司法裁判可能与沈家本所倡导的"裁之以义而推之以仁"相距遥远。

围绕这一立论，结合赵春华案以及相关司法奇案，我谈以下几点：

第一点，司法奇案包括气枪案的出现，可能源于对非法持有枪支罪的立法目的和非法持有枪支罪构成要件保护法益的偏离，亦即对情景正义的忽视。我国刑法规定的每个构成要件，除了有自己的行为类型、构成要素的描述，都有立法者设置这个法条、描述这个要件所要达到的立法目的和所要保护的法益。对构成要件的理解应当不仅仅是对文字的理解，不仅仅是对法条所描述的构成要素的理解，还应当包含着立法目的和保护法益的理解。脱离开立法目的和保护法益就不可能真正地理解构成要件、正确地适用构成要件。如果把立法目的和保护法益纳入构成要件之中考虑，司法奇案的问题也就显而易见了。除开立法目的与保护法益，我们对构成要件的理解与适用，还需要注意方法论、法律逻辑思维上的情景正义意识。司法的任务是面对每个案件的具体情况作出既符合法律一般规定又具有个案针对性的裁判。一般所谓法律不管例外的事情是讲立法不管例外的事情，但司法不能不管例外的事情，司法就是要把法律一般规定和个案具体事实结合起来，把法律一般正义在个案中加以具体落实。所以，司法要做到个案正义，要实现具体法治，让司法裁判获得民众信赖，就必须充分考虑个案的具体情况，必须要有情景正义的观念。我们很明显地看到，在我国法律规定的非法持枪罪一般构成要件设计具有正当性、合法性、必要性的前提下，有些个案的裁判、个案的适用显然忽视了情景正义。这些裁判可能不仅背离了立法目的和保护法益的要求，同时也违背了情景正义。这是根本性、方法论的问题。这是我讲的第一点。

第二点，包括气枪案在内的一些司法奇案的根源是什么？根源可能源于我国刑法理论包括司法实践刑法评价体系中的深层次和系统性的问题。这里涉及对不法行为刑法评价标准与行政法或者行政机关的行政裁量标准如何衔接的问题。如果不考虑刑法评价的特殊性与刑事归责的严厉性，完全照搬行政机关和行政法上的裁量是否具有妥当性？据此对刑事案件的处理是不是能够实现个案公正？刚才各位老师都谈得非常好，我也完全赞同各位老师的观点。但我觉得在这里面必须把它上升到另一高度加以认识，也就是说如果完全照搬行政法和行政机关的裁量，把行政机关的意见或者鉴定作为我们司法认定的一个不加审查、不加裁判的标准而作出司法裁判，从根本上讲可能违反了法秩序统一性和刑法违法性判断的相对性原理。刚才车浩老师讲了法律统一问题，毫无疑问我们必须强调秩序统一性，行政法上或者行政机关作出的一些认定，我们在刑法评价的时候要尽可能予以考虑。但又必须考虑刑事违法性判断的相对性，因为刑法上不法的评价有特殊考虑和特殊的标准。从这个角度出发，我们完全应当而且也可以对于公安机关的枪支认定标准：第一，质疑它本身是否妥当；第二，即便不质疑它的妥当性，我们刑法评价也应当有所区别、有所区隔，即把刑法评价标准和行政裁量标准予以区隔。最高人民法院最近已经尝试将刑法评价标准与行政裁量标准予以明确区隔，我个人觉得是非常好的尝试。比较突出的就是卖淫问题。若干年来，司法机关和公安机关一直对卖淫到底怎么界定分歧严重，尤其是以广东那边为代表。最高人民法院有关法官主张将服务场所提供性交易的行为区分为进入性的性交易和接触性的性交易，把进入性性交易认定为刑法上的卖淫，而把接触性的性交易不视为刑法上的卖淫，尽管公安机关出于行政治安管理的需要都当作卖淫来处理。我个人认为，这一做法具有合理性，是一个非常好的先例。其他相关的涉及行政裁量标准和刑法标价标准是不是需要统一、是不是需要有区隔、是不是需要作适当地限缩时，都可以参照最高人民法院的做法来处理。如果采取这样的做法，就可以在相当程度上缓解相关矛盾和争议，也可以解决车浩老师的担忧。你拿着非常逼真的仿真枪可能没有杀伤力，但谁知道是真枪还是假枪？谁知道杀伤力如何？对于这样的行为，从治安管理角度上必须加以禁止，如果你有这样的行为必须给予行政处罚。但是，刑法是不是真的要对你背着基本上没有杀伤力或者杀伤力低于1.8焦耳动能比的仿真枪在大街上耀武扬威、吓唬老百姓的行为当犯罪处理还是需要慎重，行政法可以处理，但是刑法上要区别对待。

第三点，气枪案也罢、代购案也罢，之所以出现问题，还是源于对不法和责任二元区分观念的缺乏，如果把不法和责任二元区分观念加以确立，这个事情也还好办。如果采取刑法上的枪支界定标准，赵春华案的枪是不是枪就是问题。如果不是枪，赵春华案没有非法持有枪支罪的行为对象，不符合构成要件。即便是枪，赵春华可能没有认识到这是枪，这是一个构成要件错误，构成要件错误阻却犯罪故意，仍然不可以把它认定为非法持有枪支罪。即便我们认可公安机关的枪支认定标准，赵春华认识到这是枪支，但赵春华是从别人手里把摊子盘过来，维持生计而摆地摊，没有认识到这样的行为是法律所禁止的行为，持有控制的 6 把气枪是法律禁止她持有的气枪，行为具有违法性，再从违法性认识或者禁止错误的角度对她进行归责的评价。这就涉及刚才各位老师的问题，到底要不要引入禁止错误的问题，要不要区分不可避免的禁止错误和可以避免的禁止错误，要不要用不可避免的禁止错误来阻却归责，可以避免的错误减轻责任。在这个层面可以一步一步往后推论，即便有不法，她也可能因为不可避免的禁止错误而阻却责任。

第四点，司法奇案背后还有一个共性问题，司法实践中司法人员在观念当中或者实际操作上对刑法上的错误是比较忽视的，忽视刑法上的错误对定罪量刑特别是定罪带来的实质性影响。刚才各位老师已经提到了，对于构成要件错误至少可能阻却犯罪故意，甚至可能不具有构成要件该当性，禁止错误则可能会阻却责任。如果我们在观念上把刑法上的错误问题给予高度的重视，许多问题还是可以通过理论的功能来加以救济的。这是第四个问题。

第五点，现在一系列的司法奇案背后还有一个共性的逻辑，就是不仅表现出缺乏刑法体系的思维，而且在于我们忽视了价值目标、生活逻辑与刑事政策对刑法思维的引领。这又回到沈家本所讲的"裁之以义而推之以仁"，司法裁判只有"裁之以义而推之以仁"才可能获得公众的信赖。面对批评与质疑，一些司法人员可能也很委屈，"我这么严格的执法，顶着社会舆论压力，你们还是不买账，你们还是鸡蛋里面挑骨头"，我觉得这里面的问题可能还处在个别司法人员忽视了法律思维、法律适用背后更为重要的价值目标、生活逻辑与刑事政策的引领。我认为，司法逻辑与司法裁判还是要尊重常识、常理、常情。"回到常识，遵循常理，体察常情"是我们法律人法律思维与法律逻辑的底线。现在个别司法裁判往往剑走偏锋，违反常识常情常理。如果你作出这样一个违反常识、常情、常理，违反公义的裁判，反过来又指责舆论干预司法、学者干预司法，这个可能并不妥当。我以为，司法还是要回到常识，在常识与生活经验的引领下，在刑法价值目标引领下，同时在刑事政策引领下来正确理解法律、适用法律，处理个案。

再做一个延伸展开，赵春华案突出反映出我们现在面临的司法个案正义困境。这种司法个案正义困境的根源在于我们机械地理解罪刑法定，恪守了司法教条主义，司法人员相当程度上把复杂缜密的司法活动退化为三段论的演绎推理过程，无视个案处理的具体正义。表面上严格执法，彰显法律权威，实际上严重违反刑法的精神、刑法的目的、刑法的原意，不仅如此，还违反常识、常情、常理，最后司法公信力也受到质疑，甚至引起舆论事件。

这些个案彰显了目前面临的司法困境，现在我们讨论气枪案不是质疑某一个具体的判决，而是要如何走出司法个案正义的困境。在这个问题上，我最近一直在思考，我们现在不光面临个案正义困境，还同时面临其他各方面的困境与挑战，我尝试进行归纳，不知道是否合适，提出来跟各位讨论。这些挑战或困境是：

第一，在宏观层面，国家决策层对法治中国作出了值得肯定、令人憧憬的愿景规划。但在中国这样复杂与转型的国家，要把纸面上的愿景付诸实施必然遇到各种挑战和障碍，绝非可以一蹴而就，因此法治中国建设必然是一个长期、艰难、曲折的过程。但一般国民对此缺乏心理预期，他们往往希望"毕其功于一役"，由此导致在短期内人民群众日益增长的法治需求与实际可能的法治供给之间的矛盾日益突出。我这个表述在十九大报告之前就有，郑重申明不是抄袭十九大报告，但与十九大报告精神一致。过去法官能够依法裁判，裁判符合法律法律规定，老百姓就认可了。而现在老百姓对法治与公正的要求提高了，裁判不仅形式上要符合法律规定，而且要实质正义、个案正义，还要符合"三常"（常识、常情、常理）。我认为，这是一个好的现象，不要简单地把它当作挑战或者困境予以简单的否定。这一现象其实说明我们国家法治进步了。第二，就刑事法治建设的中观层面而言，当下中国社会转型时期风险控制与社会治理的现实需要，促使立法者不得不通过刑法修正案大幅度地进行刑法扩张，不断地扩张刑罚权，推动刑法干预的早期化、能动化，由此导致我国刑法是否背离谦抑性、辅助性法益保护的机能定位，甚至堕落为社会管理法的争议，并且进一步妨碍刑事立法、刑事司法与刑法学理的良性互动，引发彼此之间的埋怨、指责。在我看来，这种埋怨指责往往表现为，立法者可能指责司法者没有准确领会立法原义，或者超越法条原义进行刑法解释适用。司法者可能也不满立法者，司法者会说立法者脱离实际，高高在上，立法用语语焉不详，词不达意，法条在实践中根本没法操作，个案与法条不能对号入座。实务部门可能也不买学者的账，实务部门的同志会说理论脱离实际,学界尽整一些洋玩意儿,实践中中看不中用,根本用不着、根本用不上。学者也可能对司法部门也不买账,说现在实务拒绝理论指导,本来我们理论应当指导实际,现在你们实践却反对理论。这是第二个方面的挑战与困境。最后一点,就刑事司法实践的个案裁判而言,刑事司法在相当程度上陷入了个案正义困境,一方面教条主义、机械主义、形式主义的司法思维,导致司法裁判在一定程度上违背了一定的事理、法理、情理,背离了刑法保护目的与个案正义,司法信赖和裁判权威遭遇严重危机。另一方面,互联网时代与信息社会无障碍的信息流通,又使得个别个案处理不公正的负面效应瞬间扩张,无限扩大,酿成此起彼伏的舆情危机。

所以,我们法律人要想办法迎接与回应上述挑战,找出加快法治建设进程,走出困境实现个案正义的策略与路径。我们今天讨论赵春华案,说到底就是围绕这个宗旨和目标而进行。谢谢大家!

车浩:非常感谢梁根林老师全面深刻、大气磅礴的发言,讲到一系列案件偏离了立法者的目的、法益的保护目的和情景正义,谈到案件折射出的法旨性、统一性与刑法作为部门法和其他部门法之间的区隔性的紧张关系,从司法高度谈到类似案件中法官没有实现不法与罪责的区分思维方式,使个案没有渠道出罪。最后提到案件裁判涉及生活逻辑、价值目标、刑事政策等因素的考虑,司法者没有站在这样的高度,而是僵化地执行法律,过程中自己承受委屈,也没有得到公众的认同。特别是最后提升到现阶段主要矛盾的高度,总结得特别到位,我第一次听梁根林老师讲,日益增长的法治需求和不能满足的法治供给之间的矛盾,这个提炼非常到位。我觉得这完全是对今天讨论的全面总结,再次感谢梁根林老师的精彩发言。

我们这个环节走得差不多了,下面把时间留给现场的同学和各界朋友,有什么问题可以提出来,在座老师可以有一个回应。

提问:我是刘大蔚案件的家属,我听到各位老师讲的话,我觉得他完全是无罪的,讲到法官只是考虑到数量问题,数量方面,因为卖家要达到3万块钱才发货,所以他凑了24支,福建高院觉得数量大就判了无期。还有刘大蔚刚满18岁,刚出社会,根本没有阅历。劳东燕老师讲到持有,刘大蔚是网购,从始至终没有收到货物。我觉得是无罪,希望北大教授和清华大学教授通过这次会议推动新的司法解释出台。

车浩:你提出了一个很有代表性的案例,这个案例都可以在网上查到。

我们今天虽然是学术讨论，但是是开放的平台，欢迎你把问题讲出来，不过学者有特定的角色和职责，有特定的能力范围，在这个范围内，今天采用这个方式公开讨论这个问题，也是希望推动相关局面的改善。我们可能没有能力促进某一个个案的变化，但希望通过在座各位学者的不断呼吁，使得我们国家对于枪支管理有合理的标准和范围，不会让很多人蒙冤枉入狱。这个回答也希望得到你的理解。

提问： 各位老师好，我是徐昕老师的助理，我其实就一个问题，我想了解到现在司法解释的进度，会不会近期很快出来？当事人很着急，我们也在催福建高院出庭，赵春华案收集物证时，枪支装在一个袋子里，根本没有办法确定枪是不是赵春华的，包括刘大蔚的案件，他根本没有收到实际的枪，所以我们比较关心各位老师是不是了解这方面的情况。

陈兴良： 这个案件已经再审、立案了吗？

提问： 现在等开庭了。

陈兴良： 枪支网购，在海关被拦截了，没有收到。这个没有认定未遂吗？

提问： 没有，全部认定为走私枪支。关键问题是分析案卷之后，觉得这个枪根本不是他买的，证据存在很多问题，购物清单存在造假，还有视频拍摄时间，之前一二审律师没有提出来，我们在再审的时候提出这个问题。

陈兴良： 所谓枪支的鉴定是什么状况？

提问： 本来附的鉴定意见没有每支枪的具体数据，二审的时候律师调出了这个数据，是超过1.8，但在10以下。

陈兴良： 他是从台湾网购的，是一个枪支爱好者，用来自己收藏。

提问： 这是主观方面，主要是认为证据上根本没有办法认定枪支，因为现在没有见过，也没有辨认。

陈兴良： 证据问题是另外的问题，我们主要是讨论刑法问题。正如刚才车浩所讲的，我们今天讨论的个案中所涉及的刑法理论问题，这些刑法问题有些是属于教义学层面的问题，比如违法性认识错误以及对于枪支的持有解释，以及能不能通过目的限缩限制犯罪的构成要件范围等，这是教义学思考。还有是非教义学的思考，是立法学的思考，比如对于鉴定标准提高了，对司法解释数量规定是否合理等，这些有待于修改有关的司法解释和有关的鉴定标准才能最后实现的。赵春华这个案件，刚才我们讨论了，福建这个案件是另外一个罪名走私枪支罪，这两个案件在媒体上披露过，是比较特殊的涉枪案件，确实引起了社会的广泛关注。但这些问题在现有的法律范围内来解决确实有很大的难度，就如刚才刘卫东主任所讲的，在现在的法律框架下要解决确实有难度。你提到的证据上的问题，这个枪不是我买的枪是另外一个问题。证据不能解决，那么在现有法律范围内怎么解决？但这个处理结果又明显不合理。就赵春华案而言，她本来就判得比较低，判了三年缓刑，一定程度上解除了民怨。刘大蔚案件 24 支，而且走私比持有更严重，无期徒刑是他这个数量所达到的法定刑里最轻的。在这种情况下，你刚才讲能不能等鉴定标准下来，再根据新的鉴定标准判刑。

提问： 现在在再审，等待开庭。

陈兴良： 如果认为判重了，有没有其他法定情节可以减下来？另外，枪支网购，但到海关被拦截了没收到能不能定为未遂？未遂再减轻，通过这些途径把刑罚大幅度减下来，减到相对来说容易接受的范围，所以这些在法律框架内追求案件处理结果相对合理的途径，我觉得还是不能放弃，往这个方向努力。但通过这些个案最终还是要推动枪支管理本身制度更加合理，因为要针对不同案件。也就是说这些刑罚，比如赵春华非法持有枪支，如果不是她特殊身份从事特殊的职业，对一般人可能判三年就三年了。走私枪支，违法人员走私 24 支判无期徒刑就判无期徒刑。但是，碰到比较特殊的情况，按一般规定处理显然不合理。所以这种情况下，应在法律范围内适当地加以调整，使这个处理结果尽可能在个案上能够得到一个满意的结果。这是我的一点意见。

提问： 我是政法大学的，今天讲的关于枪支犯罪的问题，尤其涉及关于行政法和刑法之间的界限。最近我在一些实习经历中考虑过这些问题，也在思考中。比如具体的枪支案件中，将行政法对枪支的认定用于刑法上枪支罪的认定中，等于实质上用行政法作为参考进行刑法的审判，如果不是公安机关这么认定，可能赵春华案中玩具枪就不会被认定为枪支了。非法集资类犯罪，它的非法肯定不是一个刑法上的规定，因为刑法没有其他条件了。非法很大程度上是行政法上的非法。我想知道，到底在什么情况下才能把这种"非法"扩张到刑法上？有些行政法违法在位阶上低于法律，如果把行政法规乃至于部门规章应用到刑法审判中，是不是有突破罪刑法定的危险？或者有什么理由使这样的法律适用正当化？谢谢。

陈兴良： 这就涉及刑法前置法、民法、行政法与其他部门法之间的关系问题。这个问题在刑法领域上存在所谓的从属性和独立性两种观点。所谓从属性，强调刑法是民法、行政法或其他法律的保障法，因此一些概念、一些东西要从属于民法和行政法。另外一种强调刑法的独立性，这种观点认为刑法处理的是犯罪问题，和民法、行政法等前置法有关功能和目的不一样，因此更多是强调刑法独立性。所以，这两种观点始终存在争议。

但在一般情况下，尤其是在法定犯的情况下，刑法当中的法定犯是以违反前置法为前提，前置法主要是指行政法、经济法等。违反行政法或者其他法规就成为刑法中行政犯的一种规范性的构成要件要素。比如，非法持有枪支是以违反枪支管理规定为前提。因此这里面就有一个问题，就像非法持有枪支罪的枪支以及走私枪支罪的枪支概念由谁来界定？通常来说，因为是行政犯，所以他的枪支是由枪支管理法界定的。我们国家专门出台了枪支管理法，对枪支有一个界定。实际上，枪支管理法第46条对枪支界定的本身既适用于刑法也适用于行政法，方便为涉枪的犯罪如何界定枪支提供了规范根据。同时，因为公安机关对枪支有一个行政管理权、治理管理的权限，这个枪支范围也决定了公安机关对枪支管理的管辖范围。但是，问题就出在公安机关本身又对枪支规定了一个标准，而这个标准如果和枪支管理法所规定的枪支足以伤亡特征相吻合的情况下，这个标准没有问题，可以在刑法认定涉枪犯罪中应用。但这个标准太低了，使得枪支范围过于扩张了。枪支范围扩张实际上也是公安机关对涉枪案件、治安案件的管辖权范围扩大，公安对枪支管理的权限扩大，这种扩大应该说是自我授权。所以，枪支规定下位法的规定和上位法枪支管理法的规定，两者之间是不吻合有矛盾的。这种情况下，你违反上位法能不能有一个法律救济的途径，本来应该有一个审查途径，但在我们国家目前就没有这样的审查途径，包括一些下级行政机关作出的规定，或者地方人大作出一个规定，和上位法之间发生了矛盾。对于这些问题我们没办法来有效地从法律上进行救济，结果导致法律的目的发生了偏差、偏离。所以，这个问题是在法治建设当中需要考虑的。

当然，我们现在只提出违宪审查的问题，违宪的情况更为重要，但还是少数的。大量的都是下位法的规定违反上位法而得不到有效的救济。我们的司法审查只是限于对具体行政行为的审查，对抽象的行政行为怎么来进行审查，这个问题是迫切需要解决的。如果这个问题解决了，那么在个案当中利益相关人涉及这个问题，就可以发起一个审查的诉讼，但这在现在不可能。

回到这个问题，通常情况下，刑法中认定犯罪尤其是认定行政犯时，那些基本概念还是要按照前置法所规定的概念，比如虚开增值税发票就要看《增值税发票规定》，虚开发票罪，什么叫发票要根据《发票管理条例》，如果刑法没有特别规定都应该根据其他法律。刑法中的信用卡有特别规定，和金融法里的信用卡不一样，包含了借记卡，这是立法解释加以规定的。

在枪支问题上能不能采取二元的方法，行政管理中的枪支范围大一些，但刑法当中的枪支范围小一些。我个人觉得按照现在枪支管理法第46条概念来看很难得出这样的结论。现在再怎么扩大也不能脱离这个规定，除非你对枪支管理法进行修改，枪支管理法说枪支有两种，这没有问题。而且这个问题跟刚才梁根林老师讲的卖淫问题不具有可比性。卖淫这个问题只是一个用语问题，用什么语言来概括它、描述它，可以用不同的语言。所以在卖淫的问题上，我倒是同意梁根林老师所讲的最高人民法院的态度，分出不同类型。但是能不能都用"卖淫"这个词？或者用"性交易"这个词？有些事属于色情服务，你用"色情服务"和"性交易"区分开来。卖淫按照传统观念局限在性交易。但关于处理卖淫嫖娼的有关规范性文件里，除了卖淫以外，还有其他色情交易、色情服务，你用另外的语言表达，在这里面分出一块，这里面都是语言表达的问题。

劳东燕： 我补充两句，这个同学提到了刑法中非常重要的问题，法定犯中行政违法性，跟最终行为在刑法上的违法性到底如何处理，法定犯本身以行政违反性为前提，这里面的"行政"包含行政法也包含经济行政法这一类作为前置性的法律。

我觉得这种前置性案件跟刑法上的构成要件之间的关系处理，是不是可以从两个方面来作限定？一个是根据行政法或者经济法上的规范是否跟刑法上的法益相关，把它分成两类。只有跟刑法上的法益相关的经济法规定或行政法规定才可能成为法定犯中的行政违法性里的相关规定。比如交管法中有很多违反交通管理规定，比如开车没有带驾驶证或者开的车牌照掉了，没有申领，这个都是违反交通法的。另外是超速或者闯红灯或者无证驾驶。这两种都行政法规，但其中有一类行政法规涉及刑法上的法益，也就是说只有超速、闯红灯这一类才涉及刑法上的法益。这就意味着如果没有涉及刑法上保护法益的行政法规定，我觉得不应该成为法定犯中提供行政违法性的行政法规。如果我正常驾驶，但是我没有带驾驶证，要出交通事故，表面上已经违反了交通法规，事故也已经发生了，但是在这里面，我觉得像这一类，行政法规就不应该作为法定犯中行政违法性的前置性法规，这样的话可以根据是否涉及刑法上保护的法益，把一部分行政法规排除出行政规定违反的前置性要求范围。

如果确实涉及刑法上的法益，比如枪支问题，公安部对枪支的规定涉及保护公共安全。刚才陈兴良老师提出的确涉及刑法上的法益，这种情况下，是否刑法上的枪支就必须按照行政法上的枪支概念来理解？在这个问题上，我没有特别深地考虑过。但我觉得，我们国家对于人身安全法益的保护，实际上有些属于行政法、有些属于刑法的，这种情形根据定量因素来规定，也就是说如果要纳入刑法处罚有一个程度的限制。这样说来，我从定量角度限制，使得行政法上的枪支范围比刑法上的枪支范围要宽也是完全可能的。尽管都是保护刑法上的法益——人身安全，但是行政法上可能会基于治安考虑作更大的扩张。但是刑法上我倾向于认为还是作一种定量性的或者程度上的限定。如果说刑法中法定犯中的某个法益直接来源于前置法，比如有些知识产权犯罪，原则上相关概念要尊重前置法的规定。但如果刑法的保护跟行政法的保护，虽然法益相同，但有阶梯型关系，这种情形下我觉得有可能对同样概念不一定采取行政法上的定义。这个问题挺值得研究，现在国内学界对这个问题做非常深入的研究比较少，谢谢。

车浩：这个问题挺重要，我们刑法理论上有一个概念，叫作刑法条文的行政附属性，很多刑法条文当中都会有违反国家规定或者违反某个具体领域当中的某些规定，这往往出现在行政犯、环境犯或者经济犯罪当中，还是一定要援引到其他相关部门法相关规定当中。这种情况，是不是违反相关的部门法，直接也同样违反了刑法条文？其实就是这个问题。对此，我们当然要做区隔，即使是一般的行政违法，但刑事违法肯定更窄也更严重一些。但怎么样体现范围更窄程度更严重一点？不管立法者还是司法解释制定者、理论研究者，最常见的是在刑法条文，除了违反相关国家法律规定后面加入"数额较大""情节严重"，这是立法者作的限制。有时候司法解释包括非法持枪罪一定也作了数量限制，持枪超过多少支，子弹要达到多少，不是说你拿着一支枪或者有一颗子弹就立刻定罪。只不过现在我们对这种限制不够满意，觉得限制度还不够。这种情况下，在现有的立法者和司法解释已经作出限制的情况下，学理上想要进一步限缩它。比如刚才大家谈到的枪支的客观杀伤力，枪支管理法规定致人伤亡，"伤"有轻伤到重伤，是要达到重伤标准，还是行政法上一般的伤就可以？再比如，刑法当中规定了非法，不仅仅是违反枪支管理规定，我摆了摊可能是违反枪支管理规定的，但算不算"非法"的行为？如果一般人都认为是完全正常的，这可能就是对非法的否定。学理上会讲具有社会相当性等，会以这样的理论处理它。你说的这个问题，不管是立法还是司法还是学理上，有一系列的方式应对它。

提问： 谢谢各位老师，我是今年的法硕新生，学了三个月的法律，可能问题比较浅白，很多律师都说不要机械地法律判断，社会实践通过立法精神和保护法益进行价值判断，对于法官来说是不是从另一种方向上扩大了法官的自由裁量权。个案报道出来少，更多案件不为其他公众所知，如果法官分析每个案情可以自由地加减刑，是不是又会导致另一种自由裁量而引起社会不稳定的结果？我就这个问题，谢谢。

梁根林： 这个问题我们课堂上讨论，先听陈兴良老师说说。

陈兴良： 涉及形式判断和实质判断的关系问题，罪刑法定要作法律有规定的判断，但是法律有规定不一定构成犯罪，对于那些虽然有法律规定但没有侵害法律的行为，仍然应当把它排除。这就是储槐植老师所倡导的"入罪以法，出罪以理"，入罪的时候要看法律有没有规定，出罪的时候要看理。所以要处理好理和法的关系，尤其要处理好罪刑法定和法益保护之间的关系。"罪刑法定"是如果法律没有规定的行为无论如何也不能定罪，这是对入罪的禁止。法官不能有在法律没有明文规定的情况下入罪的权利。但罪刑法定从来不禁止出罪，即使在法律有规定的情况下，法官完全可以根据他的裁量以及事实判断，将法益侵害性比较小的行为或者符合常理常情的情况从犯罪当中排除出来，予以排除。所以，这两者并不矛盾。法官应该有一定的裁量权，对于限制的裁量权，是限制法官对法律没有规定的情况入罪的裁量权，但并不限制法官将法律虽然有规定但没有实质的法益侵害行为从犯罪中予以排除的裁量权。

从我们今天晚上讨论类似案件都可以看出来，法官秉持着有规定就得定罪，只是那些不符合情理和法理的定罪并不能取得很好的效果。对于那些虽然符合法律规定或者比较极端的案件，或者是没有严重的法益侵害性的案件，应当通过法教义学方法或者其他方法或者特殊减刑的方法，排除或者处以较轻的刑罚，对法律规定作一定的调整，这点非常重要。谢谢。

梁根林： 我再补充两句。第一，法无明文规定不为罪，但不能因此得出法有明文规定就必定有罪。这是必须坚持的一个基本理念。第二，立法跟司法要有分工，立法出于社会治理的需要，可以适当扩张，但司法根据需要可以对立法进行限缩。立法的扩张与司法的限缩是司法和立法之间的功能分工。司法不能说法律怎么规定我就照单全收，甚至简单地对号入座。如果司法就是把法条与事实简单对号入座，所谓"让人民群众在每一个司法案件中感受到公平正义"的口号就无从成为现实。谢谢！

车浩：时间差不多了，已经9∶40了，活动持续了非常长的时间，几位老师谈了各方面的问题，有来自学生理论层面的问题，也有来自社会各界涉及具体案件的问题，由于时间关系就不再往下进行了，最后我们再次用热烈掌声向各位嘉宾老师的精彩发言表示感谢，也谢谢大家一直坚持到现在。

谢谢！

【活动撷英】

你们当中谁没有罪：谈谈罪的几种宗教观及政治神学传统

北大刑法跨学科沙龙系列讲座之三*

2016年10月20日晚上七点，由北京大学法学院刑法学科主办的"北大刑法跨学科沙龙系列讲座"第三场在北京大学法学院凯原楼307会议室隆重举行。本次讲座由清华大学法学院冯象教授主讲，北京大学法学院车浩教授主持。本次讲座以"你们当中谁没有罪：'谈谈罪的几种宗教观及政治神学传统'"为主题，吸引了众多在校学生和社会人士到现场聆听。

讲座伊始，车浩老师对"北大刑法跨学科沙龙系列讲座"的初衷进行了说明。车浩老师认为，长久以来，法学研究习惯了规范性思考，但对于刑法理论涉及的许多问题或现象，其他学科也从不同角度和层面进行了丰富的研究。因此，举办跨学科沙龙的目的，不仅为了展示其他学科领域已经取得的研究成果，更在于向听众展示多学科交叉研究的可能性，了解其他领域对于类似问题的思考方法与研究话语。

车浩老师指出，作为本次沙龙活动主题的"罪"，是刑法学研究的核心问题之一。但在其他学科中，"有罪"概念的含义与刑法中"犯罪"概念含义不同；"罪人"的含义也和刑法中的"犯罪人"概念判然有别。这次活动邀请冯象老师从宗教的层面讨论"罪"的问题，相信会扩展刑法研究的视野，有助于推动从不同角度加深对"罪"的理解。冯象老师是清华大学法学院梅汝璈讲席教授，哈佛大学中古文学博士，耶鲁大学法律博士，对法律与伦理、法律与宗教以及法律与文学等领域有着深入的研究。其所著《木腿正义》和《政法笔记》等在法学界广为流传，其翻译的《摩西五经》等圣经译本，强调

---

* 综述人：徐成，北京大学法学院。

以纯学术及文学的角度翻译，在宗教界和知识界引起广泛关注和影响。

在讲座的第一部分，冯象老师以《圣经》的文本为基础，对圣经中出现过的"罪"概念，进行了详细的梳理。冯象老师指出，在圣经之中，"罪"这一概念经历了一个从无到有的发展历程。与广泛流传的"原罪论"相反，《创世记》在描写伊甸园生活的相关段落，并未明确提及"罪"这一概念。冯象老师认为，根据《圣经》文本，虽然能够认为上帝对偷食禁果的人类始祖施加了惩罚，但人类所犯下的错误却并未被定义为"罪"。"罪"概念在《圣经》中的首次出现，是在人类走出伊甸园之后。在该隐杀其兄弟的故事中，上帝对快快不乐的该隐说："……你做得不对，罪就蜷伏在你的门口，垂涎窥伺，就看你能不能将他制服。"冯象老师指出，这是《圣经》对"罪"概念的第一次提及。在这里，罪体现为一种野兽般无法控制的"欲望"。此后，该隐杀死了兄弟亚伯，上帝诅咒该隐，在该隐的抗议中"复仇"或"报应"的概念被提出。

在希伯来《圣经》之后，《新约》借耶稣之口对"罪"之观念作出了更进一步的阐释。这种新的阐释在《摩西五经》的基础上有所推进。在《马太福音》第五章第十七节中，耶稣对"罪"这一概念进行了如下表述。首先，摩西五经规定"不可杀人"。耶稣却由此延伸，将"兄弟不可相争""不能和别人吵架"也纳入"罪"的观念之中。其二，摩西五经规定"不可奸淫"，耶稣在此基础上进一步推进。耶稣认为，只要内心起邪念，便是有"罪"，就等同于犯奸。其三，耶稣认为，宁可毁坏身体器官，也不能将罪留存于己身。其四，摩西五经仅仅谈到男人可以"写休书"与妻子离婚，但是并未明言休妻的条件，而耶稣则把离婚的要求进一步明确和严格化，强调只有在妻子不忠之时，男人才能提出离婚。其五，摩西五经仅仅要求不能"发假誓"，但耶稣则要求"什么誓言也不要发"。最后，摩西五经要求"爱你的邻人"，而耶稣则将"关爱"的范围拓展到仇人和与己敌对之人。耶稣的"罪"观念是宽泛的，每个人都时时刻刻生活在无法摆脱的"罪"之中。但是，随着"原罪论"的提出，这种道德律的"罪"反而被淡化了。

在第二部分，冯象老师就当今世界刑事法治面临的挑战进行了重点分析。在现代国家中，罪刑法定、无罪推定的原则深入人心。冯象老师指出，这种对于罪的描述与圣经中的"罪"观念截然不同。因为既然罪是一个无所不包的概念，每个人都深陷其中，又怎么可能会有"无罪推定"呢？

冯象老师指出，在 20 世纪 90 年代之前，这种刑事法治模式并未受到严重挑战，世俗化进程稳步推进。冯象老师认为，这一现象与早期资本主义政治制度的发展密不可分。然而，在当今世界，西方法治话语在伊斯兰世界完全失效。拉美天主教派崛起，伊斯兰教在亚欧扩张，导致刑事法治受到的挑战日益严峻。随着宗教复兴，罪刑法定、无罪推定背后的世俗化政治想象已经无法适应这些多元文化的需要。许多文化群体开始实行宗教法，不同文化群体之间的对立与冲突不断升级。在这一大的背景之下，我国对于法治的信仰与遵从程度逐渐下降。除了世界宗教复兴的整体趋势外，香港、台湾地区法治化的腐败也加深了大陆民众对于法治的怀疑。因此，冯象老师认为，面对这种趋势，"新法治"的日益式微已成定局。

冯象老师认为，除了宗教复兴外，科技进步，特别是人工智能技术的发展，也会对法治产生巨大挑战。根据相关研究，人工智能已经能够解决复杂法律工作，并开始取代人力。而这种发展趋势，无疑会导致法律职业人口和技能的萎缩，相应地，罪与刑事法治的传统观念受到挑战。

综上，冯象老师得出结论认为，面对多种文化价值观严峻冲突，以至于丧失共同讨论话语的情形下，传统的"罪"概念将难以维持。对于这种"罪"的危机，应当如何应对，值得我们进一步思考。

在冯象老师的精彩演讲之后，在座听众踊跃提问。

有听众就《圣经》文本的解释方法提出了不同意见。冯象老师认为，由于历史原因，传教士翻译的《圣经》错漏百出，无法用来讨论学术。而学术问题是不能强求定于一尊的，不如以开放的心态包容不同的理解进路。还有听众对《圣经》故事的具体理解向冯老师提问，冯象老师认为，《圣经》复杂的文本来源、古人编辑和解经的传统，为不同解释方向的展开提供了充足的空间。

有同学就马克斯·韦伯笔下的"新教伦理"和当代道的重建提问。冯象老师表示，韦伯"新教伦理"的学说，从历史看，是一种大胆的、颠倒了的臆想，把宗教伦理与资本主义兴起的关系说反了。但资本主义不可能给当代中国社会重建道德提供任何有效的方案，毋宁说，它是反伦理的。

还有听众就应对恐怖主义犯罪问题发表看法。冯象老师指出，处理民族问题，防治恐怖主义，西方国家并没有成功经验，只有失败的记录。而在五六十年代，我国已经探索出一条民族团结建设社会主义的成功道路。这些年

【活动撷英】

来之所以陷入困境，是跟官僚主义教条主义猖獗，干部脱离群众，资本主义的深度腐败分不开的。这方面，坦率地说，我们现在还看不到出路。

随后，车浩老师对冯象老师的演讲内容，从刑法理论的角度发表了自己的意见。

车浩老师认为，如果说宗教上的罪处理的是人与神之间的关系，而在刑法之中的"罪"则是在解决人与人的之间的问题。而在这一背景下，存在着一种对"罪"概念进行定义的话语权争夺。在这一过程中，宗教之罪退回到人的内心，法律仅仅处理人的外部行为。但是，在刑法发展史的早期阶段，却不一定总是如此。因为思想邪恶而入罪的例子并不罕见，与耶稣所说的"只要内心起邪念便是有罪，就等同于犯奸"颇有类似，强调的是一种思想无价值。随着法律的修改，这些关涉人心的罪名逐渐消失。罪名虽然成为历史，但世俗与宗教关于罪概念的定义权争夺，却在刑法理论的一些基本概念和范畴中得到延续。

一般认为，报应是刑罚的目的之一。车浩老师认为，对于"报应"理论的支持，存在着宗教与世俗的两套话语。一方面，报应理论从康德、黑格尔为代表的德国古典哲学代表，将人视作一个与神相对的独立个体；而另一方面，报应理论在二战以前一直得到基督教的支持，正义被视作上帝命令的实现，刑罚被视作人间法庭代理上帝执法。这种不同的话语争夺，体现了宗教与世俗在罪概念上的张力和妥协。今天，预防理论得到广泛认同，与报应理论分庭抗礼。车浩老师指出，在预防理论之下，惩罚是为了实现法益保护的功能，对于预防没有效果、仅仅具有报应意义的惩罚不应被施加。报应理论的边缘化和预防话语的主流化，意味着作为人设机构的国家所发动的刑罚权，不应再承担上帝的任务，而是要致力于保护人群共同体的利益关系。这样一来，在法律领域中，罪的概念就从宗教话语愈发深刻地转化为世俗话语，"去神化"的色彩愈发浓重。

最后，车浩老师表示，冯象老师对于宗教中"罪"概念的梳理和分析，为刑法理论带来了诸多思考，希望听众们也能收获启发。在听众的热烈掌声中，北大刑法跨学科沙龙第三次活动圆满结束。

从鸿茅药酒案谈损害商誉罪

北大冠衡刑事法治沙龙之四*

2018年4月25日晚六点半,由北京大学刑事法治研究中心与北京冠衡刑事辩护研究院合作举办的"北大冠衡刑事法治沙龙"第四期活动在北京大学法学院凯原楼303会议室成功举行。本期沙龙的主题为"从鸿茅药酒事件谈损害商誉罪",由北京大学法学院车浩教授主持。

参加本次沙龙的嘉宾有:北京大学法学院陈兴良教授;北京大学法学院梁根林教授;中国社会科学院大学林维教授;中国政法大学阮齐林教授;中国政法大学邬明安教授;北京冠衡律师事务所主任刘卫东律师

沙龙活动吸引了逾百名观众到场聆听。

讲座伊始,车浩老师对本期沙龙的活动要旨作了简单说明。近来,鸿茅药酒事件一直受到社会各界的广泛关注,其涉及的法律问题在理论和实践层面引起热议。本次沙龙以鸿茅药酒事件为切入,对案件背后的法律争议进行一般性的学理探讨。讨论主要围绕以下三个问题展开:第一,损害商品声誉罪的构成要件与司法认定;第二,网络空间的言论自由与企业的容忍义务;第三,警察权的限度与法律制衡。车浩老师向在场观众介绍了沙龙嘉宾后,活动正式开始。

如何界定损害商品声誉罪的构成要件,往往在实践中引发各种争议。正确理解构成要件,对于相关犯罪的认定发挥着举足轻重的基础性作用。陈兴良教授的发言便聚焦这一问题。从内容上看,刑法第211条规定可以分为损害商业信誉罪和损害商品声誉罪两个具体罪名。在实践中,损害商品声誉罪常见多发,涉及的法律问题也相对复杂。根据本条规定的文义,不是所有造成商品声誉的行为都能成立损害商品声誉罪,只有那些通过"捏造并散布虚伪事实"这一特定方式,导致商品声誉受损的情形,才有可能成立本罪。因此,判定行为人是否成立犯罪,应当重点考察是否具备捏造并散布虚假事实

---

* 综述人:徐成,北京大学法学院。

的特定行为。在鸿茅药酒事件中,谭某是否应当承担刑事责任,同样需要根据"是否捏造并散布具体虚假事实"这一标准予以把握。谭某在文章标题中使用"毒药"一词,确实构成了对鸿茅药酒的价值贬损,但综观全文却可以发现,文章的主体内容仅限于普及医学知识,而不涉及任何与毒性相关的具体事实。因此,从总体上看,无论是标题还是内容,只属于否定性的价值判断或一般叙述,而与捏造虚假事实无关。陈兴良教授认为,如果谭某在文章中谎称某人在饮用鸿茅药酒之后中毒身亡,或许可以认为其存在编造并散布虚假事实的行为,进而构成本罪;但纯粹的价值判贬损显然无法满足损害商品声誉罪的成立条件。总之,在认定是否成立损害商誉罪时,应当严格区分价值判断与事实捏造这两种不同的情形,没有事实基础的价值判断不能成立损害商品声誉罪。

接着,阮齐林教授结合刑法规定和相关事实,对损害商品声誉罪的成立条件进行全面分析。阮齐林教授认为,在鸿茅药酒事件中,当事人谭某撰写的文章尽管在客观上损害了鸿茅药酒的商品声誉,但不能因此认定其构成犯罪。原因在于:其一,所谓事实,指的是真实存在并具备可证伪性的事物或对象。一方面,文章标题中出现的"毒酒""天堂"等字眼仅仅是价值贬损,而不能说明任何事实内容。另一方面,正文与结尾分别涉及心脑血管知识科普,以及对虚假广告宣传行为的批评,同样不存在对于事实内容的虚构。其二,该文标题属于对允许公开评论事项的价值贬损,不符合捏造事实这一行为特征。鸿茅药酒生产企业通过媒体进行了大量虚假广告宣传,理应受到公众和舆论的监督和批评。因此,谭某对这种违法行为加以指责和贬损并无不当。其三,类比侮辱罪与诽谤罪的规范表述可知,我国刑法第211条规定的损害商品声誉罪仅对"编造并散布虚假事实"这一特定的行为方式进行规制,而并未像侮辱罪那样,将公然性的价值贬损纳入打击范围。因此,即便谭某存在以公然侮辱的方式损害了鸿茅药酒的商品声誉,也不能成立损害商品声誉罪。其四,为了保证言论自由权的充分行使,只要不存在明显的恶意,公民的言论即便存在错漏之处,也应当得到容忍,而不宜动辄得咎。而在本案中恰恰无法证明,谭某编写该文之时具备实质恶意。因此,阮齐林教授认为,虽然谭某文中的部分措辞不够妥当,在事实上损害了鸿茅药酒的商品声誉,但为了维护公民言论自由权,不应通过刑法手段对其加以制裁。

随后,梁根林教授对刑事犯罪和民事侵权的界限、企业对舆论批评的容忍义务等问题进行了深入分析。第一,在此之前,鸿茅药酒已经被纳入国家品牌推广计划,并被认定为中华老字号和国家非物质文化遗产。根据比例原则,越是知名品牌就越应当接受检验、批评与质疑。梁根林教授进一步指出,针对知名企业的社会监督和对公众人物的舆论批评存在共通之处。相较于普通民众,公众人物享有诸多荣誉,也就同时应当容忍社会与媒体的更多关注和批判。第二,鸿茅药酒进行大量广告宣传,对消费者特别是中老年人的保健品规划选择产生了重大影响。商品是否真的具有广告宣传的巨大疗效,同样应当接受公众的检验和质疑。第三,鸿茅药酒多次违法投放广告,将实际上属于甲类非处方药宣传为保健品。但无论是在广告展示中还是在产品包装上,生产企业都没有对禁忌、适应症等事项进行充分说明。对于这种违规宣传,公众和媒体同样有权进行监督,并提出批评。第四,知名企业要经得起质疑,有必要容忍那些与其产品知名度与违规广告行为相适应的批评和指责。即便相关言论真的超越了合法界限,构成了恶意诋毁,也应当首先通过民事途径解决问题,也不宜直接借助公权力,对当事人进行刑事追诉。最后,梁根林教授指出,判断行为人是否成立犯罪,必须以刑法规定的犯罪成立条件而非现实性的社会危害后果为准绳,遵循先形式、后实质的考察顺序,重点分析散布并捏造具体事实的行为是否存在。此外,梁根林教授提出,企业宣称的高达140余万元的经济损失是否同谭某发布的相关文章之间存在因果关系,目前尚未得到清晰的证明,公安机关对谭某进行立案追诉的做法是不妥当的。

  与陈兴良教授的观点一致,邬明安教授指出,决定本案是否成立犯罪的关键问题在于,谭某的文章是否捏造并散布了虚假事实。具体来看,标题和结尾中使用的相关措辞,只是为了吸引眼球而作出的调侃性、比喻性贬损,不存在对于事实的捏造。而正文则完全只是介绍与中老年常见疾病相关的医学知识,与鸿茅药酒的毒性更是全然无关。因此,谭某的行为不能满足刑法第211条对于商品信誉罪的构成要件。邬明安教授强调,除了鸿茅药酒的疗效,谭某在文章中还对鸿茅药酒的虚假广告行为提出了质疑和批评。但是,鸿茅药酒发布违法广告的行为属于客观存在的事实,对于相关内容提出批评显然也不能满足"编造并散布虚假事实"这一构成要件。因而无论是对于鸿茅药酒疗效的贬损,还是对生产企业虚假广告行为的批评,都不涉及捏造事实,因而谭某撰写文章的行为无法成立损害商品声誉罪。针对梁根林教授对

【活动撷英】

于企业经济损失同商誉受损之间是否存在因果关系的质疑，邹明安教授认为，由于谭某的文章对鸿茅药酒进行了与事实无关的价值贬损，因而造成相关商品销量下降这一点没有疑问。但是否具有经济损失，毕竟不是成立损害商品声誉罪的关键。最后，针对网络上质疑谭某医生身份的评论，邹明安教授认为，任何公民都有权对涉及公共利益的实现提出批评意见，对于身份背景的炒作是缺乏事实根据的。

林维教授指出：第一，构成要件是认定犯罪是否成立的基础和依据。捏造的事实必须达到足以令人产生误认的程度。如果事实过度夸张以至于公众根本不会相信，则不属于捏造事实。林维教授认为，有必要对事实描述与价值判断这两个范畴，进行更为精细的类型化区分。一般而言，事实描述与价值判断的关系可以概括为三种类型：其一，通过事实描述达到价值评价；其二，仅有价值判断而不附带任何事实描述；其三，纯粹的极端夸张用语。特别是在第三种情形中，用语兼具事实描述与价值判断的双重色彩。司法机关应当具体分析这些用语是侧重事实描述还是属于价值判断。如果只是价值判断，则不能满足侵害商品声誉罪中"捏造事实"这一构成要件。第二，应当充分发挥附属刑法的限制功能。一方面，反不正当竞争法中对于虚假信息和误导性信息的区分，对于损害商品声誉罪构成要件的解释具有重要的指导意义。另一方面，由于反不正当竞争法没有对商业诽谤行为，单独规定刑事罚则，因而根据立法精神，有必要严格把握侵犯商品声誉罪的成立条件。能够通过其他途径解决的纠纷，就不宜贸然启动刑事追诉。第三，根据网络诽谤的相关司法解释，只要点击达到两千次就能构成犯罪。对于犯罪的成立而言，该标准是否过于严苛，值得深入研究。

刘卫东律师从实务角度出发，对诉讼中可能存在的辩护空间进行探讨。首先，刘卫东律师指出，尽管谭某文章的标题中出现了"毒药"这样的字眼，但这仅仅是文学化的修辞，不能表明鸿茅药酒真的具有化学意义上的有毒性。在这个意义上，不应认为谭某存在捏造事实的行为。其次，就刑事诉讼中的辩护而言，除了重点把握捏造事实这一构成要件外，企业宣称的经济损失是否能够得到充分证明，同样需要引起关注。在实践中，有关经济损失的损失往往根据企业出具的证明材料加以认定。但是，这种单方提供的证据是否具有充足的证明力，无疑值得具体分析。在刑事诉讼中，辩护人应当对上述证据的证明力问题引起重视，并开展相应的工作。再次，我国刑法分则中不仅有对破坏商誉的行为加以规制的"损害商品声誉罪",同时还存在对企业违规广告行为进行打击的"虚假广告罪"。但在实践中,对于后者的适用远远不及前者。这在一定程度上说明,当前的司法实践片面侧重保护企业利益,而不恰当地忽视了企业的违规行为。这种现象有必要引起注意。最后,刘卫东律师提到,在此前发生的丁香医生案件中,对商品提出批评的主体大多是知名媒体和专业人士,意见的内容较为客观中立。而在鸿茅药酒事件中,谭某的表述则较为夸张。这一事实差别或许会对事件的后续进展产生重要影响。

最后,车浩教授就前述各位嘉宾的发言进行了总结,并且对于刑法第211条的规定理解方式,作了更进一步的说明。车浩老师认为,需要特别注意的是,"损害商业信誉和商品声誉"这一表述,是对"捏造并散布虚伪事实"这一构成要件行为的性质、影响方向及其严重程度的限制性说明,本身并不能被视作一个独立的行为要素。不能仅凭商品声誉受损的最终结果,就直接认定犯罪成立。相反,是否构成损害商品声誉罪,主要应当考察相关行为是否具有"捏造并散布虚假事实"特征。如果忽略法条对于行为形式的规范界定,而直接根据最终商誉受损的现实后果认定犯罪成立,就会产生颠倒主次、舍本逐末的危险。在我国刑法之中,类似的规定还有很多。例如,刑法第123条规定:"暴力危及飞行安全罪,对飞行中的航空器上的人员使用暴力,危及飞行安全。"这里出现的"危及飞行安全",只是对"使用暴力"之程度的限定和说明。如果忽略"使用暴力"这一行为特征,而直接根据"危及飞行安全"的后果定罪,那么定罪的范围就会无限扩大,毫无制约。这样的判断方式,无疑会违反罪刑法定的明确性要求。总之,为了避免上述危险,必须摆脱唯结果论的错误倾向,坚持形式要件优先于实质判断的逻辑,不能仅仅根据损害后果,就肯定犯罪成立。

随后,现场观众与嘉宾就事实与价值应当如何区分、民事侵权与刑事犯罪之间的界限展开进一步讨论。随着互联网技术的快速发展,如何对网络言论进行必要的规制,成为法律必须认真对待的重大问题。对于企业而言,如何根据网络舆情的现实特点选择合理的维权策略,同样值得探讨。沙龙第二阶段的讨论,便以此为主题。

陈兴良教授认为,网络空间言论自由的限度是一个非常复杂的问题。目前,在网络上评价商品效果的现象极为常见,如果确实损害了企业的产品信誉,企业应当根据不同情况,选择相应的维权方式。总体上看,网络空间的贬低性语言可以被归纳为吐槽、抹黑、污蔑和诽谤四种类型。其中的"诽谤"指的就是通过虚构事实的方式，破坏商品信誉。对于企业来说，应当根据上述四种情形的法律后果，分别采取妥当的应对措施。具体而言，只有在"诽谤"这一情形中，动用刑法手段予以追诉才能取得成功。而对于其他类型的贬损性评价，民事途径则更为适宜。陈兴良教授指出，言论自由与舆论监督是现代法治的基石。作为知名企业和名牌产品，更应当积极接受社会公众的监督，而不能滥用诉权，怂恿公安机关提供超越法律限度的保护。在鸿茅药酒事件中，企业通过民事途径解决争议并挽回经济损失，其实是最为稳妥的维权方式。

梁根林教授指出，首先，在实体法的层面上，本案中的情形难以成立损害商品声誉罪。但限于现实情况的复杂与多变，并非所有的企业在任何时候都能根据相关纠纷的性质，恰如其分地选择最为妥善的维权措施。因而，从企业的立场出发，面对有可能影响企业信誉和商品声誉的行为，企业有权采取任何措施维护自身权益。这其中既包括正面回击与公开辩论，也可以提起民事诉讼。如果认为相关行为构成犯罪，选择向公安机关报案，当然也未尝不可。采取各种手段维护商品信誉，是企业自身的权利。但是，权利行使可能会造成多种法律后果和社会影响。对于这些后续问题，企业应当在选择维权途径之时，保持清醒的认识。其次，企业固然有权在事实不清、证据不足的情形下选择报案。但对于公安机关而言，启动应当严格遵循法律规定的标准，对企业报案进行严格审查，不应在事实不清、证据不足或在实体上显然不能成立犯罪的前提下贸然启动追诉，更不应主动干预民事纠纷。

阮齐林教授指出，第一，在鸿茅药酒事件中，通过民事诉讼解决争议是目前看来最为适当的办法。通过民事诉讼，不仅可以给予侵权人平等申辩的机会，而且更有利于赔偿企业的经济损失，并防止损失的进一步扩大。第二，过度维权不仅会在法律上造成诸多不利后果，更有可能引发社会公众的抵触情绪，从而对企业的信誉造成更为严重的不利后果。鸿茅药酒事件就正好表明，过度维权甚至有可能适得其反，对商品声誉造成更进一步的损害。总之，企业对于维权途径的选择，应当把握好必要的限度，充分考虑可能的法律效果和社会影响。

邬明安教授则认为，涉及公共福利的企业应当首先保持正确的心态，允许社会公众广泛的批评和讨论。对于网络上的一般性批评和指责，企业必须以包容大度的心态予以容忍。只有相关行为确实违反了法律，才能在法律规定的限度内合理维权。一旦突破了相应的限度，有可能给企业的声誉带来意想不到的严重损害，甚至给将来的发展造成灭顶之灾。例如，在鸿茅药酒事件中，经过这样一番波折，企业此前实施的违法广告行为和由此承担的行政处罚已经尽人皆知。这样的效果显然对企业的声誉带来了更进一步损害。

林维教授指出，第一，研究表明，在世界范围内，名牌商标被仿冒的可能性很高，但实际进入诉讼程序的案件却很少。这与鸿茅药酒厂的行为形成了鲜明的对比。面对网络舆情引发的争议，如何妥善选择维权途径，从而最大限度地实现企业利益，是企业法务部门需要认真研判的问题。相较于直接提起诉讼，国际知名品牌通常采取正面辟谣的方式应对网络谣言。这样的方式不但节约成本，更有利于企业权益的实现。第二，任何企业都有权自主决定维权策略，向公安机关报案的做法本身无可厚非。但作为公权力机关，公安机关应当保持中立，不能被企业的利益绑架。此外，林维教授认为，商品信誉与公众人物的名誉之间存在各种差异，不应将二者混为一谈。是否应当对二者的名誉进行同等程度的保护，还值得进一步研究。

刘卫东律师认为，维权策略的选择十分重要。越是成功的企业，越应当保持必要的谨慎和谦卑。企业应当努力借鉴成功案例，选择恰当的维权方式。刘卫东律师提到，在有些案例中，相关企业面对质疑，主动公开相关信息，并十分诚恳地提出整改方案。企业的声誉非但未能受到影响，甚至还借此机会有所提升。当然，也有企业面对批评和纠纷，不能端正态度，采取了一系列过激言行。刘卫东律师指出，从社会心理上看，同情弱者是人之常情。在这样的背景下，超越法律限度的过激之举不但不能切实维护企业权利，反而不利于维护企业在社会公众心目中的良好形象，从而对经营发展不利。在实践中，许多知名企业对地方经济贡献巨大，公权力机关常常因此受到企业利益的绑架。在司法层面，这种过度利用公权力的现象亟待反思。

在对各位嘉宾的发言简单总结后，车浩教授进一步指出，通过报案的方式维护权益是企业的权利，这一点无可非议。但对于网络空间中的批评与指责，企业有必要保持清醒的认识。具体而言，商业广告制度允许企业为了宣传的需要，对商品性能进行一定程度的夸张与虚饰。因此，企业在享受广告制度带来的利益同时，就应当承担与此相应的代价和责任。车浩教授认为，这种代价就是接受公众对于广告宣传的批评和贬损。既然企业可以利用广告

【活动撷英】

制度进行在价值上进行一定程度的名不副实的夸张宣传，那么消费者和社会公众同样有权通过各种方式，对上述夸张成分进行贬抑。因此，现代企业对于商品的负面评价特别是价值性的负面评价，应当承担必要的容忍义务。在鸿茅药酒事件中，警察权行使的方式与限度是社会各界共同关注的焦点问题。第三阶段的讨论，便围绕这一问题展开。

陈兴良教授指出，尽管引发强烈质疑，但警方跨省抓捕并非鸿茅药酒事件的本质。真正需要探讨的问题是，强制措施的采取是否具备充足的法律依据。从实体上看，谭某不构成侵犯商誉罪，警方的抓捕行为不能得到刑法的支持，因而存在滥用之嫌。在现实中，许多企业为当地经济发展作出了巨大贡献，将公共资源向这些企业适度倾斜，为企业的经营发展"保驾护航"，原本无可厚非。但是，在动用警察权之时，应当严格遵循法定程序，否则就会给当事人的权利和自由造成严重损失。如何保证警察权的行使遵循法律规定而不被滥用，应当引起必要的关注。

林维教授认为，司法为经济发展"保驾护航"的思想，有可能导致司法地方化，甚至罪名选择与刑法解释的地方化。在鸿茅药酒事件中，真正令公众的恐惧的问题便在于此。在许多地方，大企业对于司法权干预司法权的现象十分严重，刑法规范的解释、罪名的适用常常受到企业利益的掣肘。如果任由这种情况蔓延，势必对法制建设造成严重威胁。

梁根林教授认为，警察权的行使应当从实体和程序两个层面予以限制。在实体方面，警方应当基于法律规定和相关政策，对涉案事实是否可能构成犯罪进行审慎判断。在程序方面，即便相关行为可能构成犯罪，也应当妥善选择强制措施的种类与方式。在鸿茅药酒事件中，损害商品信誉罪的最高法定刑只有两年，完全没有必要适用逮捕这一限制人身自由的强制措施。

刘卫东律师指出，在实践中，公权力机关介入经济纠纷的情形十分常见。大企业因而可以利用相关公共资源，对竞争对手进行打压。在企业与公民个人之间的纠纷中，公权力对于企业的倾斜还会对公民自由造成更为严重的侵害。同时，刘卫东律师也认为，本案中不存在逮捕的必要性。

林维教授提出，限于种种现实因素，刑事司法程序一旦启动就很难停止。因而对于鸿茅药酒事件而言，不但不能对当事人进行逮捕，任何其他类型的强制措施都不应启动。因此，林维教授主张，对于公安机关滥用警察权的做法应当保持零容忍。在滥用警察权的情形下，即便是那些更为轻缓的强制措施，也不应得到肯定。

　　邬明安教授的评论，主要涉及公安立案选择权问题。所谓立案选择权，指的是公安机关决定是否立案的权力。在立法层面，新增罪名赋予公安机关越来越大的立案选择权。更为值得关注的问题是，如何对立案选择权进行监督和制约。邬明安教授指出，在实践中，检察机关对于公安机关的立案监督往往难以落到实处，甚至面临形同虚设的危险。在鸿茅药酒事件中，这一问题便体现得尤为明显。根据目前掌握的材料，检察院从始至终都未能对公安机关的立案行为以及后续的侦查措施进行充分的监督。因此，有必要建构必要的规则和机制，对立案选择权进行有效监督。

　　在互动阶段，听众与嘉宾就检察机关的司法监督权、案件事实是否清晰、文学创作与诽谤罪之间关系等问题展开了充满学术启发的讨论。

　　在三个小时的精彩讨论后，沙龙在热烈的气氛中圆满拉下帷幕。

【域外传译】

自杀与他杀的区分

王 钢*

关键词

自杀 他杀 自主决定 行为支配

内容摘要： 对于自杀与他杀的界分，应当从主客观两个方面进行。在主观方面，认定自杀以被害人自愿选择死亡为前提。被害人不仅要认识到自身的死亡后果，其还必须是在具有充分的认知能力、能够理解死亡的意义的基础上，出于自身的意愿自主地选择死亡。在客观方面，只有当被害人亲自支配了直接导致死亡结果的杀害行为时，才能认定其实施了自杀。德国联邦最高法院1963年的判决（BGHSt 19，135）首次在德国司法实务中明确了应当基于对导致死亡之情势的支配性认定被害人是否构成自杀的基本原则，从而极大地推动了自杀认定标准的确立。但是，该判决也存在着过于重视行为计划等不足。自杀并非违法行为，故自杀参与也不构成犯罪。同理，当被害人构成自杀时，亦不能以行为人违反了救助义务或注意义务为由，认定行为人

---

* 作者单位：清华大学法学院。

构成不作为犯或过失犯。

一、基本案情①

被告人与16岁的女孩G彼此对对方具有好感并且相互爱慕，但是G的父母却不赞同二人的结合，于是G决意自杀。1959年6月8日晚上，G与被告人再次相会。被告人试图劝说G放弃自杀的想法，但未能成功。由于其也不愿让G独自死亡，便决定与G一起自杀。两人给父母留下遗书，开车去了停车场并且在被告人的车内服用了安眠药片。然而，安眠药却没有发生效力。G表示应该以别的方式自杀，于是被告人提议，通过将汽车尾气导入车厢内实施自杀。G同意了这一方案，并且表示希望不要太早被人发现他们，以免自杀失败。被告人随即将一根橡皮管接在汽车排气管上并且通过汽车左边的窗户将橡皮管的另一端引入车厢。然后，其从外部封闭了左边的车门，从右侧上车，坐在驾驶席上，并且将左边的窗户尽可能地密封，只留下了足以使橡皮管通过的空隙。G则坐在了被告人右侧的副驾驶位置上，并且从里面锁上了右侧的车门。准备完毕之后，被告人发动马达并且踩下油门，直到源源不断进入车厢的一氧化碳致其失去知觉。1959年6月9日早晨，当被告人和G被人发现时，汽车的马达仍在运转，两人虽然昏迷不醒，但尚未死亡。然而，随后却只有被告人经过抢救幸免于难，G则不幸去世。

杜伊斯堡地方法院判决被告人对于G的死亡不成立受嘱托杀人罪。检察院与G的父母上诉至联邦最高法院。

二、法院判决

……上诉成立。基于所查明的事实并不能认定被告人无罪。初审法院的判决部分地不符合事实，本庭亦不认同其部分判决理由。

根据所查证的案件事实，对被害人罪责的判断仅仅取决于是应当将其行为认定为不可罚的帮助自杀的行为，还是可罚的基于嘱托的杀人行为。鉴于

---

① BGH, Urteil vom 14. 8. 1963 - 2 StR 181/63=BGHSt 19, 135 ff.

初审判决中的具体表述,首先必须要确定的是,被告人是基于被害人明确且真挚的请求决意实施行为。在安眠药未起作用之后,G通过其的举动——尤其是其对被告人提议的赞同和希望不要过早被他人发现的表示——明确地表明其试图并且希望通过被告人提议的方式死亡。G真挚地表达了自己的死亡愿望并且也完全明了其后果。被告人则只是为了满足G的愿望而实施行为,并且也因此坚持了自己的自杀决定。此外,被告人的行为也是G死亡的原因。G虽然希望这种行为得以实施,并且基于其自主的、未受他人影响的意志决定停留在车辆中并吸入毒气,但是这并不阻却被告人的行为与死亡结果之间的因果关系,而且也不能排除被告人的故意。被告人明知会导致双方的死亡,却仍然作了必要的技术准备并且将毒气导入车中,因此其是明知且意欲地、也即故意地造成了G的死亡结果。

司法判例已经确认,应当根据共犯理论的基本原则区分符合第216条构成要件的行为与不可罚的自杀帮助行为。对此不能质疑说,自杀和帮助自杀由于不符合构成要件不构成可罚的刑事犯罪行为,而共犯理论则只与刑事犯罪行为相关;因为共犯理论所提供的区分标准本身并不依赖于刑事处罚,其并非不能被适用于"自然"意义上的行为。对这一界分原则的例外只是在于,由于自杀行为的不可罚性,自杀者对自己死亡结果的"犯罪助益"不能通过刑法第47条(相当于现行《德国刑法》第25条第2款,关于共同正犯的规定——译者注)被归责于他人。

在BGHSt 13, 162, 166这一判决中,联邦最高法院第四刑事审判庭认定,只有意欲支配导致死亡的情势,也即出于"正犯意志"实施行为的行为人,才能根据第216条受到刑事处罚。本案初审法院明确援引了这一判决,并且认为行为人既没有支配整体事实,也没有相应的意愿。然而,第四刑事审判庭的判决实际上是基于其他权衡而作出的,因此本案所涉及的界分问题与之并不相同。这里也无需讨论共犯理论中对"意欲支配犯罪事实"这一要素的批评意见。本庭认为,在对第216条和不可罚的自杀帮助行为之间进行区分时,不能根据主观标准获得恰当的结论。也即不能以行为人是否将相应行为视为自己的罪行而意欲实施之、是否具有正犯意志、是否意欲支配整体情势或者自身能否从相应行为中获益等因素为标准。在"单方失败的相约自杀"的场合尤其如此。因为在这种场合下,相约自杀者自由而真挚地决定共同死亡并且将彼此命运相互联结,其内心态度恰好彼此一致,若依据主观要素进行界分则很有疑问。例如,在 JW 1921, 579 所记载的帝国法院的判决中,男女双方相约通过毒气中毒自杀,男方打开煤气管道,女方则封闭门缝,最后只有男方获救。帝国法院在该案中对认定男方成立受嘱托杀人的初审判决给予了肯定,因为初审法官认定男方将杀害行为视为自己的事务并意欲其实施,而在帝国法院看来,这一认定在法律上无可指责。然而,不明确的是,鉴于双方共同的意志决定以及为实现这种决定而各自做出的贡献,究竟基于哪一点事实可以得出上述结论。这种判断结果必然是恣意和无法控制的。因为根据这种观点,如果人们不愿允许行为人通过"特别的意志行为"与其所作所为脱离关系的话,这里的判断就只能取决于厌世者或者幸存者的搭档究竟是以何种强度和执着程度追求自杀决定的实现,以及幸存者在何种程度上服从于其搭档的意志。本案初审法院显然就采取了这种立场,因为其一再强调 G 的独立人格、对死亡的执着追求和坚定的意志,而相比之下,被告人则动摇不定、容易受影响并且意志力较弱。然而,这种区分却与法律规定不符,因为第 216 条的构成要件恰恰就是以行为人服从于被害人的意志为前提的。因此,本庭认为不可能以行为人是否服从了被害人的意志作为是否适用第 216 条的标准。如果行为人射杀追求自身死亡的厌世者,就应当根据第 216 条受到处罚,即便其一开始对此极为抵触,只是因被害人执着、坚持不懈地催逼才实施行为,也同样如此。

如果放弃以主观要素作为区分标准,判断结果就只能取决于究竟是谁支配了导致死亡的情势。个案中具有决定性意义的是,死者决定自己命运的方式和方法。如果其将自己交由他人处置,只是容忍并且接受他人所造成的死亡结果,则应当认为他人支配了整体情势。相反,倘若死者直至最后一刻都可以自由地决定自己的命运,那么即便此时存在着他人的帮助行为,也应当认定为自杀。当然,根据本庭的见解,这种"保留决定"的标准在单方失败的相约自杀中并不意味着一方在对方已经完成对自杀行为的助益之后,必须事实上仍然能够自由地决定生死(参见 Schönke/Schröder, StGB 11. Aufl. § 216 Anm. 14)。否则就会导致判断结果受制于客观情势的偶然发展,尤其是会导致只有根据事后的结果才能将参与者的举动认定为杀害行为。因此,决定性的标准应该是共同的计划。如果根据共同计划,一方参与者的助益并非一直延续至结果出现,而只是开创了因果进程,以至于在其实施完毕之后对方仍然可以自主决定摆脱或者终止其影响,那么,即便在这一助益中就已经包括了所计划的全部举动，也只存在对自杀的帮助行为。上述 JW 1921，579 所记载的帝国法院的判决恰好就是这种情形。本案中的共同计划则有所不同。被告人直到最后一刻都掌控着整体情势并且在其丧失知觉之前一直都在实施意在造成双方死亡的行为。G 虽然在刚开始时可以打开右侧车门或者将被告人的脚从油门上撞开，但是其却决定并且也确实容忍了被告人持续性的意在导致死亡的行为，尽管其并不知道自己何时将不再能够摆脱这一行为的影响。行为人明知这一切，在这种情形下，其应当根据自己在实施共同计划中的角色成立第 216 条的正犯。至于其是先于还是后于 G 失去知觉，则无关紧要；这只是共同计划范围内不可预知的偶然事件，不能左右这里的判断。

根据上述论证，初审法院对被告人作出的无罪判决并不成立。

三、本案评析

依德国通说，德国刑法中的故意杀人、谋杀和受嘱托杀人等罪名中的"人"都只涉及他人，而不包括行为人自己在内。因此，自杀行为并不符合这些罪名的构成要件。根据共犯限制从属性原则，对共犯的处罚以存在着不法的也即符合构成要件并且具有违法性的正犯行为为前提。既然自杀行为本身不具有构成要件符合性，不能被认定为是不法的正犯行为，那么教唆和帮助自杀的当然也不能被视为杀人行为的共犯。据此，若非例外地符合《德国刑法》第 217 条的规定，教唆和帮助自杀在德国并不构成犯罪。但是另一方面，杀害他人的行为在德国刑法中却原则上应当受到处罚，即使是受被害人嘱托的杀人行为也将构成《德国刑法》第 216 条所规定的受嘱托杀人罪。简言之，在德国刑法中，自杀本身不可能成立犯罪，自杀相关行为（即教唆、帮助自杀）原则上也不构成犯罪，而他杀则原则上成立犯罪。因此，在个案的判断中，如何认定自杀与他杀的界限便经常成为足以决定行为人刑事责任的关键问题。本案即属于这种情形：若认定被害人 G 构成自杀，则不能对被告人加以处罚，反之，若认为是被告人杀害了 G，则应当肯定被告人构成受嘱托杀人。正因如此，德国联邦最高法院在本案判决中也对区分自杀和他杀的问题进行了较为详细的探讨。这里的区分大致需要注意三点：其一，被害人是否自愿地死亡；其二，是谁支配了导致死亡的行为；其三，涉及不作为时的判断。下文将依次详述。

（一）被害人的自愿

认定自杀必然以被害人自愿选择死亡为前提，否则就只可能成立他杀。在本案中，联邦最高法院也在判决书一开始就对这一问题加以探讨，并且正确地认为，本案中的被害人是自愿地追求死亡结果。

一般而言，如果被害人完全没能认识到相应行为将会导致自己死亡，就不能成立自杀。譬如，在联邦最高法院1983年判决的"天狼星案"中，行为人欺骗女性被害人说自己是天狼星人，如果被害人舍弃自己旧的身体就可以在日内瓦湖畔获得新的躯体并且以艺术家的身份继续生活。被害人信以为真。在行为人的指示下，被害人自己躺在浴池中并且将通电的电吹风浸入浴池，试图以这种方式实现自己和旧身体的"分离"。实际上，行为人希望由此导致被害人触电身亡，以便自己事后骗取保险金。然而，出乎行为人的预料，被害人幸免于难。联邦最高法院正确地认定，该案中被害人完全不知道自己所实施的行为会导致自己生命的终结，因而不成立自杀。而行为人则明了了全部事实并且利用了自己相对于被害人的优势认知，成立以间接正犯方式实施的谋杀未遂。①

有争议的问题是，当被害人认识到了相应行为会终结自己的生命时，如何认定其是否"自愿"选择了该行为？对此学界有着不同的见解。少数学者持"责任排除说"，认为只有当被害人陷于无刑事责任能力或者足以构成责任阻却事由的状态中时，才可以认定其并非自愿地选择死亡。② 学界的通说则主张"承诺说"，认为只有被害人的意志决定能够符合有效的承诺的主观标准，③可以被认定为是《德国刑法》第216条意义上的"真挚"决定时，也即当被害人具有充分的认知与判断能力并且其意思表示无重大瑕疵时，才可以肯定其自愿地选择了死亡。④ 前一说更加有利于行为人，因为根据这种见解只有在相当严格的条件下才认为被害人不应当对自己的死亡负担责任。相比而言，

---

① Vgl. BGHSt 32, 38 ff.
② Vgl. z. B. Roxin, Strafrecht Allgemeiner Teil, Band II, 2003, §25 Rdn. 54, 57.
③ 由于生命不属于能够被个人随意交由他人处置的法益，所以放弃自己生命的承诺从客观上来看原则上总是无效的。因此，这里只能以符合有效承诺的主观方面为判断标准。
④ Vgl. nur Wessels/Beulke, Strafrecht Allgemeiner Teil, 37. Aufl., 2007, Rn. 539; Rengier, Strafrecht Besonderer Teil II, 14. Aufl., 2013, §8 Rdn. 4f.

【域外传译】

后一种见解则对认定被害人的自愿性提出了更高的要求，更加有利于对被害人的保护。例如，行为人企图杀害自己的丈夫，于是假意与丈夫相约一起服毒自杀。在丈夫服下致死的毒药之后，行为人却拒绝服毒。[①] 此时倘若根据责任排除说的立场，由于被害人明确地知道服用毒药的后果，也并未处在不具刑事责任能力或者足以构成责任阻却事由的状态中，因此应当认为其行为是自愿的自杀。但是，根据承诺说的见解，由于被害人误认了行为人的意图，错误地处分了自己的生命，其行为就不能被认定为自杀。相反，创设并且利用了被害人认识错误的行为人应当成立故意杀人的间接正犯。[②] 从体系上来看，若行为人对被害人的影响达到了足以排除后者刑事责任能力的程度，自然应当否定被害人决策的自愿性，并将行为人认定为间接正犯。但是，这毋宁只是标明了自愿性的底线。如果以此作为判断标准，就难以解释为何对处置生命所要求的（主观）前提条件反而低于对身体法益的处分。譬如，在被害人受到行为人符合第240条强制罪、但却尚未达到足以构成免责紧急避险之程度的胁迫时，倘若其承诺行为人对自己进行身体伤害，则该承诺无效；但是根据责任排除说，倘若此时被害人作出了放弃生命的决定，则反而应当认为其自愿选择了死亡。这种结果未免自相矛盾。因此，虽然责任排除说能够提供相对更加明确的区分界线，但是总体而言通说的立场更为有力。

（二）支配杀害行为

然而，即使认定被害人是自愿接受了死亡结果，也未必能一律成立自杀。在受嘱托杀人的场合，被害人也是自愿地死亡，但是行为人仍然因为杀害被害人而受到（减轻了的）刑事处罚。因此，在认定被害人自愿选择死亡之后，还需要在《德国刑法》第216条和（帮助）自杀之间进行进一步的区分。与学界的通说一致，联邦最高法院在本案中也试图借用对正犯的界定标准解决这里的问题：如果被害人能够被认定为杀害行为的"正犯"，则成立自杀；若行为人成立杀害行为的正犯，则应当受到刑事处罚。

---

① Vgl. BGH GA 1986, 508.

② Vgl. Rengier, Strafrecht Besonderer Teil II, 14. Aufl., 2013, §8 Rdn. 6. 联邦最高法院在这对该案的判决中得出了与学界通说相同的结论，但是其并未明确表示是否欺骗行为本身就足以使行为人成立间接正犯，而是认为，至少当行为人意欲并且也确实掌控了自己所计划的整体情势时，对被害人的刻意误导就足以认定间接正犯。

问题是，共犯理论中对正犯的界定，本身也是一个难题。主观说认为，具有正犯意志的行为人，也即自己意欲犯罪行为的实施、意图支配整体犯罪事实或者自身可以从犯罪行为中获益的行为人，就应当被认定为正犯。直到今天的司法判例中，这种主观说对于认定共同正犯仍然有着相当程度的影响。倘若根据这种见解，在区分自杀与他杀时就应当重点考察被害人和行为人之间谁的意志占据主导地位。鉴于《德国刑法》第216条本身的特殊性（以行为人服从了被害人意志为前提），联邦最高法院在本案中正确地放弃了这种主观标准，转而采纳了学界在正犯界定问题上的通说即犯罪事实支配理论。据此，支配了导致死亡的整体情势的，是杀人者。若被害人具有这种支配性，则为自杀，行为人最多成立对自杀的教唆或帮助，只要没有例外地构成第217条意义上的业务性促进自杀罪，便不受刑事处罚；若行为人具有这种支配性，则为他杀，原则上应当受到刑事处罚。

这种基于犯罪事实支配理论而来的对自杀和他杀的区分标准总体上而言是正确的，也能够在绝大多数案件中提供清晰的结论。譬如，在行为人受意欲自杀的被害人所托，为其购置毒药，而后被害人自己服用毒药死亡的场合，显然是被害人支配了整体的情势，故而应当认定为自杀。行为人的行为则只能成立对自杀的帮助。① 但是，这一标准仍然存在着两方面的疑问。

首先需要解决的问题是，以何种标准认定这里的支配性。联邦最高法院在本案中以事前的共同计划为标准，考察行为人的行为根据共同计划是否持续到结果发生的最后时刻，以至于被害人无法在该行为实施完毕之后仍然有机会自主决定摆脱或者终止其影响。据此，由于该案中行为人和G事先的计划是由行为人持续实施导致死亡的行为，并未给G预留该行为实施完毕之后摆脱死亡的可能性，所以应当认为是行为人支配了整体的事实。相反，学界的多数见解则正确地认为，应当以究竟是谁在不可逆转地导致死亡结果的瞬间事实性地支配着事态的发展，或者说事实性地支配着直接导致死亡的行为为标准。因为只有事实性地剥夺了被害人在最后一刻决定自己生死之自由的

---

① Vgl. OLG München，NJW 1987，2940.

行为人，才应当对死亡结果承担刑事责任。① 根据这一标准，就应当在本案中否认行为人（独自）具有支配性。因为 G 实际上完全可以逃离车厢或者将行为人踏在油门上的脚撞开从而避免自身的死亡结果，但是其却直到自己失去知觉这一不可逆转的关键时刻都一直选择容忍行为人的行为，因此很难认为是行为人在最后时刻独自支配着事态的发展。

与此相关的另一个问题是，当行为人和被害人共同支配了导致死亡的情势，从而二者处于一种类似共同正犯②的关系中时，应当认定成立自杀还是他杀？本案所涉及的恰好就是这样一种情形。由于被害人 G 停留在车厢内的选择对于导致自身的死亡结果是不可或缺的，因而应当认定 G 也共同地支配了整体情势。犯罪事实支配理论认为，当不同的行为人对犯罪的实施均有助益并因此具有了功能性支配时，就成立共同正犯。然而，恰如联邦最高法院在本案的判决中正确指出的那样，这一标准不能适用于对自杀和他杀区分。因为被害人自己实施的对造成死亡结果不可或缺的行为并不为法律所禁止，不能通过共同正犯中的"部分实行全部责任"原则让行为人对这一部分行为及其结果承担刑事责任。因此，此时并不能根据正犯的界定标准直接得出结论，而需要进一步探讨如何在自杀和他杀之间进行区分。联邦最高法院在本案中的立场表明，其认为在这种类似共同正犯的场合中，仍然应当认定行为人具有了对整体情势的支配性，应当成立他杀。与此相应，只有当被害人自己对于导致死亡的情势具有不受限制的、完全的支配性时，才能认定自杀的成立。这一立场也为后来的司法判例所继受。③ 然而，这种见解并不妥当。因为这种立场将导致行为人事实上仍然对被害人所实施的、对导致死亡结果不可或缺的行为承担了刑事责任，这恰恰与联邦最高法院认为不能将认定共同正犯的标准适用于对自杀和他杀之区分的论据相左。让行为人对法律原本就不加禁

---

① Vgl. nur *Wessesls/Hettinger*, Strafrecht Besonderer Teil I, 31. Aufl. , 2007, Rdn. 162 ff. ; *Eser*, in: Schönke/Schröder, 28. Aufl. , 2010, §216 Rdn. 11; *Lackner/Kühl*, Strafgesetzbuch Kommentar, 27. Aufl. , 2011, §216 Rdn. 3; *Roxin*, Die Sterbehilfe im Spannungsfeld von Suizidteilnahme, erlaubtem Behandlungsabbruch und Tötung auf Verlangen, NStZ 1987, 345, 347 f. ; *Rengier*, Strafrecht Besonderer Teil II, 14. Aufl. , 2013, §8 Rdn. 8; *Eisele*, Strafrecht Besonderer Teil I, 2. Aufl. , 2012, Rdn. 166.

② 这里当然不存在真正意义上的共同正犯，因为自杀者的行为不可能符合构成要件。

③ 例如 BGH NJW 2003, 2326（2327）认为："如果自杀者不具有不受限制的支配性，从概念上来讲就已经难以认定存在着自杀。"

止的行为和结果承担刑事责任，显失公平。此外，从被害人自身的角度看来，其在完全可以放弃自己行为避免死亡结果的情况下却选择结束自己的生命，这毋宁说明其出于自身的意愿自主地承受了风险，故而应当根据自我答责原则认定被害人自负其责。因此，认为在这种类似共同正犯的场合下应当肯定被害人构成自杀的见解①才是正确的解决方案。由此，本案中应当认定 G 成立自杀，行为人所实施的则只能被视为对自杀的帮助行为，不具有可罚性。

（三）不作为的可罚性

联邦最高法院在本案判决的末尾认为，行为人与被害人谁先丧失知觉对于判断结果并无影响。但是实际上，如果从上述肯定被害人 G 具有（共同）支配性的立场出发，就还需要考虑，倘若其先于行为人丧失知觉，是否会影响案例分析的结果。事实上，联邦最高法院的诸多判决均认为，被害人丧失知觉这一情节会导致支配性的转换：即便最初是被害人支配着整体事态，行为人只实施了帮助行为，但是，从被害人丧失知觉的一刻开始，对事态的支配性就转移到行为人。因为此时死亡结果是否出现取决于行为人的决定，其相对被害人具有保证人地位，有义务挽救被害人的生命。倘若行为人不采取挽救措施，则成立以不作为方式实施的故意杀人或者受嘱托杀人。②

这种立场虽然有利于对生命进行最大限度的保护，但是却遭到了学者们的普遍反对。因为既然被害人自愿地选择死亡，其意志决定就足以限制行为人作为义务的范围，此时不论行为人是否之前就已经具有保证人地位，都不应当再认定行为人负有救助义务。此外，一方面认为之前行为人积极地帮助自杀的行为原则上不为法律所禁止，另一方面却认为行为人在其帮助行为产生作用之后有义务阻止犯罪结果的出现，二者未免自相矛盾。最后，这种立场不仅导致可能通过事后的不作为犯规避了自杀帮助行为不具可罚性的原则，也将导致行为人的可罚性取决于偶然：如果被害人选择的是直接导致死亡的自杀方式，则行为人没有对之加以救助的可能性，也就不会受到处罚；相反，如果被害人选择的自杀方式会导致其先失去知觉，一段时间之后才死亡，那

---

① Vgl. *Roxin*, Täterschaft und Tatherrschaft, 8. Aufl., 2006, S. 571 f.; *Neumann*, in: Nomos Kommentar, 4. Aufl., 2013, Vor § 211 Rdn. 56; Eisele, Strafrecht Besonderer Teil I, 2. Aufl., 2012, Rdn. 170 ff.

② Vgl. BGH NJW 1960, 1821; BGHSt 32, 367 (375).

么不予救助的行为人就成立不作为犯。这种区分理由何在，难以理解。①

在这种场合下，不对被害人加以救助的行为人也不应成立《德国刑法》第 323c 条意义上的见危不救罪。因为自杀行为难以被认为是该条意义上的"不幸事故"。② 即便肯定这一点，也难以认为此时可以期待帮助自杀并且明了被害人死亡意愿的行为人实施救助行为。③

（四）结论

综上所述，本案涉及界分自杀和他杀的诸多问题。联邦最高法院对本案的判决也不乏可取之处。但是，认定被害人 G 成立自杀，而行为人只是实施了不可罚的帮助自杀行为，才是恰当的结论。

四、过失的场合

虽然与本案并不直接相关，但是同样涉及自杀与他杀区分的一个问题是，当行为人过失地实施了导致死亡的行为时，是应当认定为过失杀人还是过失的帮助自杀。尤其是在行为人因受到有自杀意愿的被害人的欺骗而实施行为的场合，对此存在着较大的争议。譬如，在纽伦堡高等法院 2002 年判决的一起案件中，被害人虽然明知枪膛中已经存在着一发子弹，但是却对行为人（被害人的妻子）谎称枪中并无子弹，并且还假意与行为人一起检查了弹夹。行为人在确认了弹夹中没有子弹之后便以为枪中确无子弹，于是遵照被害人的要求向其射击，结果射杀了被害人。④ 类似地，在联邦最高法院 2003 年判决的一起案件中，意欲自杀的被害人由于身体残疾无法实施自杀行为，于是便劝说行为人（被害人的护理人员）在接近零度的寒冷天气中将自己裸体装进塑料袋并封闭在垃圾桶里。其欺骗行为人说，这样做是为了满足自己特殊的性癖好、追求性快感，并且谎称随后就会有别

---

① Vgl. *Lackner/Kühl*, Strafgesetzbuch Kommentar, 27. Aufl., 2011, Vor § 211 Rdn. 15 f.; *Fischer*, Strafgesetzbuch und Nebengesetze, 57. Aufl., 2010, Vor § § 211–216 Rdn. 12; *Eser*, in: Schönke/Schröder, 28. Aufl., 2010, Vorbem. § § 211 ff. Rdn. 42 f.

② Vgl. *Sternberg-Lieben/Hecker*, in: Schönke/Schröder, 28. Aufl., 2010, § 323c Rdn. 7; Schneider, in: Münchener Kommentar StGB, Band 5, 2. Aufl. 2012, Vor § § 211 ff. Rn 84.

③ Vgl. BGHSt 13, 162 (169); BGHSt 32, 367 (381).

④ Vgl. OLG Nürnberg NJW 2003, 454.

的护理人员将自己救出。行为人信以为真,结果导致被害人死亡。①

在这两起案件中,纽伦堡高等法院和联邦最高法院均认定行为人成立过失杀人。因为是行为人最终支配了直接导致死亡的行为,所以这种场合下应当成立他杀而非自杀。这一结果也获得了部分德国学者的赞同。② 然而,在前一个案例中,行为人由于陷入了被害人所刻意引起的错误根本没能认识到自己行为的危险性,其毋宁只是被害人用于实现自杀的工具,认定被害人利用自身的优势认知实现了对整体情势的支配才是妥当的见解。③ 在后一个案件中,虽然行为人在一定程度上认识到了行为本身的危险性,因为将被害人密封在塑料袋中将明显导致其难以顺畅呼吸,而且裸体被置于寒冷天气中也有冻死冻伤的危险。但是毕竟行为人只是过失地实施行为,而被害人则明了了全部的事实,因此,仍然应当认为被害人具有事实性支配。④ 简言之,既然在界定正犯时,引起并且利用了他人认知错误的幕后者因具有犯罪事实支配而成立间接正犯,那么根据同样的标准,也应当认定利用行为人这种主观缺陷终结自己生命的被害人才是导致死亡之情势的支配者。所以,应该认定上述两例中被害人成立自杀。

诚然,在认定幕后者成立间接正犯的场合也并不排除被利用者可能成立过失犯罪。但是,如果认定被害人成立自杀,就不能再以过失杀人追究受欺骗的行为人的刑事责任。否则就会导致自相矛盾的结论:故意地帮助被害人自杀的行为人原则上不受处罚,但是过失地帮助了被害人自杀的行为人反而成立过失犯罪。这种结果显然不能令人满意。况且,既然肯定被害人支配了整体情势,就应当认定其是自我答责地选择了承受风险,此时应当否定行为人之行为与死亡结果间的客观归责关系,不应认为行为人须对被害人的死亡结果承担责任。⑤ 因此,上述两例中的行为人也不应当由于过失犯罪受到处罚。

---

① Vgl. BGH NJW 2003, 2326.

② Vgl. z. B. *Rengier*, Strafrecht Besonderer Teil II, 14. Aufl., 2013, § 20 Rdn. 6a; *Eisele*, Strafrecht Besonderer Teil I, 2. Aufl., 2012, Rdn. 190 ff.

③ Vgl. *Engländer*, Anmerkung zu OLG Nürnberg, Beschluss vom 18. 9. 2002, JZ 2003, 747; *Duttge*, Rechtsprechungsübersicht zur (strafrechtlichen) Fahrlässigkeit, NStZ 2006, 266, 271; *Wessels/Hettinger*, Strafrecht Besonderer Teil I, 31. Aufl. 2007, Rdn. 65a.

④ Vgl. *Roxin*, Strafrecht Allgemeiner Teil, Band I, 4. Aufl., 2006, § 11 Rdn. 128 ff.; *Wessels/Beulke*, Strafrecht Allgemeiner Teil, 37. Aufl., 2007, Rdn. 684.; *Otto*, Grundkurs Strafrecht: Die einzelnen Delikte, 7. Aufl., 2005, § 6 Rdn. 49.

⑤ Vgl. Neumann, in: Nomos Kommentar, 4. Aufl., 2013, § 216 Rdn. 4 f.